孙中山基金会丛书

孙中山基金会学术研究与文化交流委员会主办

孙中山研究

第九辑

王　杰　赵立彬　主编

谷小水　执行主编

中华书局

图书在版编目(CIP)数据

孙中山研究.第九辑/王杰,赵立彬主编;谷小水执行主编. —
北京:中华书局,2024.10. —ISBN 978-7-101-16669-9

Ⅰ.K827=6

中国国家版本馆 CIP 数据核字第 2024TM0402 号

书　　名	孙中山研究(第九辑)
主　　编	王　杰　赵立彬
执行主编	谷小水
责任编辑	欧阳红
封面设计	毛　淳
责任印制	陈丽娜
出版发行	中华书局
	(北京市丰台区太平桥西里 38 号　100073)
	http://www.zhbc.com.cn
	E-mail:zhbc@ zhbc.com.cn
印　　刷	三河市宏达印刷有限公司
版　　次	2024 年 10 月第 1 版
	2024 年 10 月第 1 次印刷
规　　格	开本/787×1092 毫米　1/16
	印张 15¼　插页 2　字数 200 千字
国际书号	ISBN 978-7-101-16669-9
定　　价	68.00 元

《孙中山研究》

主 办 者：孙中山基金会

地　　址：广东省广州市天河北路 618 号

邮政编码：510630

电子邮箱：sunyatsen@163.com

电话号码：86-20-38800430

目　录

专题论文

孙中山与梅屋庄吉关系述评 ·················· 李吉奎（1）

民国前孙中山民族主义思想再探析 ·················· 宋德华（8）

孙中山对民族及国家的认知 ·················· 王　杰（22）

孙中山对"机器"的认识和主张 ·················· 张晓辉（37）

孙中山的学问与问学的孙中山

　　——兼论孙中山学问立国思想 ·················· 胡　波（51）

孙中山与菊池良一关系初探 ·················· 张文苑（70）

关系网络与政治实践

　　——孙中山"革命同乡集团"的构建 ·················· 漆德红（87）

《中华革命党总章》及《革命方略》版本考 ·················· 赵琳琳（106）

祀孔与国教：袁世凯政府的尊孔取径 ·················· 赵文茹（122）

大革命时期广州国民党基层党部的发展与运行情况初探 ········ 彭毅聪（137）

知识传播与城市建设：以刘纪文主政时期的广州为例

　（1932—1936） ·················· 莫翠端（153）

抗战时期"国父"实业计划研究会述略 ·················· 宋青红　叶蔚林（168）

史料编纂

介绍新出版的《孙文全集·书信》部分 ·················· 丁旭光（193）

吴拯寰与孙中山史料编纂 ·················· 杨　妮（202）

史料刊布

英美报刊关于"六一六"兵变史料摘译 ·················· 刘楚莹（213）

孙中山与梅屋庄吉关系述评 *

李吉奎

（一）

从 1894 年 11 月在檀香山组织兴中会开始，至 1925 年 3 月去世，孙中山革命凡 30 年。其间，将近十年两度流亡日本。此外的 20 年，亦与日本有密切关系。研究孙中山，便不能不研究孙中山与日本的关系。

根据孙中山的终生朋友萱野长知的说法，孙中山的日本关系者将近 300 人①，这些人中，包括政界（如大隈重信、犬养毅、尾崎行雄、板垣退助、后藤新平、桂太郎、古岛一雄等）、财界（如梅屋庄吉、三上丰夷、平冈浩太郎、安川敬一郎、大仓喜八郎、涩泽荣一、山本条太郎、久原房之助、犬冢信太郎、山田纯三郎、坂谷芳郎、森恪、松方幸次郎等）、军界（如儿玉源太郎、田中义一、秋山真之、福田雅太郎、上原勇作、青木宣纯、本庄繁、松井石根等）、外交界（如中川恒次郎、山座圆次郎、有吉明、小田切万寿之助、加藤高明、铃木宗言、天羽英二等）、知识界（如南方熊楠、菅原传、山田良政、副岛义一、寺尾亨、池亨吉、秋山定辅、和田瑞、高野太吉等）、大陆浪人（含国权扩张主义者，如头山满、内田良平、宗方小太郎、宫崎寅藏、萱野长知、平山周、和田三郎、美和作次郎、北一辉等），还有一些国会议员（如中

---

* 本文系 2018 年 11 月 10 日在中山大学校庆活动之一、"孙中山与梅屋庄吉学术报告会"上中大方面代表的发言。出席日方人士有梅屋庄吉后人小坂文乃女士及日本驻穗总领馆官员、在穗经济界领袖及留学生等。原文为讲稿，故无注。现在正式发表，为方便读者，酌加注释。

① 萱野长知：《中华民国革命秘笈》（日文版），帝国地方行政学会 1940 年发行，第 59 页。

村弥六）、妇女界领袖（如下田歌子）、新闻记者、佛教界人士大谷光瑞、水野梅晓，以及一些难于归类的如菊池良一、坂本寿一，等等。在辛亥革命和中华革命党反袁时期，以依靠浪人和日本军人为多。

<h2 style="text-align:center">（二）</h2>

在不同历史时段孙中山寻求支持或支持过孙中山的日本人士中，梅屋庄吉可谓独树标格：①

首先，据现在能看到有关梅屋生平的资料，他一生的对华活动没有官方的背景。孙中山认识他的时候，他在香港开照相馆。后来梅屋在新加坡，接触到最初的电影（映画），回日本后，在东京成为电影制作人，还开了一间酒店松本楼，家境殷实。他是一个守法商人，应当没有什么问题。

其次，他与孙中山结交，并未加入孙党（包括兴中会、中国同盟会、国民党、中华革命党和中国国民党），也未参与孙党的党务活动；辛亥革命前后，日本有影响的对华组织不少，如玄洋社、黑龙会、东亚同文会，但在相关资料中并未发现梅屋的介入。

第三，孙与梅屋的个人关系，发展成两个家庭的友谊，这一层，在孙宋结合后尤其如此。

第四，孙与梅屋的交往，时断时续，其高潮是孙第二次流亡日本时期（1913.8－1916.4）。在1924年冬孙中山北上病重之际，梅屋关心备至。但当孙中山政途"辉煌"的时候或相对稳定时期，则看不到梅屋有多少反应。

第五，孙中山的日本朋友中富于财力者不乏其人，但大多数人在孙最困难的时候，他们并未考虑应为孙文做点什么事；梅屋则不然，他不但尽了力，还在孙去世后自费为孙铸造了四尊铜像，送到中国来，以作永久纪念，其中便有我校这一座。梅屋对孙中山无欲无求，交朋友做到这个份上，实在可以了。

---

① 有关记述梅屋庄吉与孙中山的书籍，本文作者所经目比较成型的有如下几种：一、车田让治《国父孙文与梅屋庄吉》（日文版，六兴出版社1975年），二、俞辛焞、熊沛彪《孙中山宋庆龄与梅屋庄吉夫妇》（中华书局1991年）及小坂文乃著、吴艳译《孙中山与梅屋庄吉——推动辛亥革命的日本人》（以下简称"小坂书"，世界知识出版社2011年）。车田之书，为后来研究者所注意（该书包括日记册、回忆录及梅屋后人口述历史等），惟该书所记，梅屋日记所存系从大正初至昭和间之册，则1912年（大正元年）以前（含明治时期）之所记，似非当日所记，故汤志钧《乘桴新获》第386页指出，梅屋文书"尚须认真鉴别"；狭间直树教授亦有类似说法。本文作者经主编《孙中山年谱长编》第一卷及编撰《孙中山与日本》二书，深具同感。

从严谨的记载中，不难发现，梅屋对孙中山是有求必应，甚至主动对孙提供帮助。1895 年年初，孙中山准备发动重阳起义，经其师康德黎介绍，在香港结识了梅屋庄吉。为寻求经费和军械支持，梅屋将孙介绍给日本驻香港领事中川恒次郎。这是孙中山第一次与日本官方发生联系。[①] 有的记载称 1899 年 2 月 16 日梅屋写信将菲律宾反美领导人之一彭西介绍给孙中山，此事似不准确，因为在此之前的 1898 年 11 月 10 日，孙与彭西已两次会晤。从 1895 年至 1913 年 3 月这 18 年间，未见孙中山与梅屋往来，其间如果还有一点关系的话，是 1900 年 6 月在拟议孙中山与李鸿章方面搞"两广独立"（因为当时清廷尚未对外宣战，还谈不到启动"两广独立"的计划。故孙李合作，是为"除康"，即为行刺康有为）的谈判中，为李方（实际是刘学询）在广州谈判后给孙方提供 3 万元巨款作征信，宫崎寅藏等三名当事浪人在梅屋照相馆拍照，交给李方。在李方而言，这笔款子是用来收买孙中山，并是用之刺康；即使刺康不成，也能使孙、康成死敌，故外国学者称之为"一石二鸟"的谋略。在梅屋照相馆拍照，是这 18 年中梅屋唯一一次助孙。[②]

---

① 梅屋在孙中山去世后讲到，他在 1895 年 3 月第一次见孙后，即对其反清事业深表同情，订立"盟约"，告以"君举兵，我以财政相助"（小坂书第 051 页）。此话有否，不论。但孙中山第一次见中川领事是 1895 年 3 月 1 日，见中川又是梅屋中介，可见孙与梅屋初见，当在 3 月 1 日之前，梅屋与孙"订盟约"云云，颇有随意性。至于讲到梅屋在拟议中的重阳起义，他通过"个人渠道多方奔走。调度资金，派人到澳门、厦门、新加坡等地，筹集了数百支手枪"，又说起兵未成，"梅屋庄吉费尽心血筹集来的、隐藏在水泥桶里的六百支手枪也被全部没收"（小坂书第 058 页）。夷考此次起义筹款、购运械史事，已有明确记载，与梅屋全然无涉，这点应当明确。又小坂书据《国父孙文与梅屋庄吉》，称梅屋庄吉在"明治二十九年（1896）二月十八日，给孙中山汇 1300 美元。其后也多有出资，然记忆不详"（小坂书第 059 页）。这个数目，被换算成今日日元，约 1000 万日元云云。1300 美元汇款是否有过，也极可疑。孙当时筹款极为困难，冯紫珊为之筹得 500 日元，孙交 100 元供郑士良返港，交陈少白 100 元赴台，自己留 300 元作赴檀香山川资。款项已足开支。据冯紫珊记述，孙抵檀之后，汇来 500 日元还款。孙中山离开横滨，是在 1896 年 1 月之前，而所说汇款之事，却出现在 1896 年 2 月 18 日。孙已离开横滨近两个月了，梅屋尚茫无所知。那么，这 1300 美元汇款之事，便属子虚乌有了。

② 1900 年孙中山所部发动惠州起义，利用会党和一批日本浪人，是在孙李合作未成之后，梅屋在其中并未起多少作用。小坂书称梅屋居所（在香港）成了"梁山泊"，又谓"身在香港的梅屋庄吉这时也在资金方面予以支持，积极协助起义的准备工作"。在下文提到的《梅屋庄吉夫人促成孙宋联姻》一文，小坂则谓 1900 年孙中山筹划发动惠州起义，梅屋在香港出资购买了一批枪支弹药，秘密运往起义地点；还说梅屋因支持孙中山被日医某人告发，清政府要抓他，只是由于兴中会员为之办了"出国护照"，才得以逃往新加坡。征诸史实，凡此皆属小说家言，极易误导一般读者。

1912 年 1 月 1 日，中华民国南京临时政府成立，孙中山任临时大总统。[①]
对于中国政局巨变，作为近邻的日本，朝野反应异常剧烈，包括犬养毅、头山
满等纷纷来华，日本舆论称，中国似在"开浪人展览会"一般。据事后回述，
梅屋庄吉曾经持积极支持态度。[②] 1913 年二三月间，孙中山正式访问日本。这
是孙中山生平第一次、也是唯一一次以官方身份出访外国。他之访日，由日本
政府安排，大体上是官方接待，很少对私人的拜访。有著作提到 1913 年 2 月
16 日之后，即 17 日，孙在东京松本楼与日本日华同志恳亲会成员合影的事。
问题是，所记之事，似不准确。松本楼合影照片，记为 3 月 1 日，而据此次日
本之行的记录，3 月 1 日孙从箱根回东京后，即赴中国驻日各政团的欢迎会，
晚上出席去年访华商业团体举行的宴会，并无赴松本楼与日华同志恳亲会见面
之事，故此次访日孙与梅屋的交往情况，尚有疑问。

（三）

1913 年 3 月上海发生的宋教仁被刺案，引发"二次革命"。"二次革命"
失败，孙中山、黄兴等人流亡日本。对于是否接纳孙中山，日本当局颇费周
章。孙中山先到神户，在日本友人的帮助下，8 月 18 日秘密抵东京，入住赤
坂灵南坂町 27 番地海妻猪勇彦宅，隔壁是浪人领袖头山满居所，有日本警察
24 小时保护与监视。至 1915 年 10 月因准备与宋庆龄结婚，始迁至原宿新居。
日本警方的记录逐日报告，使我们今日能够知道孙中山流亡期间的所有活动与

---

① 小坂书以梅屋庄吉为"推动辛亥革命的日本人"，这种说法似不合适。该书记事不实之
词累见。本文意不在纠谬，但指出其中的失实部分还是有必要的。例如：（一）同盟会各巨头，
凡是有文字流传的，都未提到梅屋参加同盟会活动或为《民报》提供经费之事。（二）孙中山在
《孙文学说·有志竟成》中提到的应致意的日本支持者，各式人等均有，唯独未及梅屋。（三）
小坂书讲到武昌起义后，梅屋花钱派萱野长知赴华，派宫崎寅藏赴香港迎孙，皆非实。萱野赴
汉口，是黄兴在香港准备返内地时去电促行的；宫崎则是孙中山未抵香港前去电催行的。小坂
书中说日本三井财团驻沪支店长藤濑政次郎也一同赴港，从中斡旋贷款问题，无据。宫崎在港
联系的是正金银行的高道武雄。与藤濑联络，是抵沪以后。小坂书（第 120 页）记，迄 1912 年，
梅屋"给革命军的援助共 45.6 万日元，按现在的物价水平换算，高达 11 亿日元以上"。如此慷
慨，不知受款者，留有名单否？按胡汉民记述，南京临时政府财政部保险柜中，某日，"仅存十
洋"。如此艰难，不知为何孙不寻求梅屋相助？
② 小坂书（第 128 页）记："梅屋庄吉决定要敦促日本政府早日承认中华民国。"不知实
行了没有？是以什么身份、方式去敦促的？

重要言论。①

当孙中山第一次流亡日本时，经犬养毅等人中介，由福冈煤矿主平冈浩太郎（黑龙会主干内田良平的舅父）每月提供 100 日元生活费（当时一日元可买一担大米）。第二次流亡，则由实业家安川敬一郎每月提供 1 万日元。有此收入，孙中山的生活及相关活动的费用得以解决。有的著作提到，孙中山的生活费、活动费，都由梅屋负担，1914 年 1 月 11 日给了零用钱 2000 日元，以后的零用钱仍每月继续提供。此说可疑。不排除梅屋向孙提供过金钱支持，但每月提供之说则不甚可信。因为根据警视厅的材料，孙与梅屋并非每个月都见面，有时却一个月见几次。

从俞辛焞、王振锁二位先生编译的日本外务省所藏资料《孙中山在日活动秘录》中，可知梅屋与妻子（德子）访孙宅加起来达 36 次，孙访梅屋宅 16 次，有多次使用梅屋家的私车。据现有资料，第二次流亡后孙与梅屋第一次见面是 1913 年 9 月 18 日，孙赴大久保百人町梅屋宅，与殷汝骊密谈。利用梅屋宅作为孙与中、日、印人士交谈的场所，可列举不少例子。②

孙中山为准备发动"三次革命"，向日本人多方寻求支持，他甚至向田中义一提出借 4 万元，并求为代印制军用票。梅屋为之介绍企业家久原房之助，并与记者波多野春房一起，带着帝国（东京？）大学教授印度人巴拉卡茨拉去见孙，欲为之补充一些军费。这个阶段，梅屋还拉一些亚洲人士与孙会晤，所为何事，史料缺载。

日本对华外交采取双轨制，即外务省与军部（参谋本部），在对华扩张大前提下各干各的。外务省因为要与西方列强协调，主缓进，与财阀倾向性相近；军部主急进（参谋本部不归内阁管辖，直属天皇），与浪人群体关系密切。

---

① 小坂书（第 150、153 页）记，孙中山第二次流亡日本，从神户到东京过程，完全失实。此行是在日本警方严密控制下进行的，与梅屋无涉。至于讲到梅屋在其大久保的宅中辟一小屋，"它保护孙中山躲过了官府的监视和刺客的屠刀，孙中山在里面居住了三年"，在浅草的观音堂前，"这是父母（指梅屋夫妇）为了慰藉被官府通缉、每天东躲西藏、生活沉闷的孙中山想出的主意。孙中山先生扮演了携妻带子出行的父亲的角色"。凡此，都是编造的故事。

② 小坂书（第 175 页）记述 1915 年 11 月 10 日孙中山宋庆龄在梅屋宅"举行的盛大婚礼"（第 173 页称中方仅陈其美一人参加）。具体情况如何，该书未曾叙及。但俞辛焞、熊沛彪在他们的书中《孙中山与宋庆龄的婚事》一节中却说，10 月 24 日孙宋委托日本律师和田瑞办了结婚登记，接着，他俩来到梅屋宅，"在二楼举办了简单的婚礼，只有几名中、日朋友接到邀请，赶来祝贺"。盛大与简单，相信哪个说法？是同一件事吗？揆之常理，若只有一个中国人参加的盛大婚礼，对当事人未必是件赏心乐事。

在1915年11月内阁决定"排袁"，成为国策后，于是有对华二十一条、第二次"满蒙独立"活动以及允许孙中山组织中华革命军东北军在日占青岛及胶济路沿线活动之事。就是在此背景下，用孙反袁，将青岛原德国殖民地总督府（今仍存）交孙作东北军司令部。孙乃任命萱野长知为东北军顾问，梅屋庄吉为购械委员，梅屋将其门人石浦谦次郎介绍给孙（石浦联队驻潍坊），对东北军多有帮助。袁世凯卒后，萱野还与梅屋函商民军（东北军）遣散问题。

中华革命党时期日本人对中国流亡者办了三件大事，一是由水野梅晓牵头办了浩然学舍（浩然庐），一是寺尾亨主持的政法学校，一是梅屋庄吉"全资"办的飞行学校。飞行学校负责人坂本寿一经梅屋介绍给孙，1916年5月4日正式训练，称"中华革命党近江飞行学校"（在琵琶湖西岸的近江八幡，现八日市附近），后"成军"迁山东潍坊，坂本任东北军航空总司令。据载，梅屋为该校提供了数万元资金。

前面提到，梅屋夫妇支持孙宋结合。梅屋夫人及其女国方千势子还与宋庆龄结下深厚的友谊。梅屋夫人与宋庆龄的交往在警视厅留下了包括参观、购物等方面的记录，但缺失1915年11月10日的记录。1916年5月19日宋庆龄回到上海，27日长函致梅屋夫人，告以孙返国后从事革命运动各事。数日后袁世凯卒。孙中山为反袁在日的流亡活动，留下了许多历史话题。值得注意的是，孙中山在《建国方略》的"有志竟成"这一部分中提到了支持他的二十几位日本人，但其中没有梅屋庄吉，其原因何在，不详。

（四）

"孙中山与梅屋庄吉"，这是一个很值得做的题目，但国内除了俞辛焞、熊沛彪先生写了一本《孙中山宋庆龄与梅屋庄吉夫妇》之外，未见有人去深入研究。之所以如此，是可供研究的关键材料不多。1989年3月13日，我去日本东京的宪政纪念馆参观，看到该馆正在展览梅屋庄吉与孙文的资料，其中便有墙上挂着的一件内里孙中山题"贤母"二字的和服外套。同行的木田知生先生问我，是什么意思？我回答不明白。不明白去强解，便不是治史者的态度了。随后，久保田文次教授带领去参观日本女子大学的一处资料室，让我翻阅了复印的梅屋庄吉日记，边页上是"当用日记"而不是"永代日记"，我将部分内容与纸页存疑处，与久保田教授说了，他说，确是问题。能否将这部日记以及"备忘录""梅屋庄吉文书"、《我的影子》等影印或翻译出版，供治史者征引？

车田让治的《国父孙文与梅屋庄吉》一书，因为是口述加文学传记，我们征引时真费思考。

总之，辛亥革命时期革命党的资金来源，有人详细研究过，有的报导说梅屋为重阳起义和惠州起义出资购械，如前所述，恐非事实。据可靠记载，梅屋在经费上援孙，是在中华革命党时期。据孙方向黎、段北京政府提交的偿还借款请求清单，借日人（有借条者）100 万日元（久原 80 万，犬冢 15 万，山田经手 5 万）；另 189 万余元是无借条的，包括安川及梅屋提供的生活费、零用钱及办飞行学校等项费用，应在此总数之内。梅屋总共提供了多少款项，史无明载，但若说此数目相当于今日 2 万亿日元①，则殊不足信。我说这些，丝毫无贬损梅屋援孙之意，只是力图还原史实而已。只有弄清史实，才能更准确表述梅屋对孙中山的援助和诚挚的友谊。

（作者单位：中山大学历史学系）

---

① 小坂文乃口述，吴薇、李虹整理：《梅屋庄吉夫人促成孙宋联姻》，《环球时报》2010 年 4 月 15 日第 13 版。

民国前孙中山民族主义思想再探析

宋德华

在孙中山三民主义思想体系中，民族主义被列为首项，居于先决前提地位。其形成和发展经历过若干时期，其中民国建立前这一时期显得尤为重要。此时既处于中国旧民主主义革命时期，又处于清朝统治时期，奠基于此时的孙中山民族主义思想，无论其价值取向、践行方略还是实际作用，与之在其他时期的接续既异同明显，又一脉相承，其影响相当深远，值得特别重视。学界研究孙中山民族主义思想成果甚富，但对民国前似尚缺少阶段性的专题探讨，在整体把握和深化细化方面，皆可加以拓展。①

一、抵御外侮的间接转换

孙中山民族主义思想的形成，以兴中会的创立为标志。"兴中"之名，从根本宗旨上说，是要抵御外侮，振兴中华。这一点，在《檀香山兴中会章程》和《香港兴中会章程》中，揭示得非常清楚。对此宗旨，两个章程的表述大致相同，谨以经过修改的后一章程为主，就其宗旨内涵略加分析。

该章程明确指出："中国积弱，至今极矣！……堂堂华国，不齿于列邦；

---

① 以往对孙中山的民族主义思想，一般放在旧民主主义革命和新民主主义革命两大时段的框架中进行研究。这一研究视野宏大，理论性强，对包括民国前在内的民族主义思想提出了不少精当的见解，其代表作可见于近年出版的《孙中山评传》第八章第三节（林家有、张磊主编，广东人民出版社2014年，第803—832页）。在此基础上，若从自身理路的演变来看，孙中山民族主义思想的产生发展似还可分出不同的时期，它们各有独特之点，对其细加梳理分析，或可得出其他角度的新认识。

济济衣冠，被轻于异族……方今强邻环列，虎视鹰瞵，久垂涎于中华五金之富、物产之繁。蚕食鲸吞，已效尤于踵接；瓜分豆剖，实堪虑于目前。呜呼危哉！有心人不禁大声疾呼，極〔亟〕拯斯民于水火，切扶大厦之将倾，庶我子子孙孙或免奴隶〈于〉他族……本会之设，专为联络中外有志华人，讲求富强之学，以振兴中华、维持国体起见。盖中国今日政治日非，纲维日坏，强邻轻侮百姓，其原皆由众心不一，只图目前之私，不顾长远大局。不思中国一旦为人分裂，则子子孙孙世为奴隶，身家性命且不保乎！……倘不及早维持，乘时发奋，则数千年声名文物之邦，屡世代衣冠礼义之族，从此沦亡，由兹泯灭，是谁之咎？"① 这些论述以振聋发聩的言词，诉说列强侵略造成的危害、中国遭受外侮的原因、若不尽早挽救将会导致的后果，尤为醒目地提出了"振兴中华"的口号。特别值得注意的是，文中以"中国""华国""中华""华人"概称中华民族，以"列邦""异族""强邻""他族"概称列强，将中华民族与列强之间的对立显露得格外突出，所发出的国家要自主、民族要自强的呼声相当强烈，十分鲜明地表现了中国近代民族国家意识的觉醒。

以抵御外侮、振兴中华为宗旨，敏锐而有力地反映了时代剧变的要求，是孙中山民族主义思想的真正内核和本质所在，对当时和后来都有重大意义。在中国传统国家观念中，占统治地位的是万国来朝的天下观、君权至上的君国观和区分文野的夷夏观，近代意义上的民族国家观极为缺乏。鸦片战争之后，在长达半个世纪列强侵略严重刺激和走向世界引发崭新观感的过程中，国人传统的国家观逐渐转型，近代民族国家观呼之欲出，② 到孙中山则实现了历史性的突破。中国已然不能以"天下"自居而是要"发奋为雄，无敌于天下"，衰败的君国为纲应改为由全体华人来维持"堂堂华国"的"国体"，早就过时的"夷夏之别"应代之以仿效西方的"讲求富强之学"，这些思想浓缩在"兴中"的口号中，将先进中国人的反侵略思想提升到了自觉谋求中华民族国家独立自主的新阶段。

然而，抵御外侮、振兴中华虽为根本宗旨，却不是此时民族主义确定的主要革命任务。从根本宗旨看，是要反对列强侵略，而从主要革命任务看，则是

---

① 《兴中会章程》，黄彦主编：《孙文全集》第 5 册，广东人民出版社 2021 年，第 5 页。
② 从魏源的"制夷"（《海国图志》），洪仁玕的"与番人并雄"（《资政新篇》），郑观应的以"兵战""商战"维护国权利权（《盛世危言》），到康有为的救亡图存，"当以列国并立之势治天下"（《上清帝第二书》），反对列强侵略的思想不断发展，近代民族国家的取向日渐显现。

要推翻清朝统治。两者之间，孙中山进行了非常明确的转换。

兴中会成立时，这种转换还带有隐蔽性。此会一方面以针对列强的"兴中"为公开宣传的宗旨，一方面则以"驱除鞑虏，恢复中国"为会员入会的秘密誓词。[①] 该誓词以"中国"对"鞑虏"，在民族意义上以"汉"对"满"，将推翻清朝定为革命目标，这与根本宗旨的锋芒所指，拉开了不同方向的距离。这种不同，随着兴中会革命活动的开展和孙中山个人境遇的变化，在私下和公开的各种言说中，呈现得越来越清楚。1895 年发动广州起义失败后，孙中山在日本与人谈话，用通俗的"古今顺逆之理"解读兴中会与清朝的对立："我等之兴中会便是汉朝之刘备、诸葛亮，今之满洲皇帝，便是曹操、司马懿。我等之起兵驱逐满洲，即如孔明之六出祁山也。"[②] 以此比喻兴中会是代表中国的"正统"，而清朝则是非正统的"篡夺者"。[③] 1896 年，孙中山在伦敦被清驻英公使馆诱禁，获释后应约写了一篇自传，满怀激愤地表示："夫仆也，半世无成，壮怀未已……心伤鞑虏苛残，生民憔悴，遂甘赴汤火，不让当仁，纠合英雄，建旗倡义。拟驱除残贼，再造中华……乃自清虏入寇，明社丘墟，中国文明沦于蛮野，从来生民祸烈未有若斯之亟也。中华有志之士，无不握腕椎〔锥〕心！此仆所以出万死一生之计，以拯斯民于水火之中，而扶华夏于分崩之际也。"[④] 其"再造中华"等语与前述兴中会根本宗旨多有相似，斗争的矛头则直指清朝而不是列强。在随后所写的《中国的现在和未来》一文中，孙中山更直接指出"中国人和中国政府并不是同义语词。帝位和一切最高级的文武官职，都被外国人所占据"，中国革新党人必须"根本改造政府"，"不完全打倒目前极其腐败的统治而建立一个贤良政府，由本土的中国人……来建立起纯洁的政治，那么，实现任何改进就完全不可能的"。[⑤] 这里的"中国人"，是指汉族人，而"中国政府"是指清王朝，"外国人"则指满族人。这种划分，实际上也是

---

① 《檀香山兴中会誓词》，《孙文全集》第 5 册，第 4 页。

② 《关于〈三国演义〉并嘱其加入兴中会　在横滨与冯自由谈话》，《孙文全集》第 11 册，第 7 页。

③ 见《中国新政府计划的制订以檀香山为蓝本　与〈夏威夷星报〉访员谈话》，《孙文全集》第 11 册，第 8 页。

④ 《自传　为英国汉学家翟理思编纂〈中国名人辞典〉而作》，《孙文全集》第 2 册，第 258—259 页。

⑤ 《中国的现在和未来　革新党呼吁英国保持善意的中立》，《孙文全集》第 2 册，第 331—332 页。

为了服从完成主要革命任务的需要。

中国同盟会成立后，兴中会秘密誓词经过修改，成了正式革命纲领，民族主义的含义更为确切，内容更显丰富，取向更加鲜明。同盟会章程对"驱除鞑虏、恢复中华"以"宗旨"相称，① 而在同盟会机关刊物《民报》发刊词中，则将此宗旨提升到"民族主义"的高度，追溯其来源与"欧美之进化"的历史大有关系，"罗马之亡，民族主义兴，而欧洲各国以独立。洎自帝其国，威行专制，在下者不堪其苦，则民权主义起"，今日中国正处境相似，"以千年专制之毒而不解，异种残之，外邦逼之，民族主义、民权主义殆不可以须臾缓"。② 这就揭示出民族主义与欧美近代民族独立思想及民权主义皆有密切联系，而并不限于字面上的"驱除"和"恢复"之义。

不过，在此时的宣传中，"反满复汉"仍是民族主义思想的主调。孙中山在《民报》创刊一周年时发表演讲，就强调"民族主义的根本"来自"种性"，其"最要紧"之处是"不许那不同族的人来夺我民族的政权"，今中国已不是"汉人的国"，汉人已成为"亡国之民"，民族革命的目的就是要将政权从满人手中夺回来。③ 在《中国同盟会革命方略》中，这些说法演绎得愈加充分，其解释"驱除鞑虏"之要义为"今之满洲，本塞外东胡。昔在明朝，屡为边患。后乘中国多事，长驱入关，灭我中国，据我政府，迫我汉人，为其奴隶，有不从者，杀戮亿万。我汉人为亡国之民者二百六十年于斯。满政府穷凶极恶，今已贯盈。义师所指，覆彼政府，还我主权"。解释"恢复中华"之要义为"中国者，中国人之中国；中国之政治，中国人任之。驱除鞑虏之后，光复我民族的国家"。④ 这些解释，完全从满汉之别、满汉之仇和革命光复的角度立论，大力强化了民族主义思想中的"反满"意识。除此之外，民国前孙中山对民族主义所作的其他种种论说，也无不围绕"反满"即推翻清朝这一中心而展开，民族主义几乎完全变成了反清革命的代名词。

之所以要将反对列强侵略的根本宗旨，转换为推翻清朝的革命任务，是因为在孙中山看来，两者之间存在着必然的内在联系，正是由于清廷的腐败无

---

① 《中国同盟会总章》，《孙文全集》第 5 册，第 21 页。

② 《民族民权民生三大主义　东京〈民报〉发刊词》，《孙文全集》第 3 册，第 41 页。

③ 《三民主义与五权分立　在东京〈民报〉创刊周年庆祝大会的演说》，《孙文全集》第 3 册，第 55、56 页。

④ 《中国同盟会革命方略》，《孙文全集》第 5 册，第 24 页。

能，才导致中国面临被瓜分的灾祸，只有首先推翻清朝，才能真正抵御外侮。早在兴中会章程中，他就斥责清朝统治者"乃以庸奴误国，涂〔荼〕毒苍生，一蹶不兴，如斯之极""我中华受外国欺凌已非一日，皆由内外隔绝，上下之情罔通，国体抑损而不知，子民受制而无告。苦厄日深，为害何极"，①将朝廷对外应对无方、与民众严重对立，作为中国民族危机日甚一日的根源。1900年，孙中山面对八国联军猖狂进逼、慈禧太后等人仓皇逃往西安的危局，策划再度在广州起义，向人表示"今日事机已发，祸福之间不容发，万无可犹豫，且清廷和战之术俱穷，四百州之地、四百兆之人有坐待瓜分之势，是可忍，孰不可忍？是以毅然命众发之……否则玉石俱焚，生灵涂炭，列强瓜剖，华夏陆沈〔沉〕……故求……即行设法挽回大局，而再造中华也"，②对朝廷无能的绝望和勇担保卫中华责任的决心，跃然纸上。1907年镇南关起义失败后，孙中山于次年到马来西亚槟城活动，对当地侨胞发表了以"欲救中国必先推倒满清"为主题的演讲，详论满清政府一方面压迫、强暴汉人，另一方面"对于外国人却是懦弱无能，非常的柔顺，事事不能自立，总是受外国的嵌〔钳〕制。尤其是在鸦片战争以后，国势日蹙，国本动摇"，表现为大量割地赔款（"土地沦于异族"），被强租港湾，关税不能自主，列强在内地设厂牟取厚利，外国银行操纵经济权，外国人拥有领事裁判权、内河航运权、铁路敷设权等，"丧权辱国，真是不一而足""中国到今日已经是处于极危险的地位，随时可以召外国瓜分的惨祸"。他特别尖锐地指出满人做了列强的奴隶，而汉人则做了满人的奴隶，"我们现在已经陷入双重奴隶的田地了。我们应该赶快湔洗这个耻辱，以免除亡国灭种的痛苦。我们革命党的行动，就是要谋中国的自由平等……第一步我们要先实行民族革命，来替汉人湔除这双重奴隶的耻辱。我们三民主义中的民族主义，就是要使中国人和外国人平等，不做外国人的奴隶。我们现在要脱离奴隶的地位，就应该起来赶掉从外国来的满人，推翻满清二百多年来的专制统治，恢复我汉室的山河，再把国家变强盛，那时自然可以和外国讲平等了"。③"双重奴隶"的说法虽不准确，但对揭示清廷受制于列强，民众又受制

---

① 《檀香山兴中会章程》，《孙文全集》第 5 册，第 3 页。

② 《致刘学询告以广州举义方略并望代筹资金函》，《孙文全集》第 7 册，第 19 页。

③ 《欲救中国必先推倒满清 在槟城平章会馆对侨胞的演说》，《孙文全集》第 10 册，第23—24 页。类似言说还可见于《驱逐鞑虏才可救中国 在槟城小兰亭俱乐部对侨胞的演说》，同上，第 25—26 页。

于清廷的连环关系而言，不失为一种相当形象、令人猛醒的比喻，它使清朝必先推翻的理由显得十分充足。

尽管发生了转换，使民族主义思想格外突出了"反满"色彩、民众与朝廷的矛盾和革命党人向政府夺权的诉求，却并不等于孙中山忽略了"兴中"的根本宗旨。事实上，他对抵御外侮、振兴中华一直高度重视，不断以反侵略的底蕴，充实革命任务的内涵。

他在1897至1899年寓居日本期间，曾利用俄、德、法、英等四国人所制地图，辑绘《支那现势地图》，以表达"忧山河之破碎，惧种族之沦亡"的悲愤之心和"发奋为雄，乘时报国"的昂扬斗志。图中对已被列强分割的疆土和铁路，"用着色表明，以便览者触目警心"，同时还以"支那国势一斑"为题，列出所欠"外国债"数目、"外国贸易输出入"数字对比及"外国互市场"（1843年至1898年，开港开市共31个，涉及条约11项），并附"中国筑路现况"反映德、英、美、比利时等国争夺中国路权的情形。① 可谓一图在手，中国瓜分之危一目了然。

义和团运动时期，对甚嚣尘上的分割中国论，孙中山严加抵拒，表示"既恨满清之无道，又恨列强之逞雄……吾国自有史鉴以来，数十余朝，每当易朝，有暂分裂者，有不分裂者，而分裂者多生灵涂炭，民不聊生。而自行分裂尚如此，况为他国所瓜分者乎？故有识之士，甚畏分割也；且更畏外国之分割也……所以喜闻保全之论，而恶分割之言也"。② 为了更透辟地批驳分割论，他特地撰写了《支那保全分割合论》一文，断定"就国势而论，无可保全之理也；就民情而论，无可分割之理也"；所谓"国势"，是指朝廷已毫无抵御外侮的基础和能力，"甘于弃地日就削亡者，清国之趋势也"，而所谓"民情"，是说"汉人者，失国二百余年犹不忘恢复之心，思脱异种之厄，其坚忍之志气、爱国之性质固有异于人者矣。况今天下交通，文明渐启，光气大开，各国人民唱自〈由〉之义、讲民权之风以日而盛，而谓支那人独无观感奋发、思图独立者乎！既如是矣，而谓其肯甘受列强之分割，再负他族之新轭而不出死力以抗者，恐无是理也"。合"国势""民情"二者论之，"欲筹东亚治安之策"只有一条路可走，就是"惟有听之支那人士因其国势、顺其民情而自行之，再造一

① 《〈支那现势地图〉文字说明》，《孙文全集》第3册，第3—9页。
② 《恶分割之言　在神户与某日人谈话》，《孙文全集》第11册，第89页。

新支那而已"。①"因其国势"，就是不必"保全"清朝，而要将其推翻；"顺其民情"，就是必须反对"分割"，由中国人民以爱国思想和自由、民权、独立精神"再造"新的中华。推翻清朝的革命任务与抵御外侮、振兴中华的根本宗旨，在民族主义的旗帜下，结合得相当紧密，反清即为间接的反侵略，而反侵略依然是反清的深层目的。

由于进行转换，在根本宗旨和主要革命任务之间，也出现了一些概念上的混淆。原本含义清晰的外国、异族、亡国等语词，置于孙中山民族主义的语境下，就变得有些含糊起来，既被用来指称与列强侵略的对立，又被用来指称与清朝统治的对立。实际上，这两者虽然都牵涉"民族"，却有性质上的区别。前者属于国与国之间的民族矛盾，而后者属于国内的民族矛盾；前者是广义和真正的民族主义，而后者是狭义和借用的民族主义。出于完成革命任务的特定需要，暂时混同这一区别，可以收到整合内外矛盾、强化民族意识、助推倒清成功的效果，但若不能正视这种暂时性，谨记两种民族矛盾和两种民族主义的区别并及时做出调整，也难免导致认知的滞后和某些负面影响的产生。②

二、反抗专制的现实聚焦

孙中山的民族主义思想不但与抵御外侮表里相连，而且与反抗专制直接相关。清朝何以必须推翻，不只是因为它无法领导反侵略，更因为它是中国延续两千年的君主专制统治的当下代表；推翻清朝不仅具有重大的民族革命意义，同样具有重大的政治革命意义。此后项意义，在孙中山的一系列论述中，也像前项一样，揭示得非常鲜明，甚至超出其上。

为了证明清朝专制统治的黑暗无道，孙中山大量列举了这一统治之下的各种弊政虐政。此类史料很多，其中三项颇具代表性：

第一项是专门抨击清朝统治的"极其腐败"。孙中山分析说："中国人民长期遭受四种巨大的苦难：饥荒、水患、疫病、生命财产毫无保障……其实，中国所有一切的灾难只有一个原因，那就是普遍而又有系统的贪污腐败。这种贪污腐败是产生饥荒、水灾、疫病的直接原因，同时也是造成武装盗匪常年猖獗

---

① 《支那保全分割合论》，《孙文全集》第3册，第11、12、13、14页。

② 孙中山于推翻清朝后，一再宣扬民族革命已经完成、民族主义已经实现，直到"宋教仁案"发生，才猛然醒悟，就是对民族主义的把握尚存偏颇的表现。

的直接原因。"① 贪污腐败具体表现为官吏在治理河患、征收厘金、管理海关、兴办公共卫生事业、处理盗匪问题等时无不极力收受贿赂，其恶行"根深蒂固遍及于全国"。官吏如此贪腐，是由无可救药的制度性腐败造成的，"贪污行贿，任用私人，以及恬不知耻地对于权势地位的买卖，在中国并不是偶然的个人贪欲、环境或诱惑所产生的结果，而是普遍的，是在目前政权下取得或保持文武公职的唯一可能条件"。洋务运动以来的历史证明，"用输入物质文明的方法不可能改良中国，只有用根绝官吏贪污腐败的办法才行"，只有使"现今的制度让位于一个不贪污腐败的制度"，中国的改革才能成功。② 对于任何专制统治来说，贪污腐败都是一种典型的死症，孙中山以此为纲，串联起对清朝所有罪恶的批判，可谓抓住了一大要害。

第二项是全面清算清朝统治对人民的压迫。孙中山控诉"在满清二百六十年的统治之下，我们遭受到无数的虐待"，其主要者有这样十一项："（一）满洲人的行政措施，都是为了他们的私利，并不是为了被统治者的利益。（二）他们阻碍我们在智力方面和物质方面的发展。（三）他们把我们作为被征服了的种族来对待，不给我们平等的权利与特权。（四）他们侵犯我们不可让与的生存权、自由权和财产权。（五）他们自己从事于或纵容官场中的贪污与行贿。（六）他们压制言论自由。（七）他们禁止结社自由。（八）他们不经我们的同意而向我们征收沉重的苛捐杂税。（九）在审讯被指控为犯罪之人时，他们使用最野蛮的酷刑拷打，逼取口供。（十）他们不依照适当的法律程序而剥夺我们的各种权利。（十一）他们不能依责保护其管辖范围内所有居民的生命与财产。"为了解除这些痛苦，中国人民已下定决心推翻清朝，"全国革命的时机现已成熟……满清政府的垮台只是一个时间问题而已"。③ 孙中山的控诉，显然是以欧美民主政治为对照的标准，以此为镜鉴，清朝专制政治的各种蛮横丑恶之行得以显露无遗。

---

① 《中国的现在和未来 革新党呼吁英国保持善意的中立》，《孙文全集》第2册，第332页。

② 见《中国的现在和未来 革新党呼吁英国保持善意的中立》，《孙文全集》第2册，第337、344、347页。在《中国司法改革》一文中，孙中山专论中国司法的腐败，指出"中国司法机关普遍腐败，无一净土，其藏污纳垢犹如奥吉恩牛圈。倘要清除此种污秽，非彻底改变官僚制度不可。而要改变官僚制度，则除终结满洲（或称鞑靼）王朝在中国的统治之外，断难奏效"。同上，第348页。

③ 《中国问题的真解决 向美国人民的呼吁》，《孙文全集》第3册，第37、38页。

第三项是愤怒声讨清朝专制统治的凶残毒害。这一声讨直接与"驱除鞑虏、恢复中华"的纲领相呼应，言词显得格外激烈。孙中山以同盟会"军政府宣言"的名义，表示要在革命进程扫除两大害，一为"政治之害，如政府之压制、官吏之贪婪、差役之勒索、刑罚之残酷、抽捐之横暴、辫发之屈辱，与满洲势力同时斩绝"，二为"风俗之害，如奴婢之畜养、缠足之残忍、鸦片之流毒、风水之阻害，亦一切禁止"；继而以"安民布告"的形式，进一步申明"军政府宗旨第一是'为民除害'四字……要将满洲政府所有压制人民之手段、专制不平之政治、暴虐残忍之刑罚、勒派加抽之苛捐与及满洲政府所纵容之虎狼官吏，一切扫除，不容再有膻腥余毒存留在我中华民国之内"；又发表"扫除满洲租税厘捐布告"，举出满清"绝汉人生计者"的十种手段，谴责"虏之贪残无道，实为古今所未有。二百六十年中，异族陵践之惨，暴君专制之毒，令我汉人刻骨难忍，九世不忘"，誓言定要"举满洲政府不平等之政治，摧廓振荡，无俾遗孽"。① 这些话语不仅凸显了清朝统治者危害人民的严重程度，而且宣告了革命党人对此统治的忍无可忍、势不两立，堪称充满战斗激情的檄文。

纵观孙中山对清朝的批判，以"反满"为总体形式，实则包含反抗国内民族压迫和君主专制压迫两大内容。在中国历史上，清朝像元朝等时期一样，其统治带有特殊性，民族压迫的表征至为明显。特别是朝廷建立之初的残杀及始终未能消除的满汉鸿沟，给广大民众留下了难以消除的隐痛，成为各种反抗斗争凭借的依据。孙中山出于推翻清朝的需要，同样充分运用了这些依据，但同时将其与反专制压迫紧密结合在一起。比较而言，在孙中山所批判的清朝罪状中，单属民族压迫者并不为主，更多的还是政治、经济、法律、文化、社会等各领域的专制压迫；这些压迫不仅存在于清朝，而且普遍存在于历朝，对清朝专制统治的清算，在很大程度上也是对中国整个君主专制统治的清算。

正因如此，孙中山在给清朝统治定性时，除了以"满"相称外，又总是以"专制"相并列，② 且总是将清朝一朝的专制与中国历朝的专制连在一起，指出"中国数千年来都是君主专制政体"，这种政体汉、唐、宋、明一脉相承，是

---

① 《中国同盟会革命方略》，《孙文全集》第 5 册，第 24、35—36、40—42 页。
② 除了前文所引述者外，相关提法还有"异族专制政府""清国专制之皇权""贵族专制之满洲"等。见《孙文全集》第 10 册第 37 页、第 3 册第 27 页、第 11 册第 214 页。

"恶劣政治的根本"，推翻清朝也就是要同时革此政体。① 正是在此点上，孙中山超越了维新派和立宪派，将空想甚多的君权变法和君主立宪，落地为现实性极强的共和革命。他还将清朝与倒清后的民国进行对比，总结性地指出"在昔虏朝行暴君专制之政，以国家为君主一人之私产，人民为其仆隶，身家性命悉在君主之手，故君主虽穷民之力，民不敢不从"，民国则以国家为公产，人民为主人，"是故民国既立，则四万万人无一不得其所，非惟除满洲二百六十年之苛政，且举中国数千年来君主专制之治一扫空之"，② 可见终结君主专制实为推翻清朝的核心要义。

既反抗国内民族压迫，又反抗专制压迫，民族革命本身已内含政治革命之义。虽然在三民主义体系中，政治革命本指"创立民国"，所对应的是民权主义，但就推翻清朝而言，实际上不仅革除了满清王朝，而且结束了君主专制，可谓两种革命交叉并重，无法截然分割。对此，孙中山显然看得很清楚，认为"今中国人民宜推翻者有两重历史，曰外族满清之入主，曰现代政府之腐败"，③ 这种现代"腐败"也就是专制政治的腐败；随后，他更将反清的民族与政治意义相提并论，申述"我们推倒满洲政府，从驱除满人那一面说是民族革命，从颠覆君主政体那一面说是政治革命，并不是把来分作两次去做"，"照现在这样的政治论起来，就算汉人为君主，也不能不革命"。④ 在三民主义体系中，反清革命独跨民族与政治两界，"一身而二任焉"，可称为一个特例。

将清朝作为君主专制的总代表，以反专制作为反清革命的根本底蕴，显示了民族主义思想强烈的现实感，反映了这一思想的实质所在。但从另一方面看，在民族主义特定话语的笼罩下，将产生一切现存专制统治弊害的根源都归结为清王朝的民族属性，将专制压迫与国内民族压迫往往混为一谈，强调只要由"本土的中国人"或"真正的中国人"来掌握政权，就能改变现状，⑤ 这在对君主专制的认识上，显然存在局限，欠缺深度。这一不足，当时在所难免，

---

① 《三民主义与五权分立 在东京〈民报〉创刊周年庆祝大会的演说》，《孙文全集》第3册，第56页。

② 《中国同盟会革命方略》，《孙文全集》第5册，第42—43页。

③ 《在日本与罗斯基等谈话》，《孙文全集》第11册，第59页。

④ 《三民主义与五权分立 在东京〈民报〉创刊周年庆祝大会的演说》，《孙文全集》第3册，第56页。

⑤ 《中国的现在和未来 革新党呼吁英国保持善意的中立》，《孙文全集》第2册，第332、347页。

要在后来革命历程的历练中，才有可能加以补救。

三、动员民众的权宜渲染

如上所述，孙中山民族主义思想的内在宗旨是要抵御外侮，根本实质是要反抗专制，而从其最有冲击力的话语来看，则是"反满"宣传。这一宣传不仅具有整体覆盖性，而且充满强化国内民族矛盾的极端之论，在很大程度上成了民族主义思想的标志性代表。如何看待这一基本特征，还需做进一步的分析。

总体而论，孙中山之所以提出民族主义，其最重要的目的是为了动员民众完成推翻清朝的革命任务。在这一思想中，抵御外侮和反抗专制虽实为核心精髓，但用于激发民众的反清斗志，还是显得比较间接。对孙中山来说，只有"反满"宣传，才具备最直接和最强大的动员力量。这种取向，在他 1903 年所作的几次演说中显露得非常清楚。

这些演说以力倡推翻清朝的民族革命为中心，对列强瓜分的危险性和根除君主专制的必要性皆有阐释，而讲得最多的则是要使国人认清"反满"的重要性，断言"今日这个旷世已久的王朝是异族的。自从满族蛮夷成为中华大地的统治者，过去了多少世纪，中国人已经忘记当今王朝统治者才是异族人，如同俄国人或日本人。只要中国人觉醒，领悟到这么一个事实，他们才能在一场声势浩大、摧枯拉朽的革命中站起来，并永久地把压迫者从他们身边赶出去……真正的困难在于人民没有觉醒，看清知道满族人是外国人……满族人的桎梏制造的苦难麻痹了国人对他们的统治者的真面目的认识。但是一旦国人觉醒，并意识到自己的力量，我们便可容易设计出一个无懈可击的计划，以此去推翻满族王朝"，[1] 表示"我们一定要在非满族的中国人中间发扬民族主义精神，这是我毕生的职责。这种精神一经唤起，中华民族必将使其四亿人民的力量奋起并永远推翻满清王朝"。[2]

将满族说成是像列强一样的"异族"和"外国人"，这并不符合中华民族

---

[1] 《今日之中国何以必须革命 在檀香山正埠荷梯厘街戏院的演说》，《孙文全集》第 10 册，第 7—8 页。类似之意，又见《扫除满清方足以救中国 在檀香山正埠华人戏院的演说》，同上，第 10 页。

[2] 《实行革命建立共和国家 在檀香山正埠利利霞街戏院的演说》，《孙文全集》第 10 册，第 9 页。

发展的实际。孙中山何以忽略这一史实,认定只要大力宣传"反满",就能保证革命取得胜利呢?要将此问题解答清楚,必须从多方面进行分析。

首先,将清朝统治"异族"化,可进一步加剧民众与朝廷的对立意识。清朝时期的满汉矛盾本属国内民族矛盾,它与国外民族矛盾在性质上完全不同。如果属于国外异族统治,那么出于民族的本根性,被统治民族反抗的理据将更加充足,仇恨的情感将更加炽烈,彼此的关系将更加势不两立,这皆为国内民族矛盾所难以相比。此点不仅为世界民族独立史所证明(如前述孙中山对罗马帝国灭亡与各国独立关系的评论),也为中国近代以来的反侵略史所证明。孙中山深谙其理,因而有意识地转换两类民族矛盾,欲通过放大国内民族间的区别,将民众对清朝的愤懑"升级"为对外族统治的仇恨,以此造就非同一般的反抗心理和斗争力量。这一转换并非空穴来风,而是具有事实基础,这就是在清朝统治下,国内民族压迫一直存在,它与专制压迫及对外丧权辱国结合在一起,对广大民众造成了极为严重的伤害。以此为基础,"反满"便易于引发强烈共鸣,特别是当历数清朝起源史、入关史和早期征服史时,"异族"统治论似乎更是不言自明。这对于动员民众坚决投身于反清革命,显然非常有利。

其次,反清革命以下层民众为基本力量,"反满"宣传对其有特别的适合性。孙中山进行革命所依靠的对象,在较长时期内为海外华侨和国内会党。在他们之中,一直存在着各种以"反清复明"为宗旨的秘密结社(有些演变为公开的社会团体),很多人对清朝现实压迫心怀极大不满。这两大群体,正是"反满"宣传的主要受众,受到孙中山的高度重视。在美洲,他将洪门团体致公堂称为"中国的反满会党",估计在美国的华侨"约有百分之八十都属于这个会党"。[①] 为了取得侨胞对革命的支持,孙中山在檀香山加入了洪门,受"洪棍"之职,进而为致公堂重订新章程,用"驱除鞑虏、恢复中华、创立民国、平均地权"的宗旨,取代原来的"反清复明",在保留会党"反清"精神的同时,又将此精神升华到革命纲领的高度。[②] 他还努力帮助致公堂增强凝聚力,告知友人美国"此地洪门之势力极大,但散涣不集,今已与各大佬商妥,设法先行联络各地洪家成为一气,然后可以再图其他也"。[③] 在南洋,他的"反满"宣传也收到显著成效,"南洋各埠数年前华侨不知有革命之事业,只知捐功名、

① 《中国问题的真解决 向美国人民的呼吁》,《孙文全集》第3册,第37页。
② 见《致公堂重订新章》,《孙文全集》第5册,第8—10页。
③ 《复黄宗仰告在美扫灭保皇毒焰情形函》,《孙文全集》第7册,第35页。

买翎顶，以为惟一之报国义务……后有革命主义之传布，人皆如大梦初觉，其始之言保皇者，今皆言革命矣"，"中国人受专制之祸二千余年，受鞑虏之祸二百余年，人心几死，是犹醉梦者虽饥渴亦不知饮食也，不有唤起之，则醉梦者必长此终古矣。今幸有主张革命者出而唤起同胞，使之速醒，而造成革命之时势，将见醒者愈多，则革命者亦愈众"。① 在内地，"反满"宣传更容易找到与会党的契合点，孙中山这样总结道："此次革命主因，须于民间不平之点求之。满洲入关，屠杀残酷，其恨盖二百六十余年如一日也……民间以种恨之深，秘密结社极多，要以灭清复明为惟一之目的。近二十年，革党始起，而与各种秘密结社连合其力，为溃决而不可当。"② 这些足以说明，在孙中山与下层民众之间，"反满"宣传既是联系共同情感的纽带，又是集结团体力量的依托，更是传播革命思想的利器，其重要性确实非同一般。

最后，宣传"反满"也是为了抵制清朝煽动盲目排外，尽力争取民众特别是军队支持革命。盲目排外是民众中存在的一种扭曲的反侵略思潮，在义和团运动时期曾被清朝所利用，造成了恶劣的后果。当反清革命迅速发展之时，孙中山对清朝有可能故伎重演，持有警惕之心。辛亥革命爆发前一年，他在一次与英文报记者的谈话中，一方面表示相信"彻底改变庞大的中华帝国政体的时机已近成熟"，一方面预感可能"又要发生一次义和团起义"。他分析说，"正如第一次起义时，帝国的军队援助排外运动一样，现在的政府将是起义的幕后操纵者……满洲王朝相信，当煽动对欧洲人和美洲人的敌对情绪时，它将使自己受到中国人民的拥护"，这个政府正在建立一支庞大的现代化新军，指望用这支军队去使政府为人民接受。不过，他同时断定这种企图绝不会得逞，因为"只要一种思想感情在中国军队中鼓动起来，它将使这支巨大的武装力量去反对政府而不是为它服务"。③ 这种"思想感情"，指的就是革命派所宣传的"反满"。孙中山的预感并未成为现实，但通过"反满"宣传的渗透，确有不少新军将士陆续受到"鼓动"，坚决站到了"反对政府"的一面。

由上可见，注重"反满"宣传对于动员民众而言，确有很大的必要性，并

---

① 《平实开口便错》，《孙文全集》第3册，第122页。

② 《美国共和联邦政体甚合中国之用 与巴黎〈日报〉记者谈话》，《孙文全集》第11册，第206页。

③ 《数年内将推翻清政府建立共和政体 与檀香山〈太平洋商业广告报〉记者谈话》，《孙文全集》第11册，第182、183页。又见《中国将要发生另一次义和团起义 与檀香山〈太平洋商业广告报〉记者谈话》，同上，第185页。

收到了非常显著的成效。从必须完成推翻清朝这一革命中心任务的角度来说，"反满"宣传可谓势所必至、理所当然，但与此同时，也应看到这一宣传多有权宜性的渲染。它与民族主义思想中抵御外侮、反抗专制的取向有一个重要的不同，这就是后者立论确凿不移、传承久远，而它有较多的借用性，时效比较短暂。像"反满"宣传中的"异族""外国""亡国"等言词，究其本意，无非是用以强化与清廷对立的程度，服务于倒清夺权的目的，而并不是真要将满族或满洲从中国割裂出去。

清朝一旦推翻，借用便大功告成，"反满"亦即刻变成合满。这从孙中山的两份文告中，可以看得很清楚。一份是民国刚成立时发表的宣言书，宣告"国家之本，在于人民。合汉、满、蒙、回、藏诸地为一国，即合汉、满、蒙、回、藏诸族为一人。是曰民族之统一"；① 一份是于清帝宣布退位后发表的通电，宣告"今中华民国已完全统一矣！中华民国之建设，专为拥护亿兆国民之自由权利，合汉、满、蒙、回、藏为一家，相与和衷共济……增祖国之荣光，造后民之幸福"。② 这充分说明，"反满"的实质只是要反掉清朝的国内民族压迫和专制压迫，当目的已达，这一宣传也就完成了自己的历史使命。

总之，孙中山民国前的民族主义思想，有着非常突出的阶段性内涵和特点。它以抵御外侮为根本宗旨，又首重革命夺权，将反侵略间接转换为推翻清朝的中心任务；它既赋予反清以民族革命的意义，又同时赋予其政治革命的意义，始终聚焦于反抗专制的价值取向；其愤激的"反满"宣传服从于动员民众的需要，多有权宜性渲染，实为短时段的借用。民国建立后，这些内涵和特点发生了很大变化，而前后的接续关联仍至为明显，将民国前作为对照，对孙中山整个民族主义思想的认识，当可获得有益的借鉴。

（作者单位：华南师范大学历史文化学院）

---

① 《中华民国临时大总统孙文宣言书》，《孙文全集》第 4 册，第 294—295 页。
② 《为中华民国已完全统一布告全国通电》，《孙文全集》第 4 册，第 308 页。

孙中山对民族及国家的认知 [*]

王 杰

　　风烟百年之后，重温伟人的关于民族—国家的教诲，其遗产弥珍，启迪犹存。孙中山对民族—国家的认知所导引的中国道路走向，既往学人少有论及，或说孙中山是顺应时代潮流从旧民主主义革命向新民主主义革命过渡。本文提出，孙中山对此一认知的建树，在于迎汇世界潮头，审时度势，以主动态、指导性的风貌，不断调适着民主革命的航向，从而将旧民主主义革命导向新民主主义前程，为民主革命建树了新的道路。通过考察孙中山民族—国家理念脉向，阐释其"实用特征"及"演进特征"两大表征，展示其与时俱进的精神品格，可以管窥孙中山从单一民族观念到民族—国家理念的升华，揭示其理念高瞻远瞩的历史功用：时代取向的前瞻性、与时俱进的品格、知行合一的道路选择，这是孙中山独领潮流风骚的真谛所在，也是中华民族精神信仰的依归。

一、对民族—国家认知的演化

　　孙中山对民族—国家认知的演化，可以分为两个部分来谈，首先是对民族、民族主义及国族等的认知，其次是对国家的认知。

（一）孙中山对民族、民族主义及国族等的认知

　　孙中山谈论民族问题，主脉凸现于三个重要时段。广义而言，第一个时段

---

　　[*] 本文撰写，得王志伟先生助力，谨此表示由衷的谢忱。

是辛亥革命时期。1894 年底孙中山创立兴中会，提出"驱除鞑虏、恢复中国"的革命纲领，[①] 1905 年，将同盟会纲领中"驱除鞑虏、恢复中华"概述为"民族主义"，树立反清旗帜。第二个时段，值中华民国肇造，孙中山提出"五族共和"理念；"二次革命"失败，他提出"国族"理论，倡行中国境内民族汉族化。第三个时段，是在 1924 年后，国民党"一大"确立国共合作，孙中山于是年春夏间，在广东高师礼堂连续发表三民主义讲演，这是他毕生相对集中且成体系地论述关于民族、民族主义、国族及国族主义的认知。

第一时段，孙中山对民族、民族主义和国家认知较为朴素、直率，呈现带情感性的特征。孙中山早年受广东本土流传的排满风气、民间秘密社会反清复明思想熏陶，又耳闻目睹太平天国老战士的反清故事演绎，[②]"发扬先烈，用昭信史，为今日吾党宣传排满好资料"，[③] 孙中山生斯长斯，特色乡情给其民族思想着上了浓重色彩。此间他将民族、国家的认知阐释为："民族"主要是"汉人（汉种）"与"满洲人"的对立；所谓"国家"，就是"汉人的天下"，无论"恢复中国"或"恢复中华"，都是恢复到汉人的国家或天下，是要将满洲人驱离汉地十八省。1894 年兴中会创建，提出"驱逐鞑虏，恢复中国，创立合众政府"的宗旨；[④] 1905 年，同盟会在日本东京组建，规定"驱除鞑虏，恢复中华，创立民国，平均地权"为纲领。从兴中会到同盟会，革命纲领的内涵有了提升，从"中国"变为"中华"，就本质而言，其终极指归均为恢复"汉人的天下"或"汉人的国家"："维我中国开国以来，以中国人治中国，虽间有异族篡据，我祖我宗常能驱逐光复，以贻后人。今汉人倡率义师，殄除胡虏，此为上继先人遗烈，大义所在，凡我汉人当无不晓然……我汉人为亡国之民者二百六十年于斯。满政府穷凶极恶，今已贯盈。义师所指，覆彼政府，还我主权"。推翻满清就要依靠汉人，驱除满洲统治者且将其从汉地十八省内驱离出去，重

---

① 据林增平先生考证，孙中山创立兴中会时，该会的纲领并未提出"创立合众国"主张。参见林增平：《孙中山民主革命思想的形成》，《历史研究》1987 年第 1 期。

② 中国科学院近代史研究所中华民国史组、广东省哲学社会科学研究所历史研究室编：《孙中山年谱》上册，中华书局 1976 年，第 10 页。

③ 《与刘成禺的谈话》（1902 年），广东省社会科学院历史研究室等编：《孙中山全集》第 1 卷，中华书局 1981 年，第 217 页。

④ 1904 年孙中山将"恢复中国"改为"恢复中华"。参见冯自由：《中国革命运动二十六年组织史》，商务印书馆 1947 年，第 18 页。

新恢复汉族人掌控的国家，"中国者，中国人之中国；中国之政治，中国人任之"①。孙中山提出驱除满洲统治者的依据，基于"中国两次亡国论"及"汉种濒临灭亡"说：中国"一亡于胡元，再亡于满清，而不以为耻，反谓他人父、谓他人君，承命惟谨，争事之恐不及，此有民族而无民族主义者之所谓也"。②在孙中山看来，"汉人"即"汉种"，面对世界民族林立，汉种濒临危亡，"方今世界文明日益增进，国皆自主，人尽独立，独我汉种每况愈下，濒于死亡。丁斯时也，苟非凉血部之动物，安忍坐圈此三等奴隶之狱以与终古?"③ 孙中山认为，造成中国亡国和汉种濒绝的原因在于清朝政府，"自从满清进入中国来做皇帝，我们汉人便做了满人的奴隶，一切幸福都被他们剥削净尽，生杀予夺，都操在他们手里，他们为刀俎，我们为鱼肉。"④ 他强调指出，民族主义"并非是遇着不同族的人便要排斥他，是不许那不同族的人来夺我民族的政权……民族革命的原故，是不甘心满洲人灭我们的国，主我们的政，定要扑灭他的政府，光复我们民族的国家"，⑤ 同时强调推翻满洲人的统治与推翻专制政治同义。毋庸讳言，"驱除鞑虏"是颇具号召性的革命口号，旗帜鲜明，而一呼百应，从而形成合力，促成武昌起义功成。

第二时段，肩任民国临时大总统之后，孙中山适时提出"五族共和"以及"国内民族汉族化"主张。中华民国成立，政局新张，先前鼓动国人推翻清廷的号召已不适应新国体政局的发展，如何从国家元首的层面，促成汉族与满族的善处与融洽，直接关乎国家稳定和民族的融和发展。君不见，孙中山在民主革命的早年就言明了"种族革命"的内蕴，明确革命对象不是针对满洲人，而是清朝的统治阶层。他说得浅白："惟是兄弟曾听见人说，民族革命是要尽灭

① 《中国同盟会革命方略》（1906年秋冬间），广东省社会科学院历史研究室等编：《孙中山全集》第1卷，第296—297页。

② 《三民主义》（1919年），中山大学历史系孙中山研究室等编：《孙中山全集》第5卷，北京：中华书局1985年，第186页。

③ 《与宫崎寅藏平山周的谈话》（1897年8月中下旬），广东省社会科学院历史研究室等编：《孙中山全集》第1卷，第172页。

④ 《在槟榔屿对侨胞的演说》（1907年），陈旭麓、郝振潮主编，王耿雄等编：《孙中山集外集》，上海人民出版社1990年，第42页。

⑤ 《在东京〈民报〉创刊周年庆祝大会的演说》（1906年12月2日），广东省社会科学院历史研究室等编：《孙中山全集》第1卷，第324—325页。

满洲民族，这话大错……我们并不是恨满洲人，是恨害汉人的满洲人"。① 为了贯彻和践行"五族共和"方策，孙中山做了两大宣示：一、在《中华民国临时大总统宣言书》中明确阐释"国家之本，在于人民。合汉、满、蒙、回、藏诸地为一国，即合汉、满、蒙、回、藏诸族为一人。是曰民族之统一"；② 二、在根本大法中确立"五族共和"的原则："中华民国人民一律平等，无种族、阶级、宗教之区别"。③ 五族共和理念获得各民族的认同，蒙古亲王积极回应说："共和新立，五族一家……我蒙同系中华民族，自宜一体出力，维持民国"。④ "二次革命"后，孙中山总结革命失败经验教训，对民族问题进行反思。在他看来，"五族共和"理论有被误解甚至被歪曲的偏向，五族没有实现汉满蒙回藏的共和，反而成为各种阻碍势力的联合工具："自光复之后，就有世袭底官僚，顽固底旧党，复辟底宗社党，凑合一起，叫做五族共和。岂知根本错误就在这个地方。"⑤ 为了调适国家和政权问题，他提出进行"国族"理念建设，即通过民族融化，实现国内各民族汉族化，要求汉族"与满、蒙、回、藏之人民相见以诚，合为一炉而冶之，以成一中华民族之新主义"，同化国内各民族。⑥ 中华民族之所以能够融化，基础在于：一、孙中山认为民族就是国族，"民族主义就是国族主义，在中国是适当的，在外国便不适当……因为中国自秦汉而后，都是一个民族造成一个国家……同一血统、同一言语文字、同一宗教、同一习惯，完全是一个民族"。⑦ 同时代的蒋百里却认为所谓民族主义是"合同种异异种，以建一民族的国家"，⑧ 这一点与孙中山认知明显不同。二、孙中山指

---

① 《在东京〈民报〉创刊周年庆祝大会的演说》（1906年12月2日），广东省社会科学院历史研究室等编：《孙中山全集》第1卷，第325页。

② 《临时大总统宣言书》（1912年1月1日），中国社会科学院近代史研究所中华民国史研究室等编：《孙中山全集》第2卷，中华书局1982年，第2页。

③ 《中华民国临时约法》，见翦伯赞、郑天挺编：《中国通史参考资料（近代部分）》，中华书局1962年，第239—240页。

④ 西盟王公会议招待所编：《西盟会议始末记》，载内蒙古图书馆编：《内蒙古历史文献丛书之二》，远方出版社2007年，第43页。

⑤ 《在中国国民党本部特设驻粤办事处的演说》（1921年3月6日），中山大学历史系孙中山研究室等编：《孙中山全集》第5卷，第473页。

⑥ 《三民主义》（1919年），中山大学历史系孙中山研究室等编：《孙中山全集》第5卷，第187页。

⑦ 《三民主义》（1924年1月至8月），广东省社会科学院历史研究所等编：《孙中山全集》第9卷，中华书局1986年，第185、188页。

⑧ 余一：《民族主义论》，《浙江潮》1903年1月第1期。余一乃蒋百里之化名。

出，"盖藏、蒙、回、满，皆无自卫能力。发扬光大民族主义，而使藏、蒙、回、满，同化于我汉族，建设一最大之民族国家者，是在汉人之自决"。① 他还谈及各民族汉化的方法，包括依靠"自然力"和"恢复固有的道德和民族精神"，这里的"自然力"，孙中山强调"最大力就是血统，次大力是谋生方法，后面依次是语言、宗教、风俗习惯……通过自然力，把上千万少数民族很自然、很王道地同化"；"道德和民族精神"，是谓"首是忠孝，次是仁爱，其次是信义，其次是和平"，依靠这种粘合剂，各个分散的单元才会更好地"粘合在一起"。②

第三时段，国民党"一大"以后，孙中山对民族国家的认知有了进一步深化，他既提出争取民族独立，反对帝国主义侵略的主张，又强调回应国内各民族保持平等的诉求。1924 年 1 月，国民党"一大"公布了国共合作宣言，标志着孙中山民族思想进入一个新的阶段。他修正了此前民族汉族化的成见，开始建构国族的理念，"对于国内之弱小民族，政府当扶植之，使之能自决自治"，③提出了民族自决和民族平等思想，"欧战以还，民族自决之义，日愈昌明，吾人当仍本此精神，内以促全国民族之进化，外以谋世界民族之平等"，④"承认中国以内各民族之自决权，于反对帝国主义及军阀之革命获得胜利以后，当组织自由统一的（各民族自由联合的）中华民国"。⑤ 孙中山民族思想转变，得益于苏联顾问和中国共产党的帮助，也是他深刻总结革命经验的思想结晶。在他看来，国民革命之所以屡屡失败，其中原因之一是国内各民族之间并不平等，以致中华民国自建立之日起"民权无确立之制度，民生无均衡之组织"，所以，革命目的不仅在于推翻清政府，而是推翻专制之后，革命党"得从事于改造中国。依当时之趋向，民族方面，由一民族之专横宰制过渡于诸民族之平等结合"。⑥ 这里需要特别说明，孙中山虽然赞许苏联民族自决理论，但是，并非完

---

① 《在桂林对滇赣粤军的演说》（1921 年 12 月 10 日），中山大学历史系孙中山研究室等编：《孙中山全集》第 6 卷，中华书局 1986 年，第 24 页。

② 《三民主义》（1924 年 1 月至 8 月），《孙中山全集》第 9 卷，第 243 页。

③ 《国民政府建国大纲》（1924 年 1 月 23 日），广东省社会科学院历史研究室等编：《孙中山全集》第 9 卷，中华书局 1986 年，第 127 页。

④ 《中国国民党宣言》（1923 年 1 月 1 日），中山大学历史系孙中山研究室等编：《孙中山全集》第 7 卷，第 3 页。

⑤ 《中国国民党第一次全国代表大会宣言》（1924 年 1 月 23 日），广东省社会科学院历史研究室等编：《孙中山全集》第 9 卷，中华书局 1986 年，第 119 页。

⑥ 《中国国民党第一次全国代表大会宣言》（1924 年 1 月 23 日），广东省社会科学院历史研究室等编：《孙中山全集》第 9 卷，第 114 页。

全照搬照套，对某些不适合中国实际的操作做了"加工"调适。他意识到"民族自决"有如一把双刃剑，对于半殖民半封建社会的中国而言，可以充当谋求民族独立的理论，但因为国内民族众多，如果宣传不当，反会引起民族分裂危机，以是，孙中山反复强调在中国以内的自决，而非脱离中国的民族分裂或独立。

（二）孙中山对国家的认知

世界进入近代，欧美国家逐步形成并践行"民族国家"理论，特别典型的是美利坚民族国家的形成。据西方相关理论，早期的"nation"，既指"民族"，也可以指"国家"，所谓"民族国家"，实质上就是"一个民族，一个国家"。武昌起义前，孙中山游学国外多年，从他提出的革命口号及相关理论看，对西方国家的民族理论似缺乏深刻认知。他所提出的民族口号，似乎更接近于中国理念的熏染，如"排满风气"和民间秘密社会天地会"反清复明"思潮的升涨等："余之民族主义，特就先民所遗留者发挥而广大之"；[1] 西方民族国家理论并非是重要影响因素，刘大年先生说："当时一些反满宣传的提倡者，其实也是从阶级矛盾的意义上来理解反满斗争的"。[2] 这确实可以帮助理解孙中山的"汉地十八省"理念产生的背景。换言之，"革命排满"在当时孙中山民族理念中占据较大成色，在孙中山思想深处，"汉地十八省"是汉人（汉种）的根本，才是"中国"，"推翻满洲政府，还我汉族山河"。[3] 从特定的历史条件中阐释孙中山的思想演化，这便是历史唯物主义的法则。

民国肇建伊始，孙中山重任在肩，适时提出"五族共和"的国策，既是对国家政治主张的宣示，是国家政权亟需团结稳定的需要，也是对其时不少地方出现民族纷争危及民族安定的应对举措。按孙中山的预设，"汉、满、蒙、回、藏"五族互相平等对待，共同生活于中国，"血统早已混合，生活逐渐改变，

---

① 《香港兴中会章程》（1895 年 2 月 21 日），广东省社会科学院历史研究室等编：《孙中山全集》第 1 卷，第 21 页。

② 刘大年：《评辛亥革命与反满问题》，《刘大年史学论文选集》，人民出版社 1987 年，第 317 页。

③ 韩月香：《觉醒·遮蔽·迷失——孙中山政治思想系列研究之一》，《海南师范学院学报》1999 年第 1 期。

宗教也差不多一致了"，① "中国自广州北至满洲，自上海西迄国界，确为同一国家与同一民族"。② "二次革命"失败后，孙中山一度认为"所谓五族共和者，直欺人之语"，③ 切入了建构民族国家的探讨。孙中山是被何种思想或受何种著作影响而更变理念，现在还缺乏确信的材料佐证，但是，依据他所设想的民族国家建构，可以明显看出，他关注西方"一个民族，一个国家"的建构方式。但是，他对西方民族国家本质尚处于探索与研究之中。民族国家需经长时段国内经济融合、文化沟通等一系列带有彼此认同的民族建构，并不能解决中国民族、国家和政治问题，强行贯彻则可能会引起民族纷争。他说民族主义就是国族主义，国族是民族和国家的合体结晶，如是理念，显现了孙中山在民族—国家观念认知上呈现两大特点：其一，所使用"民族"词汇，与传统中国的种族指代明显不同，凸显其内蕴在一定程度上已经接受西方民族理论的吸纳；其二，已经意识到建构民族国家的急迫性和必要性，注重国民救国精神的孕育。1921年，孙中山第一次对"国家"概念进行理论发阐。他根据德国政治学者的理论，提出"国家以三种之要素而成立：第一为领土。国无论大小，必有一定之土地为其根据，此土地，即为领土。领土云者，谓在此土地之范围，为国家之权力所能及也。第二为人民。国家者，一最大之团体也，人民即为其团体员，无人民而仅有土地，则国家亦不能构成。第三为主权。有土地矣，有人民矣，无统治之权力，仍不能成国。此统治权力，在专制国，则属于君主一人，在共和国，则属于国民全体也。"④ 主权是近代国家观念的核心，包括对外捍卫主权独立和领土完整，对内实现主权在民。主权在君还是在民，是区别传统国家观念与近代国家观念的分水岭。孙中山强调"在共和国，则属国民全体"的观念，就是要将传统中国的国家意识转换为近代国家观念，诸如国家学说兴替、国家制度变革和国家观念更新。而观念的更新尤为关键。其实，他对此早有思考，曾在《孙文学说》中一针见血指出，此书"以破此心理之大敌，而出

---

① ［美］拉铁摩尔：《中国的边疆》，中国科学院编：《外国资产阶级学者是怎样看待中国历史的》第1卷，商务印书馆1961年，第187页。

② 《中国之铁路计划与民生主义》（1912年10月10日），中国社会科学院近代史研究所中华民国史研究室等编：《孙中山全集》第2卷，第487页。

③ 《在桂林对滇赣粤军的演说》（1921年12月10日），中山大学历史系孙中山研究室等编：《孙中山全集》第6卷，第24页。

④ 《在桂林对滇赣粤军的演说》（1921年12月10日），中山大学历史系孙中山研究室等编：《孙中山全集》第6卷，第23—24页。

国人之思想于迷津，庶几吾之建国方略，或不致再被国人视为理想空谈也。夫如是，乃能万众一心，急起直追，以我五千年文明优秀之民族，应世界之潮流，而建设一政治最修明、人民最安乐之国家，为民所有、为民所治、为民所享者也"，其成功较革命之破坏事业"为尤速、尤易也"。① 只有将国家观念的更新与国家学说的兴替和国家制度的变革结合起来，进行互动考察研究，才能准确把握中国近代国家观念形成与发展的进程。由此，孙中山在民族国家建构上加快了探索和思考的进程，并加大了研究的力度。

　　孙中山的民族国家思想发生质变，当在1924年前后，体现于对民族主义的系统演讲之中。外争主权，内保和平，即是他民族思想升华的结晶。孙中山提倡国内各民族平等独立自由发展，各民族的生存权和发展权得到充分保护，进一步强化以三民主义思想武装工农兵、以三民主义灌输和哺育全体国民，以建设富有三民主义灵魂的现代国家。从孙中山的民族主张看，建构民族国家乃是他专注的落脚点，而建构"民族共同体"，也是他孜孜以求的奋斗目标。他下决心联合苏俄，在解决中国民族独立、国家富强的认知上有了新的认识，即中国的民族独立需要外国友好民族的支持和帮助，需要国内各民族团结一致，共同抵抗列强侵略和反抗国内军阀。在《国事遗嘱》中，他强调"余致力国民革命凡四十年，其目的在求中国之自由平等。积四十年之经验，深知欲达到此目的，必须唤起民众及联合世界上以平等待我之民族，共同奋斗"。② 孙中山主张在国内进行相关宣传，藉以在国内各民族间形成共同体认知，从某种意义上说，这是构建"中华民族共同体意识"的最早雏形。联合外国友好民族，团结国内各民族，共同反对欧美殖民侵略，抗击国内军阀统治，争取民族独立，建立民主新国家，是孙中山晚年民族理论的终极指归。

二、民族—国家理念的明显特征

　　孙中山毕生关注民族与国家的发展与建设，并为之鞠躬尽瘁，他的理念呈现出"实用"性和"演进"性等两个鲜明的特征。

---

　　① 《建国方略·建国方略之一：孙文学说——行易知难（心理建设）》（1917年至1919年），中山大学历史系孙中山研究室等编：《孙中山全集》第6卷，第159页。

　　② 《国事遗嘱》（1925年3月11日），广东省社会科学院历史研究室等编：《孙中山全集》第11卷，中华书局1986年，第639页。

（一）“实用”特征

毋庸讳言，孙中山谈不上是一位严格的理论家。他谈论、探索民族及国家，直奔主题，一切为了民主革命、推翻专制政治、创立民主政权及为国家建设服务。孙中山采纳西方政治文明的态度及取用方式，同样很“实用”：辛亥革命时期，他虽然提出了一些具有原创性的革命思想，深究其思想之“原则”，不难发现，除了受本土排满思想影响外，所借用或模仿西方政治文明的思想、话语有印可寻：“我们必要倾覆满洲政府，建立民国。革命成功之日，效法美国，选举总统，废除专制，实行共和”。[①]

孙中山少年离乡，在美国和香港接受相对系统的西方知识训练，特别是医学。他热诚接受西方文化，并不意味着他对西方文化都有入木三分的理解，相对于医学而言，他对西方民族国家、政治制度、政权建设的理解呈现出渐进的过程：1894年成立兴中会后，他开始从实质意义上对西方的政治、民主学说等投入较大的关注。作为时代先驱，他对西方民主、政治、民族、国家等一系列政治文化理论，明显采取“拿来主义”，对我有益，则取用之，对己不利，便回避之。同理，他于1905年提出三民主义纲领，关于“三民主义”特别是民生主义的具体阐释，也仍有待完善的空间。第一次护法战争失败，及至“五四运动”前后，他蛰居上海带领一批青年志士专心撰著《孙文学说》《民权初步》《实业计划》时，才对西方意义上的民主、民权、民族、国家等有进一步的体味和认知。

说孙中山是实用者，应强调他从来都不故步自封、敝帚自珍，而是与时俱进、时新趋潮。理论的色彩、深浅，并不是他探讨的重点，理论能否对自己有用，才是他取舍的标尺：“余所治者乃革命之学问，凡一切学术可以助余革命之知识及能力者，余皆用以为研究之资料，而组成余之革命学也。”[②] 从理论体系和建构视角看，孙中山提出的思想并不能说是十全十美，但是，他的革命主张和革命宗旨却与中国革命进程的需要相契合，合乎国情，这是他所以引领中国革命潮流的关键所在。

---

① 罗家伦主编，黄季陆增订：《国父年谱》上册，台北“中央”文物供应社1969年增订本，第172页。
② 邵元冲：《总理学记》，载《玄圃遗书》下册，台北正中书局1954年。

（二）"演进"特征

孙中山理念的演进富有理性、向上、适时、趋新的特征。孙中山对民族和国家关系的认知有比较明显的阶段性提升，从朴素到清晰，从单纯民族到系统民族国家观念，他的思考路径呈现出"驱除鞑虏，恢复中华—五族共和—民族主义（民族汉族化）—国族主义"的变化特征，在最高阶段，民族与国家融为一体。

孙中山民族国家思想的演化，既与革命进程，政局形势、自身身份变化等紧密关联，又凸显其"取法乎上"的品质。相对于一种理论，他的民族认知有如一种"工具"。武昌起义前，民族主义可以直接等同于汉族主义，民族既是一种革命口号，也是一杆革命旗帜，号召推翻满清政权。民元孙中山提出五族共和，乃因他的身份已从反清革命领袖转变为执政的国家元首。作为一个国家首领，必然需要将国家安定作为政务的前提，民族对立、民族仇视显然不利于国家稳定，这是五族共和理念的逻辑。他密切注视不利于民族团结的各种因素，注重化解中央与地方间的利害冲突，冀图消弭族群对立。① 毋庸讳言，五族共和原则在很大程度上也是对现实的因应，目的即在于化除畛域；放弃五族共和思想后，提出民族汉族化，实际上就是模仿或借鉴西方"一个民族、一个国家"的民族国家建构方式，目的在于增强民族凝聚力，也是孙中山在真正意义上仿效西方民族理论的开始。

此间，孙中山践行西方民族—国家建构的方式，但对其本质仍在不断认知。1924 年以降，孙中山民族—国家思想有了深刻变化，这种变化既有西方民族理论的影响，更重要的是他接受了共产国际顾问和中国共产党人的直接扶助。国民党"一大"期间，对一些未决的争议案，胡汉民、汪精卫等人往往恳请苏俄顾问鲍罗廷前往劝说孙中山。② "民族自决"理论，既是西方国家民族理论和政策，同时也是斯大林的主张。③ 国民党"一大"宣言虽然是以孙中山和中国国民党的名义发表，但起草者是苏俄顾问和中国共产党人。该宣言提出

---

① 王川等：《中华民国专题史》第 13 卷，南京大学出版社 2015 年，第 55 页。

② 李玉贞：《联共·共产国际与中国（1920—1925）》第 1 卷，台北东大图书股份有限公司 1997 年，第 356 页。

③ 黄修荣主编：《联共（布）、共产国际与中国国民革命运动：1920—1925》，北京图书馆出版社 1997 年。

"国民党之民族主义，有两方面之意义：一则中国民族自求解放；二则中国境内各民族一律平等"①，民族自决和民族平等，超越了之前孙中山关于民族汉族化的主张，是孙中山民族思想的巨大进步，也是孙中山适乎世界潮流，合乎民众需要取向的最好诠释。

三、孙中山民族—国家认知的价值

鉴往知来。孙中山对民族—国家的认知，蕴涵着无形的价值，于今领略，仍受益有加。它体现于下：

（一）时代取向的前瞻性

孙中山的理念认知，体现在取向的时代性。主要表现于三个层面：

首先是兼具时代的使命感与探求精神。在民族危亡的抗争时期，孙中山第一次喊出"驱除鞑虏、恢复中华"和"振兴中华"的口号，最早提出挽救中华民族、创立共和的奋斗目标，迎合了时代的潮向，无疑代表着时代民主取向的高峰。为了挽救民族危亡，实现推翻清专制、创立共和政府的目标，孙中山"之所以出万死一生之计，以拯斯民于水火之中，而扶华夏于分崩之际也"，②这是他革命的出发点和落脚点。为了唤起各阶级民众的反清回应，他提出"驱除鞑虏"，向革命团体和国内民众直白表明革命目的，以至成为一呼百应的革命旗帜。要"一个民族，一个国家"，这种理念和他创建中华革命党具有内在的逻辑关联。孙中山提出外争民族独立，内保民族平等，这一思想虽然受益于苏俄顾问和中国共产党人的作用，无疑也是孙氏晚年解决民族问题时迎合世界视野的体现，从而使其使命与担当精神成为一种巨大的感召力，在这个意义上说，他引领了时代革命的风向。

其次是具有取法乎上的品格。为了达到民主革命理想的彼岸，孙中山始终保持"与时俱进"的追求与风貌："兄弟底三民主义，是集合中外底学说，应

---

① 《中国国民党第一次全国代表大会宣言》（1924年1月23日），广东省社会科学院历史研究室等编：《孙中山全集》第9卷，第118页。

② 邹鲁：《中国国民党史稿》，台北商务印书馆1976年，第36页。

世界底潮流所得的。"① 从 1894 年至 1925 年，孙中山不懈追寻民族独立与国家富强，对民族—国家的认知过程，也是他艰辛探索建构民族国家的不朽功勋。他少年出国，耳濡目染，在檀香山、香港接受西方专业知识训练，对西方政治制度、社会文化和政府治理模式等有了体认，从而突破了农业文明惯性思维下解决国家政治问题的传统理路。他走上革命道路，正是近代工业文明进程之中寻求政治解决的思路，故而，辛亥革命的目的不是重建封建国家，而是建设"一个新的、开明而进步的政府"。②

最后是富有时代与中国国情契合的内涵。孙中山的认知理念，蕴含审慎而后行的理喻。他指出："夫事有顺乎天理，应乎人情，适乎世界之潮流，合乎人群之需要，而为先知先觉者所决志行之，则断无不成者也，此古今之革命维新、兴邦建国等事业是也。"③ 他解释道，中国要跟上时代的潮流，必须"内审中国之情势，外察世界之潮流，兼收众长，益以新创"，④ 如是方能唤起民众，铸成聚力，其晚年主动主持改组国民党，联俄联共扶助农工，掀动民主革命的统一战线，掀起国民革命高潮就是明证。

（二）具有与时俱进的品格

孙中山理念的凝结，无疑浸润着中华民族的文化自信心。他认为："持中国近代之文明以比欧美，在物质方面不逮固甚远，其在心性方面，虽不如彼者亦多，而能与彼颉颃者正不少，即胜彼者亦间有之。彼于中国文明一概抹杀者，殆未之思耳。且中国人之心性理想无非古人所模铸，欲图进步改良，亦须从远祖之心性理想，究其源流，考其利病，始知补偏救弊之方。"⑤ 文化自信，乃是守望中华民族的根脉，孙中山多次强调中国的文化哲学优胜西方一筹，所以，我们古有的好的传统一定要发扬光大。"所以亚洲的文化，就是王道的文

① 《在中国国民党本部特设驻粤办事处的演说》(1921 年 3 月 6 日)，中山大学历史系孙中山研究室等编：《孙中山全集》第 5 卷，第 475 页。
② 《我的回忆——与伦敦〈滨海杂志〉记者的谈话》(1911 年 11 月中旬)，广东省社会科学院历史研究室等编：《孙中山全集》第 1 卷，第 556 页。
③ 《建国方略·建国方略之一：孙文学说——行易知难（心理建设）》(1917 年至 1919 年)，中山大学历史系孙中山研究室等编：《孙中山全集》第 6 卷，第 228 页。
④ 《中国国民党宣言》(1923 年 1 月 1 日)，中山大学历史系孙中山研究室等编：《孙中山全集》第 7 卷，第 1 页。
⑤ 《建国方略·建国方略之一：孙文学说——行易知难（心理建设）》(1917 年至 1919 年)，中山大学历史系孙中山研究室等编：《孙中山全集》第 6 卷，第 180 页。

化。自欧洲的物质文明发达，霸道大行之后，世界各国的道德，便天天退步"。① 我们学习欧洲，"并不是学欧洲来消灭别的国家，压迫别的民族，我们是学来自卫的"。②

关于文化自信，可从三个层面理解：

第一层面，孙中山处理民族、国家问题时自幼受民族文化的熏陶和影响。五四运动之后，孙中山明显的文化转向就是更加推崇中国民族文化，认为中国民族文化在本质上属于是王道文化，而西方欧美文化则属于是霸道文化，两者相比较，中国王道文化更具优势。在取用中国民族文化处理中国民族—国家问题上，孙中山总是既秉持"取法乎上"的态度，又坚持"因袭，规抚，创新"的原则。孙中山总结他的民族—国家思想，既有"因袭吾国固有之思想"，也有"规抚欧洲之学说事迹者"，还有自己的创新所得。

第二层面，孙中山一直强调民族文化自信，注重民族尊严。他总是从中国本土民族文化及民族发展历史中汲取"营养"，比如建构中国国族时，他注重千百年来中国国境内各民族发展的个性和共性问题，审视了中原文化与周边文化的互动，故而，才有了国内各民族汉族化的构想。之后，他又发掘中国传统家族、宗族的精义，提出国族建构可以从"家族、继而是宗族，最后是国族"，按顺序将家族和宗族不同社会小团体粘合为"大团体"，最后"便可由宗族主义扩充到国族主义"。

第三层面，孙中山借鉴欧美及苏俄民族国家理论，也并非照搬照套，而是根据中国实际情况，做出相应调适，使之更加契合中国的历史土壤。比如民族自决问题，孙中山觉察到国内民族林立和民族纷争的端倪，如果完全照搬苏俄民族自决理论，中国则有可能会走向纷争或分裂。因此，他接受民族自决理论非常审慎，既肯定了该理论的正面意义，也对其不适应中国国情的现状做出防范，明确指出中国国内各民族即使行使自决权，也是限制于"中国之内"，以杜绝民族分裂的出现。

（三）知行合一的道路选择

关于民族—国家理念的认知，孙中山的建树，在于他对中国道路探讨的开

---

① 《对神户商业会议所等团体的演说》（1924 年 11 月 28 日），广东省社会科学院历史研究室等编：《孙中山全集》第 11 卷，第 405 页。

② 《对神户商业会议所等团体的演说》（1924 年 11 月 28 日），广东省社会科学院历史研究室等编：《孙中山全集》第 11 卷，第 407 页。

先性与昭示性的彰显。

一是孙中山自信所选择的道路富有先进性。孙中山无愧为中国革命先行者，他首先强调民主革命的先行性，用三民主义解释世界近代革命，以论证三民主义的先进性、正确性和普遍性。三民主义思想体系是孙中山在长期革命斗争中融贯中西而创造形成的，他视之为政党的生命，并充满着自信。1921 年 12 月，孙中山总结世界近代革命时指出，三民主义具有普遍性和正确性。他说："世界各国都是先由民族主义进到民权主义，再由民权主义进到民生主义。"[①] "欧洲当二百年前，为种族革命时期，近一百年以来，为政治革命时期，现今则为社会革命时期。此三者，一线相承，故须同时唱〔倡〕导三民主义。"[②]

二是三民主义具有先进性，是因为它取法乎上。孙中山指出："三种主义并行，真正共和的基础才能够稳固。本大总统这个主张，可以说是取法乎上。"[③] 因为"英、美今日之社会问题……因彼于政治革命成功后，不复计及社会革命，故有此弊。若俄国现时之新政府，则有鉴于此，乃以政治革命与社会革命同时并举……是即所谓社会革命，亦即所谓民生问题"，[④] "欧美各国二百余年以来，只晓得解决民族、民权两件事，却忘记了最要紧的民生问题"。[⑤] 相较之下，孙中山认为三民主义正是解决欧美各国所没有解决的民生问题，正是预防性地解决苏俄社会革命问题，显然具有先进性。

三是"新三民主义"的大胆实践。孙中山晚年主张的民族—国家理论明显受到苏俄革命胜利的影响，选择与苏俄联合，从而深化了对民主革命、民族运动和国家建设等一系列问题的认知。此间，他认定只有联合苏俄，联合中国共产党，才能为国民党输入新鲜血液，中国革命才有成功的保障。孙中山晚年关于民族—国家思想的转变具有重要的"昭示"意义。首先，从革命阶段上说，将旧民主主义导引向新民主主义过渡。民族主义革命是资产阶级对封建主义的

---

① 《在桂林军政学七十六团体欢迎会的演说》（1921 年 12 月 7 日），中山大学历史系孙中山研究室等编：《孙中山全集》第 6 卷，第 3 页。

② 《在桂林对滇赣粤军的演说》（1921 年 12 月 10 日），中山大学历史系孙中山研究室等编：《孙中山全集》第 6 卷，第 28 页。

③ 《在桂林军政学七十六团体欢迎会的演说》（1921 年 12 月 7 日），中山大学历史系孙中山研究室等编：《孙中山全集》第 6 卷，第 5 页。

④ 《在桂林对滇赣粤军的演说》（1921 年 12 月 10 日），中山大学历史系孙中山研究室等编：《孙中山全集》第 6 卷，第 28 页。

⑤ 《在桂林军政学七十六团体欢迎会的演说》（1921 年 12 月 7 日），中山大学历史系孙中山研究室等编：《孙中山全集》第 6 卷，第 5 页。

一次斗争，按性质属于是资产阶级革命范畴。五四运动之后，孙中山看到了工农崛起的新生力量，特别是在与苏俄互动的过程中，渐次认识到苏俄、中国共产党是理想的合作对象。以是，他确立联合苏俄、联合共产党的主张，并通过党代会的形式上升为全党意志。孙中山通过改组中国国民党，吸纳中国共产党人，借助中国共产党组织工农运动的力量，将唤起工农纳入中国国民党的党务主业。工农力量登上历史舞台，作为无产阶级先锋队的中国共产党发挥重要作用，正是新民主主义革命登上舞台的重要标志。其次，从学习对象上说，由学习西方转向重点学习苏俄。孙中山学习苏俄是比较全面的，选派孙文考察团到苏俄考察学习。鉴于内容涉及国家政权方面，主张设立"建国政府"时实行党国体制；通过国民党"一大"对中国国民党进行改造，吸纳中国共产党人以补充新鲜血液；对国民党进行重新整合，去劣存优，同时模仿苏俄建立列宁式政党模式；模仿苏俄建立黄埔军校，吸纳共产党员到校加强思想政治工作等。最后，从革命联盟对象来说，由注重联合欧美国家转变为寻取苏俄的支持，将"联俄、联共和扶助农工"三大政策从践行推向高潮，从而掀开了导引旧民主主义向新民主主义过渡的序幕。

（作者单位：广东省社会科学院历史与孙中山研究所）

孙中山对"机器"的认识和主张

张晓辉

所谓机器,是由各种金属和非金属部件组装成的装置,消耗能源,可以运转、做功。它是用来代替人的劳动、进行能量变换、信息处理,以及产生有用功。机器使用贯穿于人类历史的全过程中,但是近代真正意义上的"机器",却是在西方工业革命后才逐步被发明出来。孙中山在其著述及演讲中,时常使用"机器"一词,其中蕴有极为丰富的内涵。他了解机器史,在《三民主义》里讲:"制造机器是靠物的能力去发动的""至于大多数的制造机器,发明的年代也不过一百多年。""欧美的物质机器近来很容易进步,进步是很快的"。"说到物质的机器,自最初发明时代以至于现在,不知道古人经过了几千次的试验和几千次的改良,才有今日我们所见的机器。""机器是很有能的东西","要研究到轮船火车之何以能够运动,首先便要归功到那些蒸汽和电气的发明家。"[①]孙中山深刻地观察到机器生产的优越性,是先进的生产力,深远地认识到落后的中国必须走工业化之路。他认为机器即资本,主张采用"机器借款"的办法,加速中国的振兴。他倡导国人发明种种机器,并管理机器,以驾乎各国之上。孙中山既敏锐地察觉欧美随着大生产而引发的严重社会问题,警惕机器生产带来的弊端,又乐观地预见"机器"产生社会主义,提出将全国所有机器归于公有,以防备大资本家及其垄断的出现。孙中山对"机器"的认识和主张内容丰富,见解精深,意蕴隽永,至今仍富有启迪。但其对"机器"的阐述较为庞杂,概念不够严谨。

---

① 《三民主义》(1924 年),《孙中山选集》,人民出版社 1981 年,第 779—780、786、818 页。

一、大机器生产是现代社会物质文明的标志

孙中山精辟地理解工业革命的内涵及其产生的历史必然性，认为大机器生产是现代社会物质文明的标志，是推进社会发展的动力。机器代手工生产，即西方学者所谓"工业革命"。自科学发明，机器以兴，实业革命即以机器代人工，生产既多，则国益富裕。"至外国何以如此发达，系因机器科学昌明"。①

孙中山深刻地观察到机器生产的优越性。机器具有强大的功力，是先进的生产力，所谓机器兴，则以一人而用机器可做百人之工。1912 年 10 月中旬，他在上海中国社会党党员大会上演说社会主义，谓："百年前英国社会经一变更，即实业革命是也。曩日工业皆为人工制造，自科学发明，机器以兴，实业革命即以机器代人工也。""于是生产既多，则国益富裕。""机器与人工之比较，其生产力之差竟有至百倍者。"② 1920 年 11 月 21 日，孙中山在上海机器工会成立会上演说："在昔工业未发达时，工人之制物全用手工，殆〔迨〕至现在机器时代，不觉前后为之一变……殆〔迨〕机器发明后，其出品之增高，至少有百倍之多。"③ 1921 年 3 月 6 日，他在广州中国国民党本部特设办事处成立大会上演说道："古人言'工欲善其事，必先利其器'。今则工业发达，可用机器以代人力，所得结果事半功倍。"④

1924 年，孙中山在《民生主义》演讲中说：近代以来，"各国的物质文明极进步，工商业很发达，人类的生产力忽然增加。着实言之，就是由于发明了机器，世界文明先进的人类便逐渐不用人力来做工，而用天然力来做工，就是用天然的汽力、火力、水力及电力来替代人的气力，用金属的铜铁来替代人的筋骨。机器发明之后，用一个人管理一副机器，便可以做一百人或一千人的工夫，所以机器的生产力和人工的生产力便有大大的分别……用机器来做工，就

---

① 《民生主义系欲劳资互助与农工合作》（1924 年 11 月 10 日），黄彦编注：《论民生主义与社会主义》，广东人民出版社 2008 年，第 293 页。

② 《论社会主义》（1912 年 10 月 14 日至 16 日），黄彦编注：《论民生主义与社会主义》，第 121—122 页。

③ 《工人宜固结团体而为民生之运动》（1920 年 11 月 21 日），黄彦编注：《论民生主义与社会主义》，第 211 页。

④ 《三民主义大旨》（1921 年 3 月 6 日），黄彦编注：《论三民主义与五权宪法》，广东人民出版社 2008 年，第 72 页。

是用一个很懒惰和很寻常的人去管理，他的生产力也可以驾乎一个人力的几百倍，或者是千倍。"并谓"用机器来纺纱织布，比较用手工来纺纱织布，所得的品质是好得多，成本是轻得多"。①

孙中山认识到，自从大机器时代来到之后，整个世界文明发生了一个巨大的变化。"自机器发明后，人文之进步更高更速，而物质之发达更超越于前矣。盖机器者，羁勒天地自然之力以代人工，前时人力所不能为之事，机器皆能优为之。任重也，一指可当万人之负；致远也，一日可达数千里之程。以之耕，则一人可获百人之食；以之织，则一人可成千人之衣。"经工业革命之后，"世界已用机器以生产，而有机器者，其财力足以鞭笞天下，宰制四海矣。""机器与钱币之用，在物质文明方面，所以使人类安适繁华"。②

二、中国要富强必须走工业化之路

工业化是经济发展和社会进步的必由之路，是社会生产力发展到一定阶段的重要标志。中国工业化思想的产生，可以追溯的 19 世纪中叶，从鸦片战争开始，中国的先进分子就一直在寻找中国的工业化之路。进入 20 世纪，工业化成为中国的"主流经济思想"。③

从鸦片战争到 20 世纪 20 年代初，是中国工业化思想的萌芽、孕育期。中国的工业化思想以"边破边立"的方式，从魏源的"师夷长技"思想开始，形成了以康有为的"定为工国"与孙中山的"民生主义"为代表的思想，中国的工业化的主题地位逐渐明确。

（一）传统小生产是中国社会落后的原因

民国建立之前，孙中山就主张有必要把中国建成一个强国，他认为中国有成为强国的一切条件，"特别强调工业化和发展经济的重要性"。④

孙中山认识到近代中国还很落后，机器使用不普遍，绝大部分劳动还靠手

---

① 《三民主义·民生主义》（1924 年），《孙中山选集》，第 802—803、873 页。
② 《建国方略·孙文学说》，《孙中山选集》，第 133、138—139 页。
③ 赵晓雷：《中国工业化思想及发展战略研究》，上海社会科学院出版社 1995 年，第 16 页。
④ 《与顾维钧的谈话》（1909 年秋），邱捷、李兴国、李吉奎、张文苑编：《孙中山全集续编》第 1 卷，中华书局 2017 年，第 103 页。

工。他主张"去学欧美之所长，然后才可以和欧美并驾齐驱。""外国的长处是科学，用了两三百年的工夫去研究发明，到了近五十年来，才算是十分进步。"而"中国人向来以为外国的机器很难，是不容易学的。"孙中山批评了这种观点，说："几千年以来，中国人有了很好的根底和文化，所以去学外国人，无论什么事都可以学得到。"①

孙中山说：中国落后的原因，就是"今尚用手工为生产，未入工业革命之第一步，比之欧美已临其第二革命者有殊。故于中国两种革命必须同时并举，既废手工采机器，又统一而国有之。于斯际中国正需机器，以营其巨大之农业，以出其丰富之矿产，以建其无数之工厂，以扩张其运输，以发展其公用事业。然而消纳机器之市场，又正战后贸易之要政也。造巨炮之机器厂，可以改制蒸汽辗压，以治中国之道路；制装甲自动车之厂，可制货车以输送中国各地之生货；凡诸战争机器，一一可变成平和器具，以开发中国潜在地中之富"。②即中国处于小生产社会，还未能进入工业革命之第一步，要摆脱贫困和落后的状况，就要立即废除手工劳动，而采用大机器生产。

早在1894年6月，孙中山就建议清政府仿照西方资本主义制度，兴办学校，培养人才；设立管理农业的机构，发展农业生产；开矿山，修铁路，开办近代工业；实行保护近代工商业的政策。他说："人能尽其才，地能尽其利，物能尽其用，货能畅其流——此四事者，富强之大经，治国之大本也。""所谓物能尽其用者，在穷理日精，机器日巧，不作无益以害有益也。""机器巧，则百艺兴，制作盛，上而军国要需，下而民生日用，皆能日就精良而省财力，故作人力所不作之工，成人事所不成之物。如五金之矿，有机器以开，则碎坚石如蒲粉，透深井以吸泉，得以辟天地之宝藏矣。织造有机，则千万人所作之工，半日可就；至缫废丝，织绒呢，则化无用为有用矣。机器之大用不能遍举。我中国地大物博，无所不具，倘能推广机器之用，则开矿治河，易收成效，纺纱织布，有以裕民。不然，则大地之宝藏，全国之材物，多有废弃于无用者，每年之耗不止凡几。如是，而国安得不贫，而民安得不瘠哉！谋富国者，可不讲求机器之用欤。""夫物也者，有天生之物，有地产之物，有人成之物……人成之物，则系于机器之灵笨与人力之勤惰。故穷理日精则物用呈，机

---

① 《三民主义·民族主义》（1924年），《孙中山选集》，第688—689页。
② 《建国方略·实业计划》，《孙中山选集》，第214—215页。

器日巧则成物多，不作无益则物力节，是亦开财源节财流之一大端也。"①

20世纪初，孙中山说："有谓中国今日无一不在幼稚时代，殊难望其速效。此甚不然。各国发明机器者，皆积数十百年始能成一物，仿而造之者，岁月之功已足。中国之情况，亦犹是耳。"②

（二）推广及讲求机器之用

清季重商主义代表人物之一的郑观应曾经提出"机器兴利"论，认为机器能够"既事半而功倍，亦工省而价廉"。"论商务之源，以制造为急；而制造之法，以机器为先"。③

民国成立后，孙中山说："现在建设是我的事业。"④ 他认为"中国之患在贫，贫则宜开发富源以富之。"⑤ 1912年8月21日，他在烟台商会欢迎宴会上演说道："为今之计，欲商业兴旺，必从制造业下手。"⑥ 12月22日，他在上海机器公会成立大会上演说道："机器可以富国。用机器开矿，矿可发达；以之耕田，禾谷可以多出。无论何种工厂，造何种货物，不用机器必不能发达。我中国开矿屡屡失败，亦因往昔不用机器之故。所以机器可以灌输文明，可以强国。我中国如不速起研究机器，我四万万同胞俱不能生存。今日诸君发起机器公会，乃是强国之预兆。但机器系从思想发生，系一种深湛学理。如无学识，即不能发明新机器，亦不能管理新机器……尚望诸公努力，自用聪明才力发明种种机器，庶几驾乎各国之上，方不负今日开会之盛行也。"⑦ 1920年11月底，孙中山在广州以总裁名义重建军政府后，所颁布的《内政部官制》中，规定设立工业局，职权包括"奖励民厂""草定工厂法""输入机器""监督各

---

① 《上李鸿章书》（1894年6月），《孙中山选集》，第2、5—7页。

② 《在东京中国留学生欢迎大会上的演说》（1905年8月13日），《孙中山选集》，第73页。

③ （清）郑观应著，辛俊玲评注：《盛世危言》，华夏出版社2002年，第320页。

④ 《与袁世凯的谈话》（1912年八九月间），邱捷、李兴国、李吉奎、张文苑编：《孙中山全集续编》第1卷，第285页。

⑤ 《中国国民党关于国家建设计划及政策之宣言》（1923年1月1日），黄彦编注：《论改组国民党与召开"一大"》，广东人民出版社2007年，第8页。

⑥ 《欲兴商业必从制造业下手》（1912年8月21日），黄彦编注：《论民生主义与社会主义》，第56页。

⑦ 《机器可以富国》（1912年12月22日），黄彦编注：《论民生主义与社会主义》，第168—169页。

工厂"等。①

孙中山谓："矿业产原料以供机器，犹农业产食物以供人类。故机器者实为近代工业之树，而矿业者又为工业之根。如无矿业，则机器无从成立；如无机器，则近代工业之足以转移人类经济之状况者，亦无从发达。总而言之，矿业者为物质文明与经济进步之极大主因也。"矿业"如能行用近代机器，并由政府经营，是为最经济之办法也。""矿业既日臻发达，器具与机械之需要必日多。若依此办理（按，指矿业机械之制造），即制造矿业器具机械之利益，已无可限量矣……但机厂（按，即冶矿厂）之设立须依各区之需要，由专门家以定其规模之大小，而设中央机关以管理之。"②

（三）工业革命可强国富民

孙中山认识到机器可以富国，可以强国，可以灌输文明。民国初年，他呼吁道："振兴实业以裕民生，实今日救国之急务也。"③

孙中山指出：洋货都是用很大的工厂、极大的规模、很多的机器做出来的，价格很便宜，而土货都是用手工做出来的，价格很昂贵，所以土货不能和洋货竞争。"我们革命之后要实行民生主义，就是用国家的大力量，买很多的机器，去开采各种重要矿产……我们也用机器去制造货物。""中国将来矿产开辟，工业繁盛，把国家变成富庶，比较英国、美国、日本，还要驾乎他们之上。""我们革命成功，民国统一之后，要建设成一个新国家，一定要开矿，设工厂，谋国家富足。"④

孙中山认为采用机器生产不但是提高生产力的必要手段，还是改善人民生活状况的物质技术手段。他说："中国平民所以有此悲惨境遇者，由国内一切事业皆不发达，生产方法不良，工力失去甚多。凡此一切之根本救治，为用外国资本及专门家发达工业以图全国民之福利。欧美二洲之工业发达早于中国百年，今欲于甚短时期内追及之，须用其资本，用其机器。若外国资本不可得，至少亦须用其专门家、发明家，以为吾国制造机器。无论如何，必须用机

---

① 《内政方针》（1921年1月4日），黄彦编注：《论民生主义与社会主义》，第215—216页。

② 《建国方略·实业计划》，《孙中山选集》，第360、364—365页。

③ 《〈实业旬报〉祝词》（1919年9月1日），李吉奎、张文苑、林家有编：《孙中山全集续编》第2卷，第398页。

④ 《在广东第一女子师范学校校庆纪念会的演说》（1924年4月4日），《孙中山选集》，第893—894页。

器以辅助中国巨大之人工，以发达中国无限之富源也。"①

在 1912 年 4 月南京同盟会员的践别会上，孙中山说："余旧岁经加拿大，见中国人在煤矿用机器采挖，每人日可挖十余吨，人得工资七八元，而资本家所入，至少犹可得百数十元。中国内地煤矿工人，每日所挖不足一吨，其生产力甚少，若用机器，至少可加十数倍。生产加十数倍，即财富亦加十数倍，岂不成一最富之国？能开发其生产力则富，不能开发其生产力则贫。从前为清政府所制，欲开发而不能，今日共和告成，措施自由，产业勃兴，盖可预卜。"②

孙中山指出，自机器发明之后可称为繁华时代，"盖我农工事业犹赖人力以生产，而尚未普用机器以羁勒自然力，如蒸气、电气、煤气、水力等以助人工也。""倘我国能知用机器以助生产当亦能收同等之效……即富力加于今日百倍矣。如是则我亦可进于繁华之程度矣"。③

三、中国农业的出路在于机械化

"中国农业的出路在于机械化，农业宜讲求农器，近世制器日精，多以机器代替畜力，费力少而人成功多，机器之于农，作用甚大，中国宜购国外先进器械而仿制之"。孙中山强调农业上采用机器的必要性，认为农业是国民经济的根本，如果不使用大机器，不讲求"农器"，而依靠中国传统的"牛马之劳"，是无法根本改变中国农业落后的局面，也就无法解决实现"民生"所面临的问题。实现农业机械化，可以科学技术补人工之不足。而农业的机械化，亦能带动其他行业的机械化。

在《上李鸿章书》中，孙中山谓："农官既设，农学既兴，则非有巧机无以节其劳，非有灵器无以速其事，此农器宜讲求也。自古深耕宜耨，皆借牛马之劳，乃近世制器日精，多以器代牛马之用，以其费力少而成功多也。如犁田，则一器能作数百牛马之工；起水，则一器能溉千顷之稻；收获，则一器能当数百人之刈。他如凿井浚河，非机无以济其事，垦荒伐木，有器易以收其功。机器之于农，其用亦大矣哉。故泰西创器之家，日竭灵思，孜孜不已，则

① 《建国方略·实业计划》，《孙中山选集》，第 348 页。
② 《在南京同盟会员践别会的演说》（1912 年 4 月 1 日），《孙中山选集》，第 97 页。
③ 《建国方略·孙文学说》，《孙中山选集》，第 137 页。

异日农器之精，当又有过于此时者矣。我中国宜购其器而仿制之。"①

农业生产，除了农民解放问题外，还有七个增加生产的方法需要研究，其中"第一个方法就是机器问题。中国几千年来耕田都是用人工，没有用过机器。如果用机器来耕田，生产上至少可以加多一倍，费用可减轻十倍或百倍。向来用人工生产，可以养四万万人，若是用机器生产，便可以养八万万人"。孙中山主张用机器来代人工耕田，粮食的产量自然便大大增加了，说："现在许多耕田抽水的机器，都是靠外国输运进来的，如果大家都用机器，需要增加，更要我们自己可以制造机器，挽回外溢的利权。""对于农业生产，要能够改良人工，利用机器，更要用电力来制造肥料，农业生产自然是可以增加。"②

四、机器即资本，利用外资以加速中国的振兴

在孙中山看来，机器即资本，资本即机器，名异而实同。1912 年 10 月中旬，他在上海中国社会党党员大会上演说社会主义，阐释"资本原非专指金钱而言，机器、土地莫不皆是。"③ 他认为中国今日所缺之资本，并非金银，而是生产机器。我们欢迎外资，即欢迎机器。借外资即借机器，欲兴中国实业，必须广借外资，以开发种种利源。

利用外资振兴中国实业，是孙中山一贯的主张。辛亥革命爆发之初，他即向海外媒体表示："欢迎外国资本及工程师为中国开矿及筑路等。"④

孙中山在革命过程中一贯关注发展民族经济以振兴中华。第一次世界大战末期，他认为中国遇到一个实现经济腾飞的难得机缘，可以引进战后的巨额国际资本及大批机器用于建设，于是着手撰写《实业计划》。书中为实现中国的繁荣富强绘制蓝图，提出了一个由国家举办各项交通运输和生产开发事业的宏大计划，希望通过欧美各国的支持合作，"使外国之资本主义以造成中国之社会主义"。⑤

---

① 《上李鸿章书》（1894 年 6 月），《孙中山选集》，第 5 页。
② 《三民主义·民生主义》（1924 年），《孙中山选集》，第 850—851、853 页。
③ 《论社会主义》（1912 年 10 月 14 日至 16 日），黄彦编注：《论民生主义与社会主义》，第 131 页。
④ 《与法国记者的谈话》（1911 年 11 月 24 日），邱捷、李兴国、李吉奎、张文苑编：《孙中山全集续编》第 1 卷，第 141 页。
⑤ 《建国方略·实业计划》，《孙中山选集》，第 369 页。

在《实业计划》自序中，孙中山充满信心，谓："欧战甫完之夕，作者始从事于研究国际共同发展中国实业，而成此六种计划。盖欲利用战时宏大规模之机器，及完全组织之人工，以助长中国实业之发达，而成我国民一突飞之进步；且以助各国战后工人问题之解决。"①

1919年3月7日上海《民国日报》刊登《孙中山先生国际共同发展中国实业计划书》后，汪精卫于同月11日在该报发表《读〈孙逸仙先生国际共同发展中国实业计划书〉书后》，推介孙中山有系统有条理的大计划，赞同机器借款（实业借款）及交通开发，认为这些与吾国"有利而无害"，亦"于各国无不利"。②

关于引入外国资本，对长期陷于列强侵略压迫的国人来说，实属甚为敏感的问题。孙中山主张利用外资发展本国经济，难免引起质疑。比如经济学者李村农致信孙中山，反对外资，认为"美、英两国不能为我法"。1919年秋，孙中山在复函中，批评其对《实业计划》中利用外资的主张"一知半解"，因"不知外资为何物也"。他指出："中国今日所缺之资本，非金银也，乃生产之机器也。欲兴中国之实业，非致数十万万匹马力之机器不可，然致此机器非一时所能也。经济先进之国，以百数十年之心思劳力而始得之；经济后进之国，以借外资而立致之，遂成富国焉，如美国、英国是也。今日欲谋富国足民，舍外资无他道也。""如人人能明此理，知借外资即借机器耳。""必也广借外资（即多赊机器），以开发种种之利源，互相挹注，互相为用，乃能日进千里，十年之内必致中国于美之富、于德之强也。"并谓"若君之一意排外资，真义和团之思想耳。"③

发展实业离不开资本与人才，1919年10月10日，孙中山在上海《民国日报》附刊《星期评论》发表《中国实业当如何发展》，谓："吾国今日之困窘，莫不知为实业不振，商战失败……遂致民穷财尽，举国枯涸，号为'病夫'。爱国之士，悚然忧之，莫不以发展实业为挽救之方矣。然实业当如何发展，鲜能探其本源，握其要领者。"他认为："欲图中国实业之发展者，所当注重之问题即资本与人才而已。何为资本？世人多以为金钱即资本也。此实大谬不然。

①《建国方略·实业计划》，《孙中山选集》，第212页。
② 上海《民国日报》1919年3月11日，第2版。
③《复李村农再论借外资函》（1919年秋），黄彦编注：《论民生主义与社会主义》，第209—210页。

夫资本者，乃助人力以生产之机器也。今日所谓实业者，实机器毕生之事业而已。是故资本即机器，机器即资本，名异而实同也。"解决资本问题的办法，就是"欢迎外资而已，亦即欢迎机器而已。"欧战已结束，各国所扩张的机器多已投闲置散，"若我欢迎此种制造之利器以发展中国之实业，正出欧美望外之喜，各国必乐成其事，此资本问题之容易解决者也。"孙中山对实现其计划有良好的预测："吾国既具有天然之富源、无量之工人，极大之市场，倘能藉此时会，而利用欧美战后之机器与人才，则数年之后，吾国实业之发达必能并驾欧美矣。惟所防者，则私人之垄断，渐变成资本之专制，致生出社会之阶级、贫富之不均耳。"①

1920 年，孙中山致函《工业杂志》称："今为增进中国工业计，自当出于中国人自动，而以外国之机械与技巧为佐，即可助中国组织一切，以谋和平，解决远东问题胥于此利赖之矣。"②

孙中山主张借外资最好采用"机器借款"（实业借款）的办法。③"利用今回世界大战争各国新设之制造厂，为开发我富源之利器是也。"必须抓住这天赐之机，"及今图之，则数年之间，我之机器工业亦可发达"，"此以实业救国之道也，国人其注意之。"④

在 1924 年演讲民生主义时，孙中山坚持主张"拿外国已成的资本，来造成中国将来的共产世界，能够这样做去，才是事半功倍。如果要等待我们自己有了资本之后才去发展实业，那便是很迂缓了"。⑤

此外，孙中山还注意到"机器"在轻重工业的协调搭配，其实业计划不仅注重钢铁冶炼、采矿、机械制造、造船以及车辆制造，对粮油、纺织、日用品、印刷、建筑等业，也有纲要式设想。并倡导以中国人的聪明才力，发明种种机器，并管理机器，以驾乎各国之上。

---

① 《中国实业当如何发展》（1919 年 10 月 10 日），黄彦编注：《论民生主义与社会主义》，第 205—207 页。
② 《致〈工业杂志〉克劳函》（1920 年 6 月 29 日），李吉奎、张文苑、林家有编：《孙中山全集续编》第 2 卷，第 474 页。
③ 《复阮伦等论借款创办油业函》（1922 年 1 月 18 日），黄彦编注：《论民生主义与社会主义》，第 222 页。
④ 《建国方略·孙文学说》，《孙中山选集》，第 188 页。
⑤ 《三民主义·民生主义》（1924 年），《孙中山选集》，第 843 页。

五、须防备机器生产带来的弊端

孙中山敏锐地察觉到随着大生产而引发的严重社会问题。1905 年 5 月中旬，他在布鲁塞尔访问社会党国际执行局的谈话中说："机器的使用在中国还很不普遍，绝大部分劳动还靠手工……行会和同业公会一贯激烈反对输入机器和采用欧洲的生产工艺……他们深知欧洲无产者在资本主义生产方式下遭受的苦难，他们不愿意成为机器的奴隶。中国的社会主义者为采用机器生产，必须同它带来的种种弊端和缺陷作大力的斗争。他们想一举建立新的社会结构，想从文明的进步中取其利而避其害。"[1]

1912 年 9 月初，孙中山在北京共和党本部欢迎会上演说道："在欧美各国，资本家专横达于极点，如煤油、铁路等均为大资本家所占有。往往多独占事业，以资本操纵金融，人民受害不可胜计……我国将来实业发达，资本专制当亦不免，欲求幸免社会革命，莫如思患预防。"[2] 同年 10 月中旬，他在上海中国社会党党员大会上演说社会主义，谓"及机器既出，犹仍旧法演进，其结果卒酿成社会上贫富激战之害。工人在实业未革命以前，勤劳俭朴逐渐可以致富。自机器发明，利源尽为资本家垄断，工人劳动终身所生之利尽为资本家所享有"，他预言"在中国，今日机器工厂尚未十分发达，利源亦未十分开辟，故贫民犹有致富之机，然再演进，亦将与欧美一慨〔概〕矣。"[3]

1919 年春，孙中山在论述民生主义时写道，"经济进步，机器发明，而生产之力为之大增。得有土地及资本之优势者悉成暴富，而无土地及资本之人则转因之谋食日艰，由是富者愈富，贫者益贫，则贫富之阶级日分，而民生之问题起矣。此问题在欧美今日愈演愈烈，非至发生社会之大革命不止也。""夫社会革命之因，从何而来也？曰：从机器发明而来也。欧美自机器发明而后，万般工业皆用机器代之。"不但未造福于人间，反而生出社会之痛苦，"为资本家者，只知机器之为利，而不恤社会之被其害也。""市场愈大，机器愈精，则资

---

① 《中国将从中世纪行会制度直接过渡到社会主义》（1905 年 5 月中旬），黄彦编注：《论民生主义与社会主义》，第 7 页。

② 《在北京共和党本部欢迎会上的演说》（1912 年 9 月 4 日），邱捷、李兴国、李吉奎、张文苑编：《孙中山全集续编》第 1 卷，第 292—293 页。

③ 《论社会主义》（1912 年 10 月 14 日至 16 日），黄彦编注：《论民生主义与社会主义》，第 130 页。

本家之势力愈宏厚，而工人则生产愈多而工值愈微"。①

1924 年 5 月初，孙中山对广州工人演说道："外国之所以发生大资本家，是由于经过了实业革命。那种革命，是把各种生产的方法，不用手工来制造，专用机器来制造。因为机器的制造很快，工厂的规模又大，出品很多，所以有机器的人便发大财，便生出了许多大资本家。大资本家有了多钱，于是无恶不作，先压制本国的工人，后来势力膨胀，更压制外国的工人。"②

同年，孙中山作《民生主义》演讲时，指出："机器发明了之后，世界的生产力便生出一个大变动。这个大变动，就是机器占了人工，有机器的人便把没有机器人的钱都赚去了……所以从机器发明了之后，便有许多人一时失业，没有工做，没有饭吃。这种大变动，外国叫做'实业革命'。因为有了这种实业革命，工人便受很大的痛苦。因为要解决这种痛苦，所以近几十年来便发生社会问题。"③

欧美国家的阶级矛盾和社会危机是资本主义生产方式的固有弊端造成的，而不是大机器生产的原罪，孙中山对此认识模糊，将生产力混同于生产方式。

六、"机器"产生社会主义

如前，孙中山说欧美自机器发明，贫富不均的现象随之呈露。外国有了机器生产以后，产生了大资本家，工人受其大害。因机器发明，生产之力大增，资本家势力愈加宏厚，贫富两极分化，而民生问题遂起。社会革命的起因，即从机器发明而来。资本家只知机器之利，而不恤社会之被害。

1921 年 6 月，孙中山在广州学界大会演说道："民生主义就是社会主义。此主义从何发生？兄弟以为自机器发明始。因未有机器以前，经济上之竞争只人与力角胜，而人之才能又各本长短之别，是以虽欲提倡，其道无由。自有机器，而经济上之竞争一唯机器是赖，同一机器无优劣之可言，若有提倡，人必乐为附和。况机器与人力较，其能率大于人者或相十百或相千万。有机器则经济上之竞争优胜，而富者愈富；无机器则经济上之竞争劣败，而贫者愈贫。迨

---

① 《三民主义》（1919 年春），黄彦编注：《论三民主义与五权宪法》，第 46—47 页。
② 《在广州市工人代表会的演说》（1924 年 5 月 1 日），《孙中山选集》，第 907 页。
③ 《三民主义·民生主义》（1924 年），《孙中山选集》，第 804—805 页。

至人民贫富相差悬殊，而社会主义遂应势而起。"①

1923 年 1 月 29 日，孙中山为上海《申报》50 周年纪念而作《中国之革命》，谓："欧美自机器发明，而贫富不均之现象随以呈露，横流所激，经济革命之焰乃较政治革命为尤烈。"②

次年 2 月 23 日，孙中山在广州江村视察湘军时演说道："近几十年以来，工业发达太过，一切工作都是用机器代手工，譬如耕田、织布和一切制造，没有不是用机器去做的……机器越多，出的货物越多，赚的钱也越多。所以有机器的人，便一日比一日富；没有机器的人，便一日比一日穷。因为机器的生产，故生出贫富极大的不平等。由于这种不平等，便发生民生主义。"③

孙中山认同马克思主义的劳资矛盾及阶级斗争观念，谓："工业还没有发达，商人便是资本家。后来工业发达，靠机器来生产，有机器的人便成为资本家。所以从前的资本家是有金钱，现在的资本家是有机器。""到近世发明了机器，一切货物都靠机器来生产，有机器的人更驾乎有金钱的人之上。所以由于金钱发生，便打破了共产；由于机器发明，便打破了商家。现在资本家有了机器，靠工人来生产，掠夺工人的血汗，生出贫富极相悬殊的两个阶级。这两个阶级常常相冲突，便发生阶级战争"。④

孙中山说，马克思的《资本论》"主张资本公有，将来之资本为机器，遂有机器公有之说。""资本家以机器为资本垄断利源，工人劳动所生之产皆为资本家所坐享"，实为大不公平。⑤ 他的民生主义亦有同感，故主张节制资本，将全国所有机器归于公有，以防备大资本家及其垄断的出现。1920 年 11 月 21 日，他在上海机器工会成立会上演说："中国之对于资本家问题，余谓中国无须解决，盖中国尚未有强有力资本家发现。现在当防资本家之发现，此为最要之一事。防备之法有二：一、资本家之所以养成者，机器养成之也，故当全国

---

① 《求学当立志救国实行三民主义》（1921 年 6 月），黄彦编注：《论三民主义与五权宪法》，第 103 页。

② 《中国之革命》（1923 年 1 月 29 日），黄彦编注：《论三民主义与五权宪法》，第 171 页。

③ 《对驻广州湘军的演说》（1924 年 2 月 23 日），《孙中山选集》，第 884 页。

④ 《三民主义·民生主义》（1924 年），《孙中山选集》，第 829 页。

⑤ 《论社会主义》（1912 年 10 月 14 日至 16 日），黄彦编注：《论民生主义与社会主义》，第 125、126 页。

所有机器归为公有；二、土地亦归为公有。此二问题解决后，则资本家不能实现。"①

怎样解决伴随大生产而出现的严重社会问题，孙中山预见"机器"会产生社会主义，提出将全国所有机器归于公有，以防备大资本家及其垄断的出现。然而，"机器"只是先进的生产力，它既不能防止资本主义的弊端，同样也不能自动产生社会主义。在此，孙中山仍未正确区分生产力与生产方式的关系。

结　语

孙中山精辟地理解大机器生产是现代社会物质文明的标志，中国要富强必须走工业化之路，农业的出路在于机械化。他认为机器即资本，主张采用"机器借款"的办法，抓住机遇，加速中国的振兴。孙中山既敏锐地察觉欧美随着大生产而出现的严重社会问题，警惕机器生产带来的弊端，又乐观地预见"机器"产生社会主义。

孙中山"以机器辅助中国巨大之人工，以发达中国无限之富源"的经济谋略，虽在当时未能得到实现，但自《上李鸿章书》开始，到谋求实业救国的过程中，对"机器"的重视，特别是灵活地将重工业和轻工业的协调搭配的思路、国有化和机械化并举的思想，至今仍富有启迪。

（作者单位：暨南大学历史系）

---

① 《工人宜固结团体而为民生之运动》（1920 年 11 月 21 日），黄彦编注：《论民生主义与社会主义》，第 212—213 页。

孙中山的学问与问学的孙中山

——兼论孙中山学问立国思想

胡 波

  "革命"和"读书"是孙中山生平最大的两个嗜好，常为同侪和后人津津乐道，作为革命家和思想家的孙中山，也得到大多数人的认同，但是对学问家和实行家的孙中山却不以为然。所谓"孙氏理论，黄氏实行"，所谓"孙大炮""梦想家"等等，就是对"实行家"的孙中山的一种误解或嘲讽。作为"学问家"的孙中山，过去虽有一些论者的文章偶尔涉及孙中山在学理上的准备和阅读范围上的扩展等问题，但很少系统地论述孙中山的学问和学问立国思想，[①]其治学的精神和方法仍然不为多数人所注意。

  其实，在科学昌明的时代，无论是改良还是革命，也无论是破坏还是建设，都离不开先进理论和高深学问，也离不开科学知识和专业训练。孙中山就非常重视知识的积累和学理的掌握，甚至认为"学问为立国根本，东西各国之文明，皆由学问购来"，[②] 强调"建设事业，必须学问"，要求学生"研究学

---

  ① 庄政：《孙中山的大学生涯》，台北"中央"日报出版社 1995 年，第 196—220 页；王德昭：《孙中山政治思想研究》，中华书局 2011 年，第 1—116 页；林家有等：《孙中山社会建设思想研究》，中山大学出版社 2009 年，第 334—373 页；桑兵：《孙中山的活动与思想》，中山大学出版社 2001 年，第 319—342 页；段云章：《放眼世界的孙中山》，中山大学出版社 1991 年，《中山先生的世界观》，台北中山学术文化基金会丛书，台北秀威资讯科技股份有限公司 2009 年，第 20—24 页；姜义华：《天下为公——孙中山思想家剪影》，江苏人民出版社 2011 年；姜义华：《大道之行——孙中山思想发微》，广东人民出版社 1996 年，第 108—123 页；张笃勤：《孙中山的读书生涯》，长江文艺出版社 1997 年。

  ② 《孙中山全集》第 2 卷，中华书局 1986 年，第 422—423 页。

问"，"以福祖国"。① 他自己不仅博览群书，广泛涉猎中外各种社会科学和自然科学方面的书籍，潜心研修，未曾中断，在知行合一中努力构建自己的知识体系和革命学问，而且还形成了自己独特的学问思想和治学方法。

一、学与问：求知问学的孙中山

象众多的名人名家一样，孙中山似乎天性中就具有旺盛的求知欲和强烈的好奇心。老祖母黄太夫人如数家珍的童话故事和朴实动人的儿歌，以及太平天国老兵冯观爽讲述的关于太平天国和洪秀全一班人的故事，都成为幼年孙中山生活中的一部分。而且少年时代的孙中山，在同龄的伙伴中就过早地显示出了与众不同的好学和好动的个性特点。

他十三岁时，随母亲出洋前往檀香山，"始见轮舟之奇、沧海之阔"，触动很大，想法增多，甚至从此改变了人生的轨迹和心路历程。他后来就说："自是有慕西学之心，穷天地之想"。② 孙中山生活的香山县翠亨村，虽然"负山濒海，地多砂碛，土质硗劣，不宜于耕"，大多数人"游贾于四方，通商之后颇称富饶"③。但与当时的中国内地甚至沿海一带广大的农村相比，这里似乎并不封闭落后，同外面的世界一直保持着较为密切的联系。少年时的孙中山虽然从外地回乡的华侨和商人的言谈举止中，对中国和世界的历史和现状略有所知，但从澳门出发到檀香山后的所见所闻，更使他的眼界大开，求知的欲望和探索的兴趣得到更进一步的激发。尤其是身在异域，接受欧洲近代新式教育，使研习英文和西方历史文化的孙中山，在学习和比较中，对中西文化有了新的感悟和研究的兴趣。据他的同窗好友唐雄的追述，"孙公在檀读英文时，而中文根底颇深，西文课余有暇，常不喜与同学游戏，自坐一隅，辄读古文，吟哦不绝，有时笔之于纸，文成毁之，不知所书为何。且为人沉默寡言，不苟言笑，好读史乘，对于华盛顿、林肯诸伟人勋业，尤深景仰，因为喜欢读西方传记，故英文进步甚速"。④ 值得注意的是，在学习英文的同时，孙中山并没有放弃粤语和中文的学习。唐雄清楚地记得："当时杜南（广东顺德人）正应驻粤美国

---

① 《孙中山全集》第 3 卷，中华书局 1986 年，第 23 页。
② 《孙中山全集》第 1 卷，中华书局 1981 年，第 47 页。
③ 《孙中山全集》第 1 卷，中华书局 1981 年，第 17 页。
④ 陈锡祺主编：《孙中山年谱长编》（上），中华书局 1991 年，第 28 页。

领事邀请，居留檀香山，教授当地美国政府人员学习华文粤语，因为课余另设夜学，以便华侨子弟习读中文。先生报名参加，过从甚密，国学基础因已长进。"① 陈少白也肯定地说，孙中山在檀香山就读时，"晚上回家，温习功课后，他还是勤读中国书"。② 在香港和广州求学期间，孙中山仍然延请国文教师陈仲尧教授中国经史，同学之中就有人对孙中山研习中国文史印象深刻，"总理在博济习医时，宿舍中藏有自置之二十四史全部。同学每嘲笑其迂腐及虚伪，以为其购置此书不事攻读，只供陈设之用而已。一日，我抽其一本，考问以内容，不料总理应付如流，果真每本都读过"。③ 另一位同学关景良也讲述了相同的印象："总理在院习医科五年，专心致志于学业，勤恳非常，彼于日间习读医学，夜则研究中文，时见其中夜起床燃灯诵读。"④ 1896 年 11 月，在复英国著名汉学家翟理斯的信中，孙中山也自称："文早岁志窥远大，性慕新奇，故所学多博杂不纯。于中学则独好三代两汉之文，于西学则雅癖达文之道；而格致政事，亦常浏览。至于教则崇耶稣，于人则仰中华之汤武暨美国华盛顿焉。"⑤

在孙中山求知问学的过程中，中文和英文的学习，无论是对他日后的革命事业的推进还是三民主义思想的形成，都产生了深远影响。其中英双语的掌握，一个是自觉自修、持之以恒的结果，一个是按部就班、循序渐进的过程，两者都以不同的文化背景和不同的思维方式为孙中山观察世界、思考社会、探索自然提供了独特的方式和方法，也为孙中山的事业和人生张开了飞翔的翅膀，开启了学习新知、研究学问、寻求真理的门户。一方面，年轻时的孙中山先后在檀香山、广州和香港接受了十几年的欧美现代教育，受过较为系统的科学方法和科学精神的训练，初步具备了西学知识和思想理论；另一方面，孙中山又始终对中国历史和文化保持着浓厚的兴趣，甚至利用课余和闲暇时间来研习中国传统文化的经典，并卓有成效。最明显的特点是他不仅喜欢吟诗作对，而且有着深厚练达的中国文化修养。1918 年，孙中山与胡汉民、朱执信等人谈话时，就曾论及中国的古典诗歌，他说："中国诗之美，逾越各国，如三百篇

---

① 陈锡祺主编：《孙中山年谱长编》（上），中华书局 1991 年，第 29 页。

② 陈少白：《兴中会革命史要》，见《中国近代史资料丛刊·辛亥革命》第 1 册，上海人民出版社 1957 年。

③ 转引李联海、马庆忠：《一代天骄——孙中山传记》（上），重庆出版社 1986 年，第 55 页。

④ 简又文：《国民革命文献丛录》，见《广东文物》（中册），第 43 页。

⑤ 《孙中山全集》第 1 卷，第 48 页。

以逮唐宋名家，有一韵数句，可演为彼方数千百言而不尽者，或以格律为束缚，不知能者以是益见工巧，至于涂饰无意味，自非好诗。然如'床前明月光'之绝唱，谓妙手偶得则可，惟决非寻常人能道也。今倡为至粗率浅俚之诗，不复求二千余年吾国之粹美，或者人人能诗，而中国已无诗矣！"① 虽然这并不是孙中山对中国古典诗词的总的看法，但至少可以肯定，他对古诗词有较多的兴趣和独到的见解。而这些关于中国古代文化的诸多言论和他在诗词、对联和文学上的实践，也说明"冰冻三尺，非一日之寒"，他的中文补课，应该说是卓有成效的。

至于他对西方历史文化和近代自然科学、以及哲学社会科学的认识和了解，则更得益于他的英文学习和中文功底。孙中山在檀香山学习期间，用了不到三年时光，就从英语 ABC 26 个字母一个都不会读写的中国学生，很快就能够阅读英文原著，毕业时还获得夏威夷国王颁发的"英文文法"第二名奖品。在香港西医书院学习，不仅使他的英语听说写的能力得到进一步提高，而且还借助西医专业的学习和训练，对自然科学等方面的理论与方法有了更加深入和系统的认识。在上李鸿章书中，孙中山对自己的中西学识曾有过十分自信的表述："文籍隶粤东，世居香邑，曾于香港考授英国医士。幼尝游学外洋，于泰西之语言文字，政治礼俗，与夫天算地舆之学，格物化学之理，皆略有所窥；而尤留心于其富国强兵之道，化民成俗之规；至于时局变迁之故，睦邻交际之宜，辄能洞其阃奥。"② 并表示："文之生二十有八年矣，自成童就傅以至于今，未尝离学，虽未能为八股以博科名，工章句以邀时誉，然于圣贤六经之旨，国家治乱之源，生民根本之计，则无时不往复于胸中；于今之所谓西学者概已有所涉猎，而所谓专门之学亦已穷求其一矣。"③ "游学之余，兼涉树艺，泰西农学之书间尝观览，于考地质、察物理之法略有所知。每与乡间老农谈论耕植，尝教之选种之理、粪溉之法，多有成效"。④ 而且"文之先人躬耕数代，文于树艺牧畜诸端，耳濡目染，洞悉奥窍；泰西理法亦颇有心得"。⑤ 言语之中，虽然缺乏中国文人雅士的谦逊，但也着实反映了孙中山对中西之学，尤其是西学西

---

① 《团结报》，1991 年 4 月 29 日；又见黄彦主编：《孙文全集》第 12 册（谈话）下，广东人民出版社 2021 年，第 27 页。

② 《孙中山全集》第 1 卷，中华书局 1981 年，第 8 页。

③ 《孙中山全集》第 1 卷，中华书局 1981 年，第 16 页。

④ 《孙中山全集》第 1 卷，中华书局 1981 年，第 17 页。

⑤ 《孙中山全集》第 1 卷，中华书局 1981 年，第 18 页。

器，以及自然物性和科学之理有着深入的了解，并对自己所学的知识充满自信。黄季陆在孙中山身边工作，对孙中山的日常生活和工作作风颇有了解，他曾感慨地说："他在学术方面的修养，真可说是学究天人，无书不读，大家却不十分明白。有一个故事，就可以充分说明先生的好学用功。"他清楚地记得自己："从美洲回国的时候，在纽约买了两本最新出版的书，一本是 Roger and Mc. Bain 合著的《*Introduction to the Problems of Government*》，一本是 Roger and Willougby 著的《*New Constitutions of Europe*》。在二十几天的旅途当中，无事时，便略为浏览了一下。到广州见着先生，他问我说：'你新从美国回来，他们最近出版有什么好的书吗？'我当时便将这两本书说了出来，并说乃是最新最好的出版物。他说：'这书里面讲的甚么呢？'我以为这样近才出版的新书，先生当然没有看到，便把书内的要旨，大概的说了一番。先生听过之后，即从书架上拿出一本书来问我说：'你所说的，是否就是这本书呢？'我接过来一看，真是我所说的那本书。在书里面，先生已用红蓝铅笔加注了许多的记号，可见他不只有了这样极新的书籍，而且已是精读过了。"① 这也说明孙中山很关注世界各国思想文化和学术思潮，同时无书不读，读无不精。

事实上，在 19 世纪末 20 世纪初的中国，既学中文又懂英文，既学英文又通中文者并不多见。孙中山就认为近代中国有三个半英语人才，其一是辜鸿铭，其二是伍朝枢，其三是陈友仁。还有半个他没说，有人猜指王宠惠，有人则说是孙中山自喻。② 但孙中山的英文造诣和中文水平在他的时代同仁中确实不凡。他不仅用英文写作和演讲，并在西方报刊杂志上发表文章，而且对西方自然科学和社会科学多个领域有比较深入的认识和了解。③

1896 年孙中山伦敦蒙难获释后，利用英国图书馆、大英博物馆优越的条件，如饥似渴地博览群书，寻求救国救民之方。在此期间，因救命恩人、红十字会英国伦敦支队创始人康德黎老师的缘故，结识了伦敦红十字会的柯士宾医生，在得知柯士宾有英文著作《红十字会救伤第一法》，"知其为用甚宏，人多欲知其理，故各国好善之士亟为推广"，④ 已译成法、德、意、日四国文字。柯

---

① 尚明轩、王学庄、陈崧编：《孙中山生平事业追忆录》，人民出版社 1986 年，第 702—703 页。

② 邵镜人：《同光风云录》，香港自由出版社 1957 年，第 242 页。

③ ［日］武上真理子著，袁广泉译：《孙中山与"科学的时代"》，社会科学文献出版社 2016 年。

④ ［英］柯士宾《红十字会救伤第一法》（孙中山译），《孙中山全集》第 1 卷，中华书局 1981 年，第 109 页。

士宾希望孙中山将其译成中文。孙中山满口答应，并立即投入《红十字会救伤第一法》的翻译工作。1897年春夏之间，中文版的《红十字会救伤第一法》由伦敦红十字会出版。该书能够很快翻译中文出版，说明孙中山对红十字会和红十字会救伤之道有着热切的期待，同时也表明孙中山有着扎实过硬的中英文功底。①

宫崎滔天强调孙中山"取泰西之学"的学问特点固然不错，但同时也忽视了孙中山在中学方面的修养。因为孙中山不同于康有为，他既了解中学，又熟悉西学，是那个时代中能够用英文向西方人讲述中国历史文化和表达自己政治主张的革命家，也是能够用中文向中国同胞介绍西方文明和西方科技文化的学问家。

与众不同的是，孙中山求知问学的途径和方法更加特殊。他早期接受的是中国传统启蒙读物和儒家经史之学，然后经历了长达十余年的西学教育和英文训练。长达近二十年的中西文化教育和中西两种语言文字的训练，为孙中山广泛地涉猎中西自然科学和社会科学方面的论著奠定了坚实的基础。胡适在谈到为什么要读书时，曾说过："第一，因为书是过去已经知道的智识学问和经验的一种记录，我们读书便是要接受这人类的遗产；第二，为要读书而读书，读了书便可以多读书；第三，读书可以帮助我们解决困难，应付环境，并可获得思想材料的来源"这样颇有意味的话。② 同样，学好中文和英文，首先是为了学习和掌握更多的中西文化。多读书，读好书，并不一定就是为了做学问搞研究，也不能把多读书快读书简单理解为学术研究，但可以肯定，无论是做事还是做人，多读书一定是一件有利无害的事情。孙中山既习英文又懂中文，所以他能够自修中西之学，了解中外大势，与时俱进不落后，引领潮流敢为先。无障碍地进行中西两种语言文字的交流和阅读，良好读书习惯的养成和保持，自学与问学并道而驰，不仅充分满足了孙中山的好奇心和求知欲，而且也为他后来的"革命学"的建立奠定了扎实的理论基础，提供了科学的方法和理性的精神。

二、博与专：孙中山的革命学问

曾经在孙中山身边工作的邵元冲，在《总理学记》一文中记录了一段彼此

① 参阅简海燕、池子华主编《红十字会救伤第一法——孙中山唯一译著的整理与研究》，合肥工业大学出版社2014年。
② 胡适：《习惯重于方法—胡适谈读书治学》，当代中国出版社2013年，第2页。

之间的对话:"一日余偶询总理曰:'先生平日所治甚博,于政治、经济、社会、工业、法律诸籍,皆笃嗜无倦,毕竟以何者为专攻'。总理曰:'余无所谓专也',余曰:'然则先生所治者,究为何种学问耶?'总理莞尔答曰:'余所治者乃革命之学问也,凡一切学术有可以助余革命之知识及能力者,余皆用以为研究之原料,而组成余之革命学也。'"①

孙中山这里所说的革命之学问,显然与钱钟书先生所讲的"大抵学问是荒江野老屋中,二三素心人商量培养之事"不同,也与讲究义理、考据、词章的中国传统学问有异,更与严复所要求的做学问的目的就在学术本身,学术以外没有也不应该有目的的"为己"之学相悖,但与马一浮所说的"大凡学术有个根源,得其根源才可以得其条理;得其条理才可以得其统类。然后原始要终,举本该末,以一御万,观其会通,明其宗极,昭然不惑,秩然不乱,六通四辟,小大精粗,其运无乎不备"② 有相通相近之处。在《孙文学说》里,孙中山就指出:"夫科学者,统系之学也,条理之学也。凡真知特识,必从科学而来也。舍科学而外之所谓知识者,多非真知识也。如中国之习闻,有谓天圆而地方,天动而地静者,此数千年来之思想见识,习为自然,无复有知其非者,然若以科学按之以考其实,则有大谬不然者矣。"③ 在《军人精神教育》的讲演中,孙中山对什么是"智"作了比较详细的解释,他说:"智之云者,有聪明,有见识之谓,是即为智之定义。凡遇一事,以我之聪明,我之见识,能明白了解,即时有应付方法,而根本上又须合乎道义,非以尔诈我虞为智也。智之范围甚广,宇宙之范围,皆为智之范围,故能知过去未来者,亦谓之智。吾人之在世界,其知识要随事物之增加,而同时进步,否则渐即于老朽颓唐,灵明日锢。是以智之反面,则为蠢、为愚。"④ 在他看来,"智何自生?有其来源,约言之,厥有三种:一,由于天生者,二,由于力学者,三,由于经验者。中国古时学者,亦有生而知之,学而知之,困而知之之说,与此略同。凡人之聪明,唯各因其得天之厚薄不同,稍生差别,得多者为大聪明,得少者为小聪明,其为智则一,此由于天生也。若由学问上致力,则能集合多数人之聪明,

①　尚明轩、王学庄、陈崧编:《孙中山生平事业追忆录》,人民出版社 1986 年,第 694 页。

②　马一浮:《说忠信笃敬》,《宜山会语》,《马一浮集》第 1 册,浙江古籍出版社 1996 年,第 55 页。

③　《孙中山全集》第 6 卷,中华书局 1985 年,第 200 页。

④　《孙中山全集》第 6 卷,第 16—17 页。

以为聪明，不特取法现代，抑且尚友古人，有时较天生之智为胜。例如甲乙二人，甲聪明而不好学，乙聪明虽不如甲，而好学过之，其结果乙之所得，必多于甲。此则由于力学也。此外亦有不由天生，不由力学，而由经验得来者。谚云：'不经一事，不长一智。'故所历之事既多，智识遂亦增长，所谓增益其所不能者，此由于经验也。要而言之，智之来源，不外此三者而已。"① 而且，孙中山所说的源于天生、力学和经验的军人之"智"，就是要军人有别是非、明利害、识时势、知彼己的智。也就是说，任何人只有通过读书学习和实践经验，才能达到明事理、辨是非、权利害、识时势和知彼己的目的。

　　孙中山本人就是一位阅历丰富、好学不倦的"力学"之人。邵元冲就以其耳闻目睹的经历，为我们展现了孙中山的治学精神。他说："总理平时读书虽不甚速，而阅读之时，字字着眼，行行经心，不肯随意放过，故阅后于书中要义无不了然。凡有批评，皆得窍要。某日偶阅商务印书馆本《文法要略》见其论'名字'一节中，于'亮、猛、鹄、援，皆称本名'即斥其误。又于曾国藩论文所引'春风风人，夏雨雨人，解衣衣我，推食食我'等语，遂以为评论中国文法之佐证，足见其所学之精密，而能遇事加意矣。"② 可见孙中山读书并非泛泛而读，而是始终抱着科学严谨的态度，善于在广泛阅读中发现问题，在反复验证和学理分析中深化自己对问题的认识和了解，在融会贯通中创造发明自己的思想学说，在理论思维和问题意识以及目标导向中，提出解决问题、变革现状的途径和方法，从不人云亦云，始终对科学、真理和学问保持着认真的态度和强烈的兴趣。在他身边工作的同志就证实了这一点："总理读书著作，虽伏暑祁寒，不稍间断，专诣之学者，或不如也。性颇畏寒，冬日入其书室，见炉火熊熊，总理短衣据案，奋笔不少休，以事请示者，随宜处分毕，仍研治如故。夏日亦时时挥汗披览，以为至乐；八年夏，一夕，将十时矣，余以事入总理书室，见其方拭汗校阅《孙文学说》排印稿。余谓：'先生何自苦若是，何不令他人校之。'总理谓：'稿已由人校二度，此为第三度，特自校之，然尚时见误讹，校书之不易，于斯可证。'余乃襄校数页，宵深始行。"③

　　读书不仅需要认真细致的态度，还得有深入钻研的精神，这样才能领悟到

① 《孙中山全集》第6卷，中华书局1981年，第17页。
② 尚明轩、王学庄、陈崧编：《孙中山生平事业追忆录》，人民出版社1986年，第695—696页。
③ 尚明轩、王学庄、陈崧编：《孙中山生平事业追忆录》，人民出版社1986年，第696页。

书本、材料和现象背后的奥妙。孙中山"看书的多，可以算最赡博的学士所不及。学士看书，只看他的糟粕，所以连一章一句的行款，都记得清楚，有称为两脚书橱的，等身著作，赡博自赡博，可惜他却被书作了主去，不曾他作了书的主。博而不精，精又无用。"中山则"于古今中外有用之书，可算无书不读。什么《十三经》《二十四史》，什么《民约论》《资本论》，只要有关政术治道，有益民生国用的书，一有空隙，就马上把卷展玩，心就领，神就会。他不是希望精博，是出于自然。他是天生一个新主义的创造家。"① 在吴敬恒看来，孙中山的"民权主义，是创了真正民主国的宪法"，他的"民生主义，又立了民主社会国家的正宗，他的民族主义，乃是联合世界上弱小民族，以平等对待的国家，共同奋斗，要打到侵略及阶级的恶势力，大家来享受民权民生"。所以他认为这都是孙中山"研究精博的结果，不但为中国有了新治术，而且为世界有了新贡献"。② 针对一些人对孙中山的学问和著作的批评，吴敬恒回应道："我们中国有所谓集大成，总理就是这个集大成的人物，他一生要想为中国的自由平等，集一个大成，所以自然的无书不读，自然读得精博。"③ 他为圆满他的主义，固然积极的自然研究到精博，就是为了一时对于事业的需要，也终是旁求博采，马上研究。④ 如他在让位于袁世凯后，决心致力于铁路建设，并广泛搜罗世界各国有关铁路建设的书籍和地图，作为研究和制定计划的参考。"他在上海立了一个铁路督办办事处……总是地图摊满了一地，自己伏在地图上，拿铅笔东画西画。凡是铁路工程的图书，每间屋里都堆着，他又要研究到自然精博，决不肯含糊的"。⑤

对于学问或治学，孙中山既全神贯注，全身心投入，又认真严谨，一丝不苟。孙中山曾长期接受西方科学教育。科学是注重实证，讲究理性的。在研究问题、提倡主义、从事革命和建设的过程中，孙中山始终保持着科学的态度和科学的精神，采取科学的方法，他的《孙文学说》里的十个例证，以及《实业计划》中的方案，就充分体现了孙中山"实验之精与考察之细"。⑥ 姜义华先生在研究上海孙中山故居藏书后发现，孙中山在撰写《实业计划》时，除去关于

① 尚明轩、王学庄、陈崧编：《孙中山生平事业追忆录》，人民出版社1986年，第711页。
② 尚明轩、王学庄、陈崧编：《孙中山生平事业追忆录》，人民出版社1986年，第711—712页。
③ 尚明轩、王学庄、陈崧编：《孙中山生平事业追忆录》，人民出版社1986年，第712页。
④ 尚明轩、王学庄、陈崧编：《孙中山生平事业追忆录》，人民出版社1986年，第713页。
⑤ 尚明轩、王学庄、陈崧编：《孙中山生平事业追忆录》，人民出版社1986年，第713页。
⑥ 庄政：《孙中山的大学生涯》，台北"中央"日报出版社1995年，第206页。

欧美各国工业革命、工业发展史等一批西文名著外，仅关于交通、港口、铁路方面的西文著作就不下 60 种，城市规划与城市管理方面的西文著作近 10 种，银行、信贷方面的西文著作和经济学理论著作各 60 种。[①] 因此可以看出，"孙中山在紧张地领导着革命运动的同时，一直保持着极为旺盛的求知欲，而他所选购的书籍，所阅读的书籍，又始终同他所致力的斗争以及他对这些斗争的反省、思考紧密联系在一起"。[②] 对于这一点，邵元冲记忆深刻，他说："欧战甫完，总理在沪，即属草《建国方略》，以实际调查所需之资料甚繁，间亦由余从事搜集，一日以手简来，嘱余调查乍浦澉浦一带之海塘，为石塘，抑系土塘，谓如无书可查，宜亲询该处土人，以期确实。嗣余查得浙江水陆道里记等书，图说颇详，乃举以相告，总理遂据以为规划东方大港之资，此一端，足证总理计划之切实，不凭臆想也。"又说："总理草《孙文学说》之时，亦多征引典籍。某日薄暮，残暑未收，余从总理驰车迎凉，车次总理忽询曰：'神农氏日中为市，出于何书？'余曰：'此事除载于《史记》等书以外，大概以易经系传所载，最为近古'。总理颔之，越日余乃检书以进"。[③] 正是孙中山这种刨根问底、探本寻源的治学态度，使他比一般革命者站得更高，看得更远，想得更深，而这恰恰与他的问学之博与专和学问之深与广有着密切联系。

学者吴经熊认为孙中山学问的深度是从中国学问而来，广度则是由西学而致。他说："国父学问的出发点是国学，而归宿点也是国学，若就世界的意义而言，是由国父更能开出一条光明的大道，成为东西文化的沟通与综合的必经之路。"[④] 而孙中山的三民主义和《建国方略》等就是这种学问的结晶。庄政也认为："中山先生不但学贯中西，博古通今，融会各家之所长，且能凭一己之聪明才智，在学术思想方面有所独特的创获。比如在民族主义方面，要恢复固有的道德、知识与能力，改变不良的习性；强调能知（忧患意识）与合群（团队精神）。其在民权主义方面，主张革命民权、权能区分、五权宪法、均权制度、地方自治与真平等说等，于此独自创获部分最为丰富。其在民生主义方面，包括平均地权、限制私人资本与发达国家资本，解决民生问题。""以言'建国方略'，'民权初步'主要是译述西方的'议事规则'，不宜列为中山先生

---

① 姜义华：《天下为公——孙中山思想家剪影》，江苏人民出版社 2011 年，第 3 页。
② 姜义华：《天下为公——孙中山思想家剪影》，江苏人民出版社 2011 年，第 44 页。
③ 尚明轩、王学庄、陈崧编：《孙中山生平事业追忆录》，人民出版社 1986 年，第 695 页。
④ 《访吴经熊博士谈国父的读书生活》，台北《民生报》1977 年 3 月 12 日第 14 版。

的创作，而'孙文学说'即'知难行易'乃针对国人三千余年之心理大患——'知之非艰，行之惟艰'而发，这可以说是颇具革命性的心理建设，至为重要，毋庸赘述。至于'实业计划'非常具体而精密，有方法、有步骤、面面俱到，富建设性，且将民生（养）与国防（保、卫）合而为一，深谋远虑，颇具创意。"① 于右任也深有同感地说："中山先生是用'学力'来革命的。"②

的确，孙中山就是用他的革命学问去感召人和折服人。许多一开始对他颇有误解或偏见的人，自与孙中山交谈或接触后，便倾心服膺于他或心甘情愿地追随于他。③ 而且革命党人大都不以其职务称他，也很少称其官衔，都尊呼为"先生"，皆以弟子之礼而师事先生，除了孙中山的思想学说和精神品格感动人外，其渊博的学识和精专的学问也是最能折服人的力量。孙中山做学问或发明其革命学，虽然没有陈寅恪所说的史学家王国维那样"取地下之实物与纸上之遗文互相释证"，"取异族之故书与吾国之旧籍互相补正"，"取外来之观念与故有之材料互相参证"，④ 探幽发微，见微见著，发凡起例，开一代史学新风，但他的三民主义、建国方略等思想理论和学术著作，同样具有深厚的知识积累和宽广的学术视野，同样关系于民族盛衰、学术兴废、世界和平。"不仅在能承继先哲将坠之业，为其托命之人，而尤在能开拓学术之区宇，补前修所未逮。""其著作可以转移一时之风气，而示来者以轨则也"。⑤ 中国历来是道德学问并重，学问的气象实有赖于道德的高尚。为人正直、诚实、刚强，方能不随波逐流，而勇于坚持真理，如有虚怀若谷，富有宽容精神，学问的气象就更加大气磅礴。吴敬恒在《总理行谊》一文中就认为孙中山"品格自然伟大；度量自然宽宏；精神自然专一；研究自然精博"。⑥ 庄政在研究孙中山的治学精神与方法后也认为："中山先生是学科学的，科学乃系统之学、条理之学；中山先生也很注重哲学，哲学就是判断。他的一生跟读书是离不开的，他用的治学精神与

---

① 庄政：《孙中山的大学生涯》，第213—214页。

② 于右任：《国父行谊》，《革命先烈先进阐扬国父思想论文集》，台北"中央"文物供应社1965年，第一册，第8页。

③ 吴敬恒：《我亦一讲中山先生》，尚明轩、王学庄、陈崧编：《孙中山生平事业追忆录》，第699—701页。

④ 陈寅恪：《王静安先生遗书序》，《金明馆丛稿二编》，生活·读书·新知三联书店2001年，第247—248页。

⑤ 陈寅恪：《王静安先生遗书序》，第247页。

⑥ 尚明轩、王学庄、陈崧编：《孙中山生平事业追忆录》，人民出版社1986年，第704页。

方法，实在值得学习与效法"。①

三、知与行：学问立国的孙中山

百多年前，梁启超在《学与术》一文中曾写道："学也者，观察事物而发明其真理也；术也者，取发明之真理而致诸用者也。例如以石投水则沉，投以木则浮。观察此事实以证明水之有浮力，此物理也。应用此真理以驾驶船舶，则航海术也。研究人体之组织辨别各器官之机能，此生理学也。应用此真理以疗治疾病，则医术也。学与术之区别乃其相连系，凡百皆准此。"② 学与术联用，学的内涵在于能揭示出研究对象的因果关系，形成建立在累积知识基础上的理性知识，在学理上有所发明。术则是这种理性认识的具体运用。③ 学与术的关系实际上就是梁启超所言："学者术之体，术者学之用。"④ 严复则用"知"与"行"的关系来解喻学与术这个概念，"盖学与术异。学者考自然之理，立必然之例。术者据既知之理，求可成之功。学主知，术主行"。⑤ 不仅道出了学术的本质，也说出了学术的功用。

学与术或知与行，都是中国古代认论中讨论的概念，也最是纠缠不清的问题。孙中山在总结革命斗争的经验教训和结合自己求知问学过程中的心得体会基础上，提出了"知难行易"的学说，认为人类对于许多事情很早以前就会做，但一直不知其中的道理，只有经过数十百年，甚至千年的"行"后，才逐渐明白其中的道理和奥秘，这说明知是困难的，行是容易的，人们先行而后知。但是中国普遍存在的所谓"知易行难"的思想，不仅影响了两千年来中国社会的进步，也妨碍了中国目前正在进行的革命，是思想上的敌人。在《上李鸿章书》中，孙中山就有感于泰西和日本各国经济社会发展的成就和经验，指出"夫天下之事，不患不能行，而患无行之之人。方今中国之不振，固患于能行之人少，而尤患于不知之人多。夫能行之人少，尚可借材异国以代为之行；

---

① 庄政：《孙中山的大学生涯》，第215页。
② 梁启超：《学与术》，《饮冰室全集》第3册，文集之二十五（下），中华书局影印1986年，第12页。
③ 刘梦溪：《中国现代学术要略》，生活·读书·新知三联书店2018年，第2页。
④ 梁启超：《学与术》，《饮冰室全集》第3册，文集之二十五（下），中华书局影印1986年，第12页。
⑤ 《〈原富〉按语》第58节，《严复集》第4册，中华书局1986年，第885页。

不知之人多，则虽有人能代行，而不知之辈必竭力以阻挠。此昔日国家每举一事，非格于成例，辄阻于群议者。此中国之极大病源也。"① 在孙中山看来，"知易"的说法使人轻视革命理论的作用，进而对革命理想信仰不忠；"行难"的说法则使人害怕革命实践，不能在困难时期坚持斗争。中国民主革命之所以多次失败，就是因为革命党人在思想上受了"知易行难"之说的毒害造成的。所谓"吾三十年来精诚无间之心，几为之冰消瓦解，百折不回之志，几为之槁木死灰者，此也。可畏哉此敌！可恨哉此敌"。② 因此，他在《心理建设（孙文学说）》著作里例举"十事"，一方面批驳"知易行难"的说法，认为它是"似是而非之说，实与真理相背驰"，③ 是"心理之大敌"；一方面证明"行之非艰，而知之惟艰，以供学者之研究，而破世人之迷惑焉"。④ 不过，孙中山所说的知，不是浅显的知识，而是真知，是科学的知识和道理。他所说的行，是受知识指导的行为。所谓知难，是指知事物所以然及其所当然之理难，求真知难，获得学说的知难，主义学说的创造、学术的发明、事业的设计难。所谓行易，是指不知而行易，知而后行亦易。就知行比较起来说，则获得真知难于不知而行。⑤

孙中山在《心理建设（孙文学说）》著作里，通过对饮食、用钱、作文、建筑、造船、筑城、开河、电学、化学和进化等十件事的"知难行易"的详细分析和论证，说明人类的知识是在"行"的基础上形成的。只有"行"了才有"知"。他说："古人之得其知也，初或费千百年之时间行之，而后乃能知之；或费千万人之苦心孤诣，经历试验而后知之；而后人之受之前人也似乎无意中得之。"⑥ 这就明确地表达了"行先知后"的思想，同时也说明了间接经验中包含着前人的实践的道理。1924 年，孙中山在《三民主义》演讲里，突破了古代的知行观念，提出了"事实"与"言论"（或"学理"）一对范畴，他说"宇宙间的道理，都是先有事实然后才发生言论，并不是先有言论然后才发生事实"。⑦ 明确地将"先有事实，后有言论"这一命题概括为"宇宙间的道理"。

---

① 《孙中山全集》第 1 卷，第 15—16 页。
② 《孙中山全集》第 6 卷，第 158 页。
③ 《孙中山全集》第 6 卷，第 160 页。
④ 《孙中山全集》第 6 卷，第 160 页。
⑤ 贺麟：《五十年来的中国哲学》，上海人民出版社 2012 年，第 178—179 页。
⑥ 《孙中山全集》第 6 卷，第 199 页。
⑦ 《孙中山全集》，第 9 卷，第 264 页。

由此不难看出，孙中山的"知"，就知识来说，它包括感性的知识和理性的知识两部分；就人的认识过程来说，指感性认识，也指理性认识。在他看来，感性的知识是在"行"中对事物的直接反映，理性的知识则不然，是对事物的认识有了体会后，"惟以科学之系统考之"，"加以理则之视察"，① 经过判断产生的，强调科学知识，即理性的知识才称得上是真正的知识。因此，他认为，人们对客观自然界的认识，不能专靠书本知识，不能仅从"学理"出发，必须要靠对万事万物的观察和试验；书本知识只不过是人们考察事物的结果的"记录"。他说："近年大科学家考察万事万物，不是专靠书。他们所出的书，不过是由考察的心得贡献到人类的记录罢了。"② 他得出结论说，任何理论和学说的形成都是由两种方法得出的，"一种是用观察，即科学；一种是用判断，即哲学"。③ 对自然界的认识如此，对社会问题的认识，同样"一定要凭事实，要用科学的方法"。④ 他从现实和历史两方面来考察和研究，指出马克思主义产生前的各种社会属性，都是"一种陈义甚高的理论，离事实太远"的乌托邦，赞扬马克思的科学态度和解决社会问题的原理，"是全凭事实，不尚理想。至于马克思所著的书和所发明的学说，可说是集几千年来人类思想的大成"。⑤ 因此，他认为任何科学知识和学理，不是为了好看，而是为了应用。

在强调"行"的作用的同时，孙中山更强调"知"的重要性。他说"知"主要包括自然科学知识即"真知特识"，和社会科学知识即"革命的知识"，主要指三民主义和五权宪法等社会政治知识。在孙中山看来，自然科学知识对一个国家的经济社会发展和人类文明进步都是十分重要的，也是必不可少的。古人由于没有人的自然科学知识，无论是兴建什么大的工程，或是举办一件大的活动，事前都不可能有详细的比较综合实际的筹划，大都是"只图进行"。因此，他们只能摸索前进，速度慢、效率低。今天就不同了，是处在科学发达的时代，人类无论做什么事情，都可以"本所知以定进行"。也就是根据科学知识，预先制定一个规划，行动起来容易，做起来也能迅速获得成功。⑥ 因此，他坚信"知识真确，学理充满，而乃本之以制器，则无所难矣。器成而以之施

---

① 《孙中山全集》第 6 卷，第 200 页。
② 《孙中山全集》第 9 卷，第 257 页。
③ 《孙中山全集》第 9 卷，第 257 页。
④ 《孙中山全集》第 9 卷，第 363 页。
⑤ 《孙中山全集》第 9 卷，第 362 页。
⑥ 《孙中山全集》第 6 卷，第 204 页。

用，则更无难矣。"①

不过，在强调科学知识的重要性的同时，孙中山也特别重视革命的知识对于革命的指导作用。在谈到辛亥革命失败的原因时，他说主要是"在于没有好学问好方法"，应该是"先求知，然后才去行……如果知得到，便行得到。从前的革命，不知还能行，此后的革命，能知当更能行"。② 总之，孙中山认为对客观事物，对社会问题，必须有科学的道理、革命的理论和科学的方法，才能说明和解决。这就是他说的"世界的文明，要有知识才有进步；有了知识那个进步才得快。我们人类是求文明进步的，所以人类便要求知识"。③ 这种科学的道理，革命的理论和方法，又是从何而来呢？孙中山认为有身体力行得来的，即来自直接经验，有通过学习他人得来的，即从间接经验中得来。在孙中山看来，人的知识和才能主要来自直接经验，经验越多，知识也增长越快。他说："吾人之在世界，其智识要随事物之增加，而同时进步"。"人们所历之事既多，智识遂亦增长，所谓增益其所不能者，此由于经验也。"④ 除了他所说的"所历之事"的直接经验外，还有间接经验。孙中山说"人不能生而知之，必待学而后知"，而且任何人的知识都是有一定的局限性的，必须相互学习，取长补短，才能弥补自己的不足。他说："一个人对于一种学问固然是有特长，但是对于其余的各种学问未必都是很精通的，还有许多都是盲然的。"⑤ 并指出"近世科学之发达，非一学之造诣，必同时众学皆有进步，互相资助，彼此乃得以发明"。⑥ 因此，他倡导人们要学习古人和效法今人的主张，认为这是集众人的智慧。因为增长智慧的好方法，可以通过读书学习，从古今中外前人和今人的著作那里吸收知识，以为借鉴。孙中山特别指出学古人在于"用古人"和"役古人"，"却不能被古人所惑"。"如能用古人而不为古人所惑，能役古人而不为古人所奴，则载籍皆似为我调查，而使古人为我书记，多多益善矣。"⑦ 并指出在学问思想上不能像古人那样从书本到书本，不联系实际，他说：古人"求进步

---

① 《孙中山全集》第 6 卷，第 192 页。
② 《欢宴蒙古代表及国民党全国代表大会的演说》，《孙中山全集》第 9 卷，第 107 页。
③ 《知难行易》，胡汉民编：《总理全集》第 2 集，第 226 页；又见黄彦编《孙文全集》，第 10 册，第 459 页，广东人民出版社 2021 年。
④ 《孙中山全集》第 6 卷，第 17 页。
⑤ 《孙中山全集》第 9 卷，第 343 页。
⑥ 《孙中山全集》第 6 卷，第 192 页。
⑦ 《孙中山全集》第 6 卷，第 180 页。

的方法，专靠实行……到了后来，不是'好读书不求甚解，'便是'述而不作'
'坐而论道'，把古人言行的文字，死读死记，另外来解释一次；或把古人的解
释，再来解释一次，你一解释过去，我一解释过来，好像炒陈饭一样，怎么能
够有进步呢?"① 认为这种不重视行也不重视知的思想耽误了中国。因此，他极
力主张在继承中国古代优秀遗产的同时，应"取法现代"，即仿效欧美，借鉴
欧美，学习欧美。尤其是欧美的物质文明、科学技术和机器设备，以及欧美的
社会治理的经验，都可以学习和借鉴，但不能完全仿效。他说："中国的社会
既然是和欧美的不同，所以管理社会的政治自然也和欧美的不同，不能完全仿
效欧美，照样去做，像仿效欧美的机器一样。""至于欧美的风土人情和中国不
同的地方是很多的，如果不管中国自己的风土人情是怎么样，便像学外国的机
器一样，把外国管理社会的政治硬搬进来，那便是大错。……是以管理物的方
法，可以学欧美；管理人的方法，当然不能完全学欧美。"②

　　正是基于革命和建设的需要，更是基于救国救民、富民强国的需要，孙中
山根据他对国情和世情的了解，结合自己观察学习的心得和革命斗争的经历，
明确提出"学问是立国根本"的思想。1913 年 2 月 23 日，在东京中国留学生
欢迎会的演说中，就谈到学问立国的问题，他说："建设事业，不仅要与破坏
时代持同一之牺牲主义，并且要一绝大学问。欲求此种建设的学问，必须假以
时期，或十年，或六七年之苦心研究，方能应用。不比破坏事业，只要不顾身
命，冒险做去，即可以办得到的。所以从前学生之责任，与现任〈在〉诸君之
责任，大有悬殊。从前诸君，是求急切的破坏的；今日诸君，是要求急切的建
设的。从前因汉族沦亡，我辈憔悴虐政，无立足之余地，纵有绝大学问，无处
可见之实用。即为满洲政府所罗致以供奔走。亦不过一种奴隶学问，究竟不能
发抒其长。故彼时一般有志之士，均不愿专心求学，以为异族之用……故宁肯
弃学问而不顾，专图革命的进行。"③ 但是，民国成立后，"大概规模粗具，然
政治上之设施，千头万绪，纷如乱丝，"此种原因，"都是因为缺乏人才的弊
病"。因此，孙中山认为"处此时代，急要精进学问，以图根本上之改良"，并
劝告留学生"应该立定一绝大志愿，研究学问"，希望他们"矢志求学，如从
前学生愿牺牲性命，以做革命事业的一种坚忍心，百折不挠，将来必能求得优

---

① 胡汉民编：《总理全书》第 2 集，第 227—228 页。
② 《孙中山全集》第 9 卷，第 320 页。
③ 《孙中山全集》第 3 卷，第 22 页。

美专门学问，以福祖国"。① 其学问立国的思想，也就成了孙中山思想的重要内容。

首先，孙中山认为国家建设，需要学问。早在上李鸿章书时，就提出了"人能尽其才，地能尽其利，物能尽其用，货能畅其流"的"富强之大经，治国之本本"的主张，认为"人能尽其才者，在教育有道，鼓励有方，任使得法"。② 在他看来，"教育有道，则天无枉生之才；鼓励以方，则野无郁抑之士；任使得法，则朝无倖进之徒。斯三者不失其序，则人能尽其才矣；人既尽其才，则万事俱举；百事举矣，则富强不足谋也"。③ 民国初年他反复说："建设之始，需才孔急，量才器用，各尽其长。大才有大用，小才有小用，只要有真正学问，不愁没用处的。"④ 在孙中山看来，国家建设是综合性的全面性的系统工程，政治、经济、社会、文化、法律、管理、教育、军事、科技等各方面的人才，都是不可或缺的，既需要自然科学方面的高精尖人才，也需要社会科学方面的专才通才，只要有真才实学，不问大才小才，都是人才，都有造福于国计民生的作用。

其次，孙中山认为学问志愿，两种并行。他说："有学问而无志愿，不徒无益，而反有害。"他告诫留学生其志愿"须求大家之利益，办大家之事业，不必计较私人之利害。究竟大家享幸福，大家得利益，则我一人之幸福之利益，自然包括其中。"强调"有道德始有国家，有道德始有世界。""道德家必愿世界大同，永无争战之一日"。⑤ 强调学问与道德相统一，显然与中国古代学人强调尊德性与道问学的文化传统有相同想通之处。尤其是他所说的"迨学成学问，为中华民国求幸福，非为一人求幸福，必须存牺牲自己个人之幸福，以求国家之幸福的心志"。⑥ 他说的学问在于为世界求大同，为国与国之间无战争的理想，比传统学人尊德性和道问学的境界似乎显得更高。

最后，孙中山认为学问为立国根本，但学问必须明确目的，方向应合潮流，取舍必须有度。他说："世界进化，随学问为转移。""二十世纪以前，欧洲诸国，发明一种生存竞争之新学说。一时影响所及，各国都以优胜劣败，弱

---

① 《孙中山全集》第 3 卷，第 22—23 页。
② 《孙中山全集》第 1 卷，第 8 页。
③ 《孙中山全集》第 1 卷，第 10 页。
④ 《孙中山全集》第 3 卷，第 24 页。
⑤ 《孙中山全集》第 3 卷，第 24—25 页。
⑥ 《孙中山全集》第 3 卷，第 24 页。

肉强食为立国之主脑，至谓有强权无公理。此种学说，在欧洲文明进化之初，固适于用，由今观之，殆是一种野蛮之学问。今欧、美之文明程度愈高，现从物理上发明一种世界和平学问，讲公理，不讲强横，尚道德，不尚野蛮。从前生存竞争之学说，在今日学问过渡时代已不能适用，将次打消。何谓过渡时代，盖由野蛮学问而过于文明学问也。"因此，他认为："今日于学问一途，尚当改良宗旨，着眼于文明，使中国学问与欧美并驾，则政治、实业自有天然之进化，将来中华民国庶可与世界各国同享和平。""研究文明学问，铲去野蛮学问，使我国之道德日高一日，则我国之价值亦日高一日。价值日高，则有神圣不可侵犯之地位，而瓜分之说，自消灭于无形也"。① 孙中山所说的文明学问，就是讲公理、讲和平的学问，也是救国救民立国强国的大学问。

四、结语：有学问的革命家和有思想的学问家

近代中国是一个变革的时代，也是一个过渡的时代，同时更是一个由破坏到建设的时代。在这个特殊的时代，需要专门的人才和高深的学问。孙中山从知与行的关系出发，提出学问为立国根本的思想，符合时代的需要，也合乎社会发展的逻辑。他不仅将读书求学与革命和建设有机地结合在一起，而且积极提倡为中国的振兴和世界的和平而努力研求学问。从孙中山的论著和演讲以及谈话中，不难发现，孙中山不仅是推动革命和建设的革命家，引领时代潮流和社会发展的思想家，还是一位有思想的学问家和有学问的革命家。

通常，学问家以学问见长，其学问贵乎博与专；思想家则以思想行世，其思想贵乎新与深。学问家是以知识广博、在多个领域或某一领域有系统而专门知识的人，典型代表如钱钟书和陈寅恪等，他们通晓多种文字，读了不少中外古今的书籍，涉及面广，在许多领域都卓有建树。思想家长于思考，思考一些常人往往不去思考的问题，通过对历史的反省和对现实的评判，提出对未来具有前瞻性的思想，外国有柏拉图、亚当斯密、康德、马克思等，中国有老子、孔子、孟子、董仲舒、朱熹、王阳明等。学问家擅长于"我注六经"，思想家热衷于"六经注我"。学问家靠的是功夫积累，思想家则常常靠"天纵我才"。学问家不是一天两天能够成就的，靠的是数十年的苦读深研，最终才能达到"学问

---

① 《孙中山全集》第 2 卷，第 423—424 页。

大，见识广，知识专"的境界。而思想家则更多地是依靠一种素质，一种品格，一份天才。从思维方式上看，学问家偏向于综合，思想家着意于创造。

历史表明，学问家并非不产生任何思想，思想家也并非是一个文化或知识的白痴。每个文化人都同时兼有学问家和思想家的素质和品格，差别只在于身上究竟是学问家的成分多一点还是思想家的成分多一点。把这两种不同的素质、品质、成分结合在一起的人似乎并不多见。陈寅恪在为冯友兰的《中国哲学史》下册撰写审查报告时，曾认为："窃疑中国自今日以后，即使能忠实输入北美或东欧之思想，其结局当亦等于玄奘唯识之学，在吾国思想史上既不能居最高之地位，且亦终归于歇绝者。其真能于思想上自成系统，有所创获者，必须一方面吸收输入外来之学说，一方面不忘本民族之地位。此二种相反而适相成之态度，乃道教之真精神，新儒家之旧途径，而二千多年吾民族与他民族思想接触史之所昭示者也。"[①] 其实陈寅恪评冯友兰著作之语，也适合于孙中山。孙中山所处的时代，就是一个中学与西学、新学与旧学交融的时代。孙中山身处其中，却有所规抚，有所因袭，有所创新，即如其自陈"余之谋中国革命，其所持主义，有因袭吾国固有之思想者，有规抚欧洲之学说事迹者，有吾独见而创获者"。[②] 显然，孙中山既因袭了中国传统思想文化和规抚了西方的各种学说，又根据自己的革命实践、观察研究、比较分析和反复论证，在求知问学和知行互动中，创造发明了自己的三民主义和建国方略，形成了自己的革命学。

革命是学问之果，学问是革命之因。孙中山一直被视为革命家，他自称其所专的是革命的学问，在道理上应该是一位有学问的革命家。学问是思想之基，思想是学问之果。若从他的所有著作和谈话及演讲上看，他应该还是一位有学问的思想家，而不仅仅是一位有思想的学问家。

（作者单位：中山市政协文化与文史委）

---

① 陈寅恪：《冯友兰〈中国哲学史〉》下册审查报告《金明馆丛稿二编》，生活·读书·新知三联书店 2001 年版，第 252 页。

② 《孙中山全集》第 7 卷，中华书局 1986 年，第 60 页。

孙中山与菊池良一关系初探

张文苑

孙中山在其革命生涯中，广泛结交日本各界人士，与相当数量的日本友人来往密切，日本众议院议员菊池良一便是其中一员。1912年初孙中山就任中华民国临时大总统、1925年3月孙中山病逝及移灵、1929年6月安葬，这些重大事件中菊池良一均是在场人员之一，宋庆龄称他是"先生一位忠诚的朋友"。孙中山与宫崎滔天、萱野长知、犬养毅、头山满、宗方小太郎、梅屋庄吉等日本人的关系已有较为深入的研究，菊池良一则尚未见有专文发表。本文试图对孙中山与菊池良一的关系进行初步的探讨。

一、菊池良一与孙中山交往的开始

菊池良一（1879.10.1—1945.2.25）出生于日本本州岛最北端的青森县中津轻郡弘前城下町（今弘前市）。菊池家是津轻藩世代的武士，菊池良一父亲菊池九郎是明治时期日本东北地方重要的政治家之一，也是著名的教育家。菊池九郎1869年入庆应义塾，师从福泽谕吉。1872年弘前创立东奥义塾，菊池九郎是主要筹办人之一。该校以庆应义塾为楷模，兼用英语教学，深受基督教的影响，培养的弟子中成就一番事业者不乏其人，如倡导兴亚论和国粹主义的陆实（羯南）。1888年菊池九郎创办了《东奥日报》，1889年任弘前市第一任市长，1890年到1908年间9次当选日本众议院议员。菊池九郎主张改革、申张民权，被称为"东奥的西乡隆盛"。① 菊池九郎曾于1895年4月以议员身份

---

① 维基百科"菊池九郎"条，https://ja.wikipedia.org/wiki/％E8％8F％8A％E6％B1％A0％E4％B9％9D％E9％83％8E。

与日本德川公爵、长冈子爵及朝鲜军务大臣赵义渊到日军侵占的中国营口"考察"。① 菊池九郎还与先后任日本台湾总督府民政长官、南满洲铁道株式会社（以下简称"满铁"）首任总裁的后藤新平关系密切。②

菊池良一 1908 年毕业于日本京都帝国大学法学院，获法学士学位，后来继承了其父亲在弘前市的议员席位。1915 年 3 月日本第 12 次众议员选举，他第一次当选众议员；在第 13、14 次大选中连任至 1924 年。1930 年 2 月第 17 届大选时再当选，此后连任至第 20 届（1937—1942），共担任 7 届众议院议员。菊池良一被称为"中国通"。③

山田良政（1868—1900）、山田纯三郎（1876—1963）兄弟是菊池良一的表兄。孙中山第一次与山田良政见面是 1899 年东京，1900 年山田良政介绍其弟山田纯三郎与孙中山认识。④ 同年 9 月山田良政参加孙中山领导的惠州起义，被清军何长清部洪兆麟捕杀。山田纯三郎继续在南京同文书院学习，毕业后留校任职，1907 年依靠菊池九郎的关系进入"满铁"，后被"满铁"理事犬冢信太郎派到上海三井物产做事。1911 年 11 月 28 日，山田纯三郎以"满铁"成员的身份，随宫崎寅藏从上海赴香港迎接海外归国的孙中山。孙中山要求山田帮忙想办法筹钱：1000 万或 2000 万都可以，多多益善。山田虽然自称只是公司的小伙计，但是随之介绍了三井财团的上海支店长给孙中山。从此，山田纯三郎开始替孙中山与日本各界人士尤其是财阀间沟通筹款。⑤

菊池良一年纪较小，1908 年 29 岁时从京都帝国大学毕业，可以推想认识孙中山的时间应该比较晚。1912 年 1 月 1 日，山田纯三郎参加孙中山就中华民国临时大总统职仪式观礼。1912 年 2 月 2 日，孙中山接见的名单中，有宫崎寅藏、山田纯三郎和菊池良一。⑥ 这是目前所见孙中山与菊池良一交往的最早记录。可以推测，是宫崎寅藏、山田纯三郎领菊池良一前来。4 月 6 日，孙中山

---

① 营口市档案馆编：《营口通史》，社会科学文献出版社 2001 年，第 235 页。

② 易惠莉：《关于山田良政的研究》，《近代中国》（第 17 辑），上海社会科学院出版社 2007 年，第 109 页；《孙中山与"满铁"关系者》，李吉奎著：《孙中山研究丛录》，中山大学出版社 2014 年，第 429 页。

③ 维基百科"菊池良一"条，https://ja.wikipedia.org/wiki/％E8％8F％8A％E6％B1％A0％E8％89％AF％E4％B8％80。

④ 陈固亭：《国父与日本友人》，台北幼狮书店 1965 年，第 58 页"国父与山田兄弟"。

⑤ 详见李吉奎：《孙中山与"满铁"关系者》，载氏著：《孙中山研究丛录》，第 433—437 页。

⑥ 桑兵主编、赵立彬著：《孙中山史事编年》第 3 卷，中华书局 2017 年，第 1100 页。

在上海出席宫崎寅藏举行的宴会，森恪、山田纯三郎、菊池良一等在座。从此，菊池良一开始了与孙中山的密切交往。

1913年2月11日孙中山以筹办全国铁路全权名义，自上海启程赴日本考察。13日到长崎。3月11日，孙中山参观大阪《每日新闻》社，同行者有宋耀如、戴季陶、山田纯三郎、菊池良一。3月22日，孙中山和戴季陶、宫崎滔天、岛田经一、菊池良一一起访问长崎《东洋日出新闻》社长。① 3月20日，宋教仁在上海火车站遇刺。孙中山闻讯，于23日参观三菱长崎造船所后回国，宫崎寅藏、岛田经一、菊池良一同随去上海。

1913年7月革命党人讨袁的"二次革命"爆发，旋即告败。8月8日，孙中山经台湾再赴日本。日本政府因袁世凯的抗议，起初不愿意孙中山在日本逗留。孙中山致电犬养毅、头山满、萱野长知，称："文如远去欧美，对我党前途实多影响，故无论如何希在日暂住，俾便指挥。"② 头山满、犬养毅等认为不应因其今日革命失败而冷待孙中山，派古岛一雄、岛田经一、菊池良一动身去神户迎接孙中山。在头山满、犬养毅、古岛一雄等人的交涉下，日本政府默许孙中山留居日本。孙中山在东京住了两年零九个月，直到1916年4月底返沪。

1913年8月16日，孙中山由菊池良一陪同，乘轮船由神户经横滨赴东京，住在东京赤坂区灵南坂町27番地（今港区赤坂1丁目14番地）海妻猪勇彦宅，隔邻为头山满宅，两宅后院有门相通。孙中山在东京住下后，菊池频频拜访，不时有长时间密谈，建立了密切的关系。据日本警视部门保存的记录，菊池往访的情况如下：③

8月18日，菊池来访，逗留大半天，并在孙中山与头山满之间传递文件。8月20日，萱野长知、菊池良一来访，与孙中山、宋嘉树及其女儿宋蔼龄商谈。8月29日，下午菊池良一来访。当天，孙中山与森恪、三井物产公司董事山本条太郎密谈4小时后，又与胡汉民、菊池良一密谈至午夜。31日晚，菊池良一、萱野长知、黄兴来访。

9月1日下午，古岛一雄、陆惠生、姚勇忱、菊池良一来访，直到晚上，

---

① 邓红、陈刚：《西乡四郎、铃木天眼和"武汉观战通信"》，武汉大学中国传统文化研究中心编：《人文论丛》（2013年卷），第327页。

② 《致犬养毅等电》，邱捷等编：《孙中山全集续编》第1卷，中华书局2017年，第439页。

③ 孙中山1913—1916年在日期间与菊池良一的交往，本文中未作注释的，皆转引自俞辛焞、王振锁编译《孙中山在日活动密录（1913年8月—1916年4月）——日本外务省档案》（南开大学出版社，1990年版），恕未一一注出。

对着地图密谈。9 月 4 日晚上 7 时多，胡汉民、陆惠生、菊池良一、萱野长知来访。陆惠生、菊池良一近深夜两点才离开。9 月 5 日、7 日下午，菊池良一来访。9 月 8 日中午菊池良一来访，下午离开；晚上，菊池良一再次来访。9 日、10 日、13 日、16 日、23 日、25 日、26 日、28 日，菊池良一来访，有时一日来两次。9 月 28 日晚，陆惠生、戴季陶、山田纯三郎、工藤十三雄、菊池良一五人来访议事。29 日，菊池良一、何天炯、戴季陶、山田纯三郎来访。30 日晚，马素、菊池良一来访。9 月份正是孙中山酝酿成立中华革命党的时候，9 月 27 日孙中山拟定入党誓词。期间菊池良一频频来访，虽无直接史料证明所议何事，但可推测他一定程度参与了组党的相关讨论。

10 月 2 日，孙中山与戴季陶乘车访问犬养毅，会谈约两小时；下午戴季陶、头山满、寺尾亨来聚会议事，山田纯三郎、菊池良一分别来访。10 月 6 日，上午戴季陶、山田纯三郎来访，下午菊池良一来电话。10 月 7 日，菊池良一来访。10 月 8 日，菊池良一、山田纯三郎、戴季陶来访。菊池用电话订购海图。下午，菊池和陈其美去访陆惠生。10 月 9 日下午，与何天炯、戴季陶、陈其美、宫崎寅藏、山田纯三郎、萱野长知等研究地图，菊池良一来访，其中菊池良一似携带地图。17 日、20 日、23 日、25 日，菊池良一来访。28 日下午，山田纯三郎、菊池良一、田桐、范光启、龚炼百、龚振鹏、季雨霖、刘铁、刘英、戴季陶、詹大悲、夏述唐等来访，就前一天及当天的《东京每日新闻》上刊载的有关报道进行商议。31 日，菊池良一来访。

11 月 1 日、11 日、13 日、25 日，12 月 13 日、16 日，菊池良一来访。12 月 19 日下午，山田纯三郎、陈其美、菊池良一先后来访议事，宋嘉树来参加山田、菊池、陈其美等议事。

1914—1915 年之间，菊池良一近 70 次、山田纯三郎 100 多次，频繁出入孙中山住宅。1914 年 7 月 8 日中华革命党召开成立大会当日，菊池良一来访。在孙中山众多日本友人中，菊池良一与犬养毅关系较为密切，为孙与犬养之间传话。8 月 12 日孙中山与戴季陶、菊池良一、犬冢信太郎等一起商讨时局，认为第一次世界大战的爆发，是革命党举兵起事的良机，决定派遣菊池良一去日本国民党本部拜访犬养毅，征求意见。后犬养表示，目前形势革命是个好时机，但要慎重。8 月 24 日下午，犬养毅来密谈 1 个半小时。8 月 28 日，孙中山与陈其美、戴季陶、蒋介石、陆惠生、丁仁杰、周应时、山田纯三郎、菊池良一等十余人议事，主要讨论革命军总部设在何地问题。后决定将革命军总部设于上海，并遣蒋介石、陆惠生返沪筹办此事。10 月 28 日，孙中山与廖仲恺、何天炯、宫崎寅藏、菊池良一、胡汉民等五人到菊池良一住处观看书画并交谈。11 月 4 日，孙中山、许崇智、陈其美等众人一起讨论国内军事问题，菊池良一、山田纯三郎也参与。11 月 16 日，孙中山与陈其美、菊池良一谈话约 1 小时。11 月 21 日，孙中山、陈其美、田桐等人谈话，菊池良一、萱野长知到访参与谈话。可见菊池良一深入地参与了中华革命党军事计划的讨论中。

有研究者在研究 1915 年孙中山与日方拟订的"中日盟约"时注意到菊池在其中扮演的角色。1915 年 3 月 14 日，孙中山致函日本外务省政务局长小池张造，函中附盟约草案。当日，谢持日记载："夜过英士，渠述菊池之言，加藤外交官若有意、若无意也。"① "加藤外交官"即时任日本外务大臣的加藤高明，菊池为其与中国革命党人之间传语，涉及双方关于"中日盟约"的商讨。到 1915 年 11 月，因中国国内反袁浪潮高涨，日本政府考虑放弃袁氏，军方开始重新接触革命党人，12 月 21 日菊池良一与犬冢信太郎、山田纯三郎一同来访孙中山，其后来访十分频繁。证明菊池是 1915 年初开始酝酿的"中日盟约"的知情人与参与者。②

1916 年 4 月，孙中山与在日革命党人经酝酿，准备派陈其美、王统一在上海，招募日本退役海军军人参与起事，试图突袭占领"策电"舰，再攻占上海。然而事情未能保密，5 月行动失败。③ 4 月下旬，东京就开始流传日本退役海军军人参与中华革命党计划的消息，原因之一可能是菊池良一将消息告知报馆，孙中山说"沪所企图，今日见号外，系由菊池告报馆"，要求山田纯三郎不要随意泄露消息，"否则误事不少，人皆视吾党为儿戏也"。④ 消息的泄露还另有途径，就是"从应募的士兵中传出，被报纸作连续报道"，⑤ 可见并非全是菊池的责任。此次上海行动的泄密事件，菊池似未受责备，彼此关系如前。4 月底，国内滇、黔、桂、粤四省联合通电，要求袁世凯退位，中华革命党则在

---

① 谢持著：《谢持日记未刊稿》第 1 册，广西师范大学出版社 2007 年，第 396 页。

② 王刚、赵正超：《孙中山与"中日盟约"问题新证》，《史林》2018 年第 1 期，第 137 页。

③ 事件经过见小野信尔：《日本海军退役军人对第三次革命的参与——一场不了了之的起义》，载《辛亥革命与 20 世纪的中国——纪念辛亥革命九十周年国际学术讨论会论文集》（下），2001 年。

④ 《致上海革命党人电》，《孙中山全集》第 3 卷，中华书局 1984 年，第 270 页。

⑤ 小野信尔：《日本海军退役军人对第三次革命的参与——一场不了了之的起义》，《辛亥革命与 20 世纪的中国——纪念辛亥革命九十周年国际学术讨论会论文集》（下），第 2149 页。

江、浙、鲁等地准备发动起义，孙中山决定回国指挥。4月27日孙启程回国，菊池良一4月26日两次来访，应是送行话别。

菊池于1915年3月首次竞选日本众议院议员时，据说孙中山曾向他表示："我虽然在金钱上不能帮忙，但写字不论多少，我是情愿的。"为菊池挥毫题字多幅。① 孙中山于1914年前后，为菊池良一父亲菊池九郎题字"博爱"。又为菊池良一题字"义侠千秋"，② 此评价颇高，应该是与菊池对他的大力支持有关，但题字具体时间不详，目前也未见菊池本人关于他参与中国革命活动的回忆，难以更深入考察题字的意义。

二、1917—1925年菊池良一与孙中山的往来

孙中山发动反袁、护法各项活动，在在需款。他一直在寻求日本政府、财界的支持。犬冢信太郎、山田纯三郎在其中的作用已有较深入的研究，而菊池良一的身影也屡屡在其中出现。1917年、1922年菊池良一、山田纯三郎两次参与了与孙中山方面订立的《中日组合规约》。

1917年春夏间，孙中山正策划反对段祺瑞政府的护法运动，激烈批评段政府准备与德国断交、宣战的做法。由于段政府与日本订立秘密军事协定并进行西原借款，是年，日本首相寺内正毅等日本政要的态度都是援助段祺瑞，以此谋求日本在华地位的提高，对缺乏实力的南方政权，则持漠视态度。孙中山及西南各省频频致信、派人到日本活动，希望得到借款和军火援助。1917年6月11日，在山田纯三郎等人的奔走努力下，孙中山与日人签订《中日组合规约》，内称"本组合办理中国各省之矿业及主要物产"，资本定为上海规银二十万两，本部置于上海，支部置于东京。此约颇为秘密，规定"不得以关于组合之事项漏泄于组合以外之第三者，或与之为交涉商谈"，且不得将组合员权利让与他人。该约仅为意向书，具体出资额和人员数未定，约定制定细则、选定业务执行员来担任事业经营。签约者除孙中山外，中方是张人杰、朱执信、廖仲恺、杨丙（廖仲恺代署）、丁仁杰（朱执信代署）、戴季陶、余建光（戴季陶代署）、蒋介石、周日宣；日方则为犬冢信太郎、协乐嘉一郎、菊池良一、芳川宪治、山田纯三郎。③ 相比孙中山、陈其美与犬冢信太郎、山田纯三郎在1915年2月

① 陈固亭：《国父与日本友人》，台北幼狮书店1965年，第63页"国父与菊池良一"。
② 黄彦主编：《孙文全集》第18册《题词》，广东人民出版社2021年，第533页。
③ 《中日组合规约》，李吉奎等编：《孙中山全集续编》第2卷，中华书局2017年，第204—206页。

5 日签订的"中日盟约"十一条涉及政治、经济、军事方面①，此规约则仅限于经济方面。但孙中山很快于 7 月 6 日离沪南下领导护法运动，这个合作没有下文。犬冢信太郎、山田纯三郎与"满铁"、三井财团关系密切②，至于菊池良一，虽然前此他与孙中山密切往来，但出现在此次合作中的具体原因，则限于资料缺乏，有待进一步探究。也许是受犬冢信太郎及山田纯三郎的影响，但应该也有菊池良一自己的原因。

1917 年 11 月 7 日俄国爆发十月革命，欧洲战场和远东形势都发生变化，日俄同盟瓦解，日本政府对华政策有所改变。十月革命爆发后，盛传俄德媾和，德国将获得在西伯利亚的权益。③ 因为担心德国势力介入西伯利亚影响自己的利益，日本政府关注俄国、德国在西伯利亚的动向，策划出兵西伯利亚。④ 日本当局对中国南北政治势力的态度体现在 12 月 28 日菊池良一致孙中山电中，谓"俄国内乱，由俄之德俘煽成，恐有入中国煽动，扰东亚平和者，故日对华政策一变。昨阁议决定，与协约国商议，使南北妥协，中国早归平和，南方须多让步，勉求东亚大局一致。此诚认为必要。赶急派遣西南各省之人赴日，代表南方各派在日有信用之张继、汪兆铭为宜。"⑤ 孙中山收到此一重要信息，赶忙转发给云南唐继尧及上海国民党本部，并表示将派张继、汪精卫赴日活动。张继于 1918 年 1 月 12 日出发，13 日抵达日本大阪，受到菊池良一等迎接并陪同到东京，先后会见日本朝野人士头山满、犬养毅、寺尾亨、原敬等人，在日活动至 7 月底。

1918 年 1 月 21 日，孙中山写了七封信函，托 1 月 28 日赴日的军政府驻日外交代表秘书殷汝耕带给其日本友人，请求他们大力援助。七封信分别给宫崎寅藏、犬冢信太郎、寺尾亨、头山满、今井嘉幸（等 3 人）、萱野长知、菊池良一。长期以来，其中两封收信人被误读：致犬冢信太郎函被认为致"犬冢木"

---

① 《致小池张造函（附盟约草案）》，李吉奎等编：《孙中山全集续编》第 2 卷，中华书局 2017 年，第 84－86 页。

② 李吉奎：《中华革命党时期的孙中山与日本财界》，未刊论文。

③ 《德国得俄之利益》，天津《大公报》1917 年 12 月 22 日第 1 张，"东西特约电报"。

④ 《西原龟三日记选译》，章伯锋主编：《北洋军阀》第 3 卷《皖系军阀与日本》，武汉出版 1990 年，第 880－881 页。

⑤ 《孙文拟派张继等赴日征求意见密电（1917 年 12 月 29 日）》，中国第二历史档案馆、云南省历史档案馆编：《护法运动》，档案出版社 1993 年，第 452 页。即《孙中山全集》第 4 卷（中华书局 1985 年）第 246 页收录的《致唐继尧电》，《全集》标注时间为 1917 年 11 月 29 日，应误。

函，致菊池良一函被认为致"菊池宽"函。菊池宽为日本近代著名文人，因为此1918年1月21日函，菊池宽成为孙中山的"日本关系人"。① 此封由大元帅府秘书处叙稿、签发的函件题名为《致日本菊池函请偕日支国民协会维持勿使援段政策复萌》② （见附录1），之所以被误作致菊池宽函，可能是首次编录时因原函未具名，而菊池宽则在中国文化界中知名度较高，收录者将题名中"函"误认为"宽"所致。实际上，这是孙中山写给菊池良一的函。信的内容简短，迻录于下：

菊池仁兄有道：

前由山田兄处转来尊电，拜悉一是。溥泉、精卫尚滞沪上。遣使之事，正在磋商，不久当见诸实事也。惟是未经派人之前，东京诸事，尚希偕日支国民协会诸公鼎力维持，万勿使援段政策复萌，则民国拜赐实多，文谨当代表国民致谢也。不尽之言，托殷汝耕君面达。专布，即请
大安，并颂春祺

孙文启

七年一月二十一日

函中的"山田兄"应是山田纯三郎，转来之电应即是上揭12月28日菊池良一致孙中山电。孙中山请菊池"偕日支国民协会诸公鼎力维持，万勿使援段政策复萌"。2022年3月，赵立彬教授以一封新见日人信函③见示（见附录2），

---

① 1973年台北出版的《国父全集》收录该函名称为《复菊池宽请偕日支国民协会勿使援段政策复萌函》，陈鹏仁先生1973年出版的《孙中山先生与日本友人》收录该函标题则为《复菊池宽清偕日支国民协会维持勿使援段政策复萌函》（"清"应是"请"之讹），直到最近2021年出版的《孙文全集》，海内外各种版本的孙中山全集，均将此函作致菊池宽函收录。从1994年出版的《孙中山辞典》直到2017年出版的《孙文与日本关系人名录》均收录"菊池宽"词条。菊池宽（1888—1948），是日本的戏剧家和小说家，1916年毕业于日本京都大学英文科。1921年鲁迅在《新青年》翻译介绍他的小说《三浦右卫门的最后》，菊池宽开始在中国知名。菊池宽与孙中山领导的中国革命毫无关系，陈鹏仁先生1993年时注意到了这个问题，虽然没有给出确实的证据，但根据实际情况认为"菊池宽应该是菊池良一"（陈鹏仁：《关于〈国父年谱〉与〈国父全集〉的几点建议》，《日本研究杂志》1993年11月号，第52—53页），只是一直没有被人注意。

② 台北政治大学藏中国国民党党史档案，一般档案049/248.2。承袁正邦博士提供原件影印件，谨此致谢。

③ 吴桂昌先生收藏《菊池良一致孙中山、胡汉民、廖仲恺、许崇智函》。

收信人为"孙文、胡汉民、廖仲恺、许崇智先生"，写信人为"良一"，所署日期"大正七年二月廿日"即是 1918 年 2 月 20 日。从信的内容可以断定，写信人为菊池良一，与孙中山 1918 年 1 月 21 日去函，正是前后来去信。

1918 年 2 月 20 日，菊池良一致函孙中山、胡汉民、廖仲恺、许崇智 4 人。信件开头提到张继在日本活动的信息，并称"日本政府的方针自十二月中旬起已有改变，至一月份全取旁观主义"。1917 年底，在孙中山、唐继尧、陆荣廷等西南各方势力努力及俄国十月革命爆发等国际形势变化的影响下，日本寺内内阁的"援北压南"政策有所改变，力图通过使南北妥协，来达到其控制中国的目的。钮永建认为，日本"尤虑俄德约成，德可利用西比利亚铁道东侵，故深愿牺牲旧见，与吾国最有力人物结合，冀挈东亚全力抵御德祸。现以段不足恃，故转而有望于义师"，乃别有目的，再次呼吁建立西南统一机关。[①] 虽然日本政府仍持援段政策，但这个转变，对南方军政府来说是一个机会：日本当局默认、不再禁止向南方运送其急需的军械。因此菊池良一在信中明确地向孙中山等 4 人承诺："贵方若有需要之军需品，请告知品名、数量等，我会尽力而为。具体地说，可以承担诸如炮弹什么的，如几吋山炮、座炮等，哪种式样的步枪子弹。"[②] 不得不说，这里既有菊池良一热心支持孙中山事业的原因，也跟菊池本人的经济活动有关。因为信函里还谈到了"广海"舰的租用。菊池为他的商业朋友与孙中山洽谈租用广东海军舰艇"广海"舰。值得一提的是，"广海"舰曾参与 1909 年清政府收回东沙岛的行动：是年 11 月 19 日，新任两广总督袁树勋派知府蔡康乘"广海"兵舰前往东沙岛，从日本手中收回东沙岛主权。连年战乱，广东政府财政困难，百般设法筹款，甚至考虑变卖军舰。1917 年传出广东督军陈炳焜试图变卖"广海"舰的消息，直到 1918 年莫荣新还计划将其拍卖，可"约得六七十万"。[③] 从菊池的信函来看，孙中山方面也在进行相关的洽谈。最终在各界的反对下，变卖"广海"之事不了了之。

从菊池良一此封来函可以看出，一方面，他与张继"一起极力去说服日本政府当局有识之士"，改变援北压南的政策。另一方面，他积极为孙中山等人"提供资金和武器而努力奔走"，他有相应的渠道，"友人"军火制造商，是

---

① 《钮永建统筹兼顾之要电》，上海《民国日报》1918 年 2 月 27 日第 2 张第 6 版。
② 吴桂昌先生收藏《菊池良一致孙中山、胡汉民、廖仲恺、许崇智函》，孙宏云、张文苑译，佟君校。
③ 《广东维持纸币之海珠会议》，《申报》1918 年 5 月 26 日第 2 张第 6 版"要闻二"。

"民间有名的制造公司"，在为俄国制造数十万发枪炮子弹。菊池承诺尽力而为供应炮弹、步枪子弹。这批枪炮子弹，目前史料并未看到实际供应。因为孙中山第二次开府广州，很快就失败了，以离开广州告终。几乎在同时，1918 年 4 月，孙中山派何天炯赴日，与三井财团的芳川宽治及山田纯三郎、塚原嘉一郎、菊池良一等人签署了《兴宁制铁公司规约》《兴宁组合规约》，共同开发兴宁的铁矿资源。何天炯与此相关的活动持续了两年，但因政治与经济的种种困难，似乎并未开始生产即名存实亡。①

1918 年，广东局势变化莫测，统治广东的桂系督军莫荣新对孙中山的军政府处处为难，孙的政令不出帅府，驻扎潮梅地区欲进军福建的援闽粤军亦迟迟不能发动。更为严重的是，唐继尧、陆荣廷等酝酿改组军政府，由大元帅制改为总裁制，建立"西南统一机关"。在 2 月 26 日海军总长程璧光被刺杀后，护法政府已难以为继。日本方面为减少南北和谈障碍，1918 年 3 月 10 日由犬养毅、头山满出面邀孙中山访日。孙中山以"正式国会已定于六月开会，在此两月中，文万难去国远行"，复电婉拒赴日，由菊池良一转达犬养毅及头山满。②

1918 年 5 月 4 日国会非常会议通过改组军政府案，孙中山辞大元帅职，随即离开广州，6 月间经日本返上海，10 日抵达日本下关，宫崎滔天和《大阪每日新闻》中国部部长泽村幸夫等人迎接。11 日到达神户，菊池良一、今井嘉幸和中国国民党神户支部长杨寿彭等人在神户迎候。孙中山希望能赴东京一行，怏怏返国。

在支持孙中山革命的同时，菊池良一作为国会议员，在日本众议院中的活动同样涉及对华事务。1915 年 8 月，菊池良一到中国各地游历，由台湾搭轮抵厦门，住在日本驻厦领事署，拟往福建、上海、济南等处游历，观察人情风土及各胜迹，然后由中国东北、朝鲜，顺道回国。③ 1916 年，菊池良一当选为众议院台湾律令案委员会理事，④ 以"极希望中国之改革而力倡中日亲善者"的形象与头山满、寺尾亨等成为议员中的活跃分子。⑤ 12 月 28 日，又当选为宪

---

① 详情见霍耀林《孙中山、何天炯与对日招商：以兴宁制铁、兴宁组合为中心》，载廖大伟主编：《近代中国》第 34 辑《历史面向与演进》，上海社会科学院出版社 2021 年，第 3—22 页。

② 《复头山满犬养毅函》，《孙中山全集》第 4 卷，中华书局 1985 年，第 421 页。

③ 《议员来厦》，《台湾日日新报》1915 年 8 月 2 日第 4 版"鹭江纪事"。

④ 《帝国议会·律令案役员》，《台湾日日新报》1916 年 2 月 11 日第 5 版"电报"。

⑤ 《三政党首领之会合》，上海《民国日报》1916 年 6 月 10 日第 2 张第 6 版"接要闻"。

政会院内干事。① 1918 年 3 月 20 日，高桥本吉等 5 名议员提出《有关中国人教育的建议案》；23 日，有议员提出另一议案《关于日中文化设施之建议案》，希望日本政府改变对留日中国学生的待遇及帮助增强中国的教育设施。3 月 26 日，由头本元贞、高桥本吉、菊池良一等 9 名议员组成委员会经过研议，向议会提交报告通过了该议案（两案并作一案）。② 1920 年菊池良一第三次竞选众议院议员，曾写信到上海，向孙中山阐述他对日本政治改革的意见，并以对中日友好合作、复兴亚洲为日本外交政策。孙中山复函，称菊池为“中国之友”。③ 可惜菊池来函未保存下来。

1920 年 11 月，孙中山再次开府广州，迫切希望开发利源，获得财政收入。1921 年 6 月 10 日，菊池良一从日本到台湾，拜会台湾总督田健治郎后赴粤；16 日，广东省长陈炯明的代表马育航到台湾拜会田健治郎。8 月 11 日，菊池良一与山田纯三郎一起拜访田健治郎，“述广东政府特使马育航之企图，关海南岛开发之计划，切望我总督府之援助及实地调查之决行”，为孙中山、陈炯明开发海南岛的计划寻求帮助。④ 经过谈判，广东政府代表何天炯和山田纯三郎、菊池良一及几位日本商人，签署了《中日组合规约》，组成中日合办开发广东实业公司，来“办理广东全省之实业”。⑤ 据说，1922 年“六一六”陈炯明部兵变后，在孙中山办公室发现几份涉外文件，其中一份密约，“这密约实际上把海南岛及所有沿广东海岸之岛屿的开发权，及从厦门以至海南岛的渔权，全部让给一日本公司专利包办。孙氏所得的酬偿是足够装备两师军队的军器和弹药与五百万日元”，⑥ 很有可能就是上述相关合作文件。此活动由山田纯三郎大力推动，但是在与台湾总督田健治郎方面的接触，应该有菊池良一众议院议员身份的便利。由于广东政局变幻，1922 年 6 月陈炯明部兵变，孙中山第二次广州政权也随之结束。第二次《中日组合规约》的内容，应是如第一次一样，难

---

① 《宪政会院内干事》，《台湾日日新报》1916 年 12 月 28 日第 5 版“电报”。

② ［日］实藤惠秀著，谭汝谦、林启彦译：《中国人留学日本史》，生活·读书·新知三联书店 1983 年，第 95—97 页。

③ 陈固亭：《国父与日本友人》，台北幼狮书店 1965 年，第 63 页“国父与菊池良一”。

④ 吴文星等主编：《台湾总督田健治郎日记》（中），台北“中研院”台湾史研究所筹备处 2001 年，第 209、218、278 页。

⑤ 李长莉：《从何天炯致宫崎滔天信函看孙中山第二次广东政府时期对日关系》，《近代史研究》2020 年第 1 期，第 78—80 页。

⑥ 段云章、沈晓敏编著：《孙文与陈炯明史事编年》（增订本），广东人民出版社 2012 年，第 577 页。

以落实。

1924 年 10 月冯玉祥北京政变后，孙中山应邀于 11 月 13 日从广州北上，共商国是。1924 年 11 月 22 日，孙中山由上海出发，取道日本赴京。24 日抵达神户，受到大批中日人士的欢迎，菊池良一也在其中。孙中山和随同人员住在东方旅店，直到 11 月 30 日离开神户。山田纯三郎、菊池良一则住在他隔壁房间，和泽村幸夫等人"一直是他（孙）的邻居"。①

1925 年 2 月 18 日，孙中山病情严重，自协和医院移居铁狮子胡同行辕（顾维钧宅）。山田纯一郎、萱野长知、菊池良一、井上谦吉于该日前来探视。②当 3 月 12 日孙中山逝世时，除夫人宋庆龄等家人及亲密同志外，上述菊池良一等人也陪伴在病床旁。宫崎民藏、山田纯三郎、井上谦吉、萱野长知、菊池良一等人参加了孙中山的移灵大典，为之执绋。③ 1929 年 6 月 1 日孙中山奉安南京紫金山。送葬人群中，有孙中山的 80 多名日本朋友。其中梅屋庄吉、山田纯三郎、菊池良一还专程前往北平，与宋庆龄等一道，护灵南下。菊池良一可谓是孙中山少数有始有终的日本友人之一。

孙中山曾于 1916 年为山田纯三郎题字"辅车相依""至诚如神"，与他为菊池的题字"义侠千秋"一样，评价颇高。1931 年邵元冲再见到菊池时，称其是"日本众议员，对吾党孙公素表赞助者也"。④

三、孙中山逝世后菊池良一与中国的关系

在孙中山去世后，他的日本友人各自的出路境遇也颇值得研究。1925 年 7 月，何天炯（字晓柳）去世，萱野长知在与戴季陶的谈话中讲到："旧日的同志，朋友，一个一个都作故人了。今年在北京一同送中山先生的终，守着他在和平的悲哀中沉寂了去。隔不到半年，在广州又逢着晓柳的死，竟连送终的缘法都没有。我们这些死剩下的人，这一种寂寞的悲哀，真难忍受呵！你想，当日在东京一同谈天下大事，喝酒，作诗的人，现在还有几个？在日本呢，这几十年总算是比较平稳的时代，安定的国家，人死得没有中国这么快，但是旧友

① 陈鹏仁译著：《孙中山先生与日本友人》，台北大林书店 1973 年，第 129 页。
② 谢持：《谢持日记未刊稿》第 4 册，桂林：广西师范大学出版社 2007 年，第 383 页。
③ 《孙先生移灵大典纪》，上海《民国日报》1925 年 3 月 23 日第 1 张第 3 版"国内要闻"。
④ 王仰清、许映湖整理：《邵元冲日记》（中），上海人民出版社 2018 年，第 621 页。

也就凋零不少了。滔天圆了他的落花梦了。犬冢被癌推倒了，头山犬养两翁，年过古稀，渐呈暮景，寺尾老博士因酒精中毒，已瘫痪经年，你再过几年不到东京，恐怕去的时候，处处都只留着感伤的故迹罢哩！"①

自 1915 年起，山田纯三郎寓居上海，任上海《民国日报》社长。孙中山逝世后，他继续侨居上海，长期从事办报及教育事业。菊池良一则继续在日本政坛经营，作为议员参与中日关系。

菊池早年在众议院属于宪政会，1916 年 3 月 19 日曾陪孙中山访问宪政会总裁、卸任外相加藤高明。1916 年 12 月 28 日当选为宪政会在众议院的干事。②但正如前述，可能是同样关注于中国革命、孙中山的原因，菊池良一与日本国民党的犬养毅来往密切。而宪政会，如报纸所说，"宪政会之首领加藤高明顽迷强固，满腹尽是十八世纪之英国面包，凡抱自由思想之党员均不喜之"。1922 年 3 月，菊池良一与其他 6 名宪政会议员脱党，离开宪政会，与犬养毅率领的国民党联合成立革新俱乐部，其中"抱自由思想者颇多，其尤著者，则有尾崎行雄、岛田三郎、大竹贯一等，果能结束巩固，则将来日本之政治界，又发见一可注目之新势力"。③ 至 1923 年，菊池良一已是位居"日本朝野名流"之列。④。

主张友华的犬养毅曾一度引退，他所率领的革新俱乐部在政坛也每况愈下，在议会中的议席逢选举就减少。或受此影响，菊池良一在 1924 年日本众议院选举中落选。1927 年 6 月 1 日，日本宪政会和政友本党合并组成了立宪民政党，在众议院中占了 232 个议席，成为第一大党。菊池良一成为立宪民政党党员，参加 1930 年 2 月第 17 届大选并当选，此后连任至第 20 届（1937－1942）。1931 年 8 月 21 日，菊池良一以民政党议员身份到南京拜见蒋介石，长谈中日间事，交换意见。⑤菊池良一支持中国收回领事裁判权，但也不忘扩大日本在华影响，希望中国中止排日、任用日本教官。蒋对菊池说：中日宜共同为弱小民族奋斗，希望亚洲各民族为黄种大联合。菊池则表示，彼愿终身为三

① 戴季陶：《高洁的人格——怀何晓柳先生》，兴宁县政协文史委员会：《兴宁文史》第 10 辑《何天炯先生纪念专辑》，1988 年，第 87－88 页。
② 《宪政会院内干事》，《台湾日日新报》1916 年 12 月 28 日第 5 版"电报"。
③ 《议会开会后之日本政局·政党之变迁·宪政会、国民党》，上海《民国日报》1922 年 4 月 8 日第 2 张第 6－7 版。
④ 《孙大元帅慰问日本朝野名流》，《广州民国日报》1923 年 9 月 25 日第 3 版。
⑤ 《对日发第三抗议》，天津《大公报》1931 年 8 月 23 日第 1 张第 3 版。

民主义及中国收回法权尽力。①

1931年"九一八"事变爆发，日本内阁陷入激烈争执而被迫总辞职，日本元老西园寺公望看到犬养毅有意通过与中国谈判解决"九一八"事变问题，便推荐他处理其事。1931年12月，犬养毅出任日本第29任首相。然而，1932年5月15日，犬养毅被日本海军右翼军人刺杀身亡。虽然长期以来菊池良一可以说是追随犬养毅，赞同孙中山中日友好、复兴亚洲的理念，但这个事件显然没有影响菊池在政坛上的追求。1932年8月，菊池良一加入了右倾的国民同盟，当选为国民同盟准备委员会临时外交委员长②，国民同盟的成立就是为了要求日政府"即时承认满洲国"。12月，国民同盟成立并发表宣言及政纲，安达谦藏当选总裁。国民同盟声势浩大，宣言"以扩充日本建国之精神，外之检讨国际正义，奠无屈辱之恒久平和之规准；内之确立统治经财、树无榨取之正义社会为目的者也"，主张"创设国务院，废除内阁制""依强力政府推行强力之政治经纶"。菊池良一当选为总务。③ 1933年8月，报端报道菊池良一将作为国民同盟代表，与日本朝野人物来上海与蒋介石谈判，"日本如何援助中国对华北之经济、政治上及一部份军事上的问题，至南京政府政权之统一巩固问题"。④

1933年11月6日，日本关东军参谋部派参谋副长冈村宁次等人到北平，7日与国民政府及华北当局举行所谓的"北平会谈"，讨论"华北停战善后问题"。日方代表为冈村宁次、喜多诚一、菊池良一、根本博、柴山兼四郎、中山祥一、花轮义敬；中方为黄郛、何应钦、殷同、殷汝耕、陶尚铭。⑤ 1940年7月22日，日本第二次近卫内阁成立。1941年9月2日成立的"翼赞议员同盟"，参加者326人，"翼赞议员同盟"完全控制了议会的活动，为日本军国主义统治服务。同年10月，东条英机上台后，议会完全成为协助政府推行法西斯战争政策的工具。⑥ 菊池良一是翼赞议员同盟成员，他自1930年2月第17届大选再次当选众议员后，连任至第20届（1937－1942）。菊池良一此

① 《日议员菊池良一日前与蒋长谈》，《申报》1931年8月24日第4版。
② 《日国研会准备立党协议会》，天津《大公报》1932年8月9日第1张第4版。
③ 《日本又一新政党国民同盟会成立》，《民国日报》绥远版1932年12月25日第2版。
④ 《中央对日妥协渐暴露》，《广州民国日报》1933年8月24日第1张第3版。
⑤ 张学继著：《黄郛传》，团结出版社出版2005年，第192页。
⑥ 王振锁：《战前日本政党的兴亡》，南开大学日本研究院编：《日本研究论集》总第8集，天津人民出版社2003年，第39页。

时期的具体活动和主张目前尚未有资料可供研究，但他长期担任议员，可以认为他在这一阶段同意并参与了日本军国主义政策。将他后期参与日本侵华政策，与他前期对孙中山革命活动的支持，结合起来研究的话，应当可以更深入研究当时日本人，尤其是孙中山及其国民党的日本支持者们对华的行动和思想。

结　语

从 1912 年（也许更早）结识孙中山到 1925 年孙逝世，可以说菊池良一是孙中山亲密的日本友人之一。孙中山在《孙文学说·有志竟成》中提到支持他革命事业的二十几名日本人中，"为革命奔走始终不懈者"便有菊池良一。[①] 宋庆龄自 1914 年 7 月开始担任孙中山的秘书，她多年后的回忆中称"菊池良一也是先生一位忠诚的朋友，他是教会里有影响的议员"，此语亦可证明菊池良一与孙中山的密切关系。[②]

然而，不像宫崎滔天、萱野长知等人有关于中国革命的大量文字记录和回忆，山田纯三郎在后来也有相关回忆面世，菊池良一却缺乏相关材料，不但未见其本人表述文字，相关往来函件也非常少见。陈固亭先生在写《国父与日本友人》一书时，列入的日本人有 29 位，菊池良一是其中之一。陈先生以信函咨询菊池良一女儿节子，所得信息只有短短二三百字。菊池良一不仅与孙中山关系密切，且长期担任日本众议员，参与中日关系。由于资料缺乏，研究者也无法深入研究。他有"商人、律师、政治家"多种身份，作为商人，他与山田纯三郎于 1917、1918、1920 年 3 次与孙中山方面订立规约、建立合作公司，参与孙陈开发海南岛计划，1918 年计划租借"广海"舰，推动日本企业向孙中山等人提供武器等，可见一斑。相关活动最近亦引起研究者的注意。[③] 作为日本议员，菊池良一支持孙中山，也主张对华友好，他 1918 年函中批评"日本盲

---

① 《建国方略》，《孙中山全集》第 6 卷，中华书局 1985 年，第 233 页。

② 宋庆龄：《我家和孙中山先生的关系》，《党的文献》1994 年第 5 期，第 74 页。

③ 爱知大学武井义和研究员论文『「広東商品取引所」設置をめぐる日本人同士の競争について』（《关于日本人之间围绕设立"广东商品交易所"的竞争》）（『同文書院記念報』2017年 3 月 21 日，第 25 期）注意到山田纯三郎和菊池良一与中国的经济活动。

目，不能真正地认识东亚的将来及世界大势"，① 对所谓的"东亚的将来及世界大势"的认识，也许就是他支持孙中山革命的思想基础。但他的政治理念、包括对华目的为何，总的来说，面目不清。尤其是"九一八"事变后日本军国主义者疯狂发动侵华战争，菊池良一继承家族的政治势力②，并没有脱离政坛，而是始终参与其中。他的活动有无某方背景，是否助纣为虐，还是随波逐流虚应其事，目前尚无法断定。

附录：

1. 台北政治大学藏中国国民党党史档案"致日本菊池函请偕日支国民协会勿使援段政策复萌"，一般档案 049/248.2

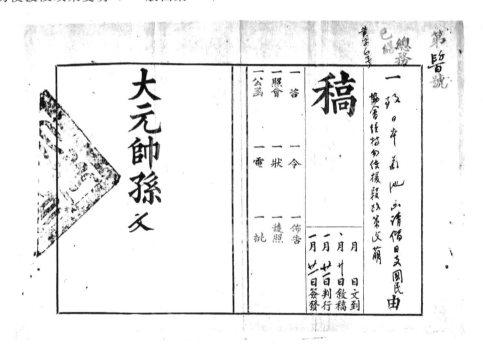

---

① 吴桂昌先生收藏《菊池良一致孙中山、胡汉民、廖仲恺、许崇智函》，孙宏云、张文苑译，佟君校。

② 1919 年 10 月 15 日，山田纯三郎、菊池良一在弘前市举行了山田良政碑（孙中山撰写碑文）建碑仪式，宫崎滔天主持，中国方面的代表是陈中孚，当地为他们举行了 150 多人参加的欢宴，建碑仪式"来宾以弘前市长为首，坐得满堂"。一行人还受到青森县知事的欢迎。（宫崎滔天著、陈鹏仁译：《故山田良政君建碑式——一九一九年十月二十四日于仙台》，《东方杂志》复刊第 14 卷第 11 期，1981 年 5 月）山田、菊池家族在当地的势力可见一斑。

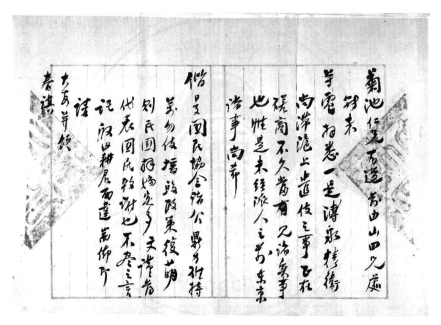

2. 吴桂昌先生收藏"菊池良一致孙中山、胡汉民、廖仲恺、许崇智函"（首页）

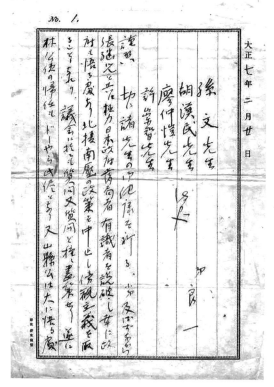

（作者单位：中山大学孙中山研究中心）

关系网络与政治实践

——孙中山"革命同乡集团"的构建

漆德红

近代华南边陲的香山县是珠江三角洲的著名侨乡，北距广州不过数十公里，水陆路皆可通，是一个水陆交错的地理空间。在这个空间格局下，尤其明代中叶澳门开埠以后，欧洲商人纷纷来到广州贸易，而澳门也逐渐成为来华贸易的重要中转港口。16 世纪以来，香山本地人自觉不自觉地卷入到以省城广州以及港澳为辐射中心的国际贸易当中，许多泛海浮家的"水上人"除了以出海捕鱼、经营沙田为基本生计手段外，还在海上接济夷人，进行走私贸易，也有专门充当"引水人"的濒海之民，在与外国人打交道的过程中，成为海上世界的重要组成部分。

珠江流域自古以来就是观念、族群、商品的流动之地，经过数世纪的交流与交往，中华帝国晚期的香山县在经济与文化资源、政治与社会变迁，以及战略交往与族群认同等方面，与亚洲乃至世界取得了突破性的联系，作为海洋文明的一部分，在历史与现代的发展中扮演了重要角色，将珠江流域推向了更远的世界。近代以来，广东香山地区群英荟萃，尤其是具有出洋背景和经受欧风美雨熏陶的留学生群体、商人群体和政治人物群体对中国近代社会变迁产生了重要影响。

关于香山（中山）人的网络关系研究方面，黎志刚做了积极而富有建设性的探索。他应用国际学术界的流行术语"网路"，探讨了在中国近代工商史上扮演重要角色的中山商人：他们的兴起及其网路的形成，尤其是在海外的商业活动和回国投资的概况。他认为，"网路"是建立在"关系"上，不但是人际关系，而且也有非人际关系的成分在内。这些关系的形成和发展，犹如商业资本一样，有利于商业的扩展，并引伸出网路即资本的概念①，颇具理论思辨色彩。

一、近代香山社会生态

濒海之地的香山县，地处珠江三角洲的南部，其疆域"东和宝安相接，南临大海，西面与新会为邻，北则界顺德、番禺、东莞三县，东南一隅，则毗连葡国租借地的澳门"②，是水上世界的重要组成部分，香山的地理空间格局随着沙坦的不断淤积和沙田的不断围垦在逐渐发生变化。明清两代的香山，开始了大规模的围垦造田，尤其是自明代中叶以来，香山的东海十六沙、西海十八沙及金斗湾等地的沙田得以开发。沙田开发是一项艰苦而需要充足劳动力、资本并拥有权力来组织及维持社会秩序，也是一项较大风险的投资行为。由于沙田在海面上浮生，地理参照不明显，丈量较为困难，争夺沙田之事常有发生，黎角村民在讲述祖先开垦沙田时特别提到刘氏曾与隔河相望的长洲黄氏为争夺沙田边界时彼此角力。围垦沙田的绝大多数是当地势力雄厚的乡绅或者宗族，屈大均曾谓："边海人以沙田为富，故买沙田者争取沙裙，以沙裙易生浮沙，有以百亩而生至数百亩者"③，清代陈在谦亦云："今之有沙田者，皆富豪有力之家也"④。

伴随着沙田的开发以及海外贸易的发展，在香山濒海之地逐渐形成了村落，在乡村中逐渐出现士绅与宗族组织。香山"沿海沿江之区，每每淤积涨生，成为沙田，其淤积程度,濂年俱增"，"沙田之构成，需要长久淤积，初本白水茫茫，历久积土渐厚，由坦而田，加以人工圈筑利用，始能用诸生产"。⑤香山的一些村落涌现出强宗大族，他们拥有绵延的沙田，控制着当地的市场和庙宇，建立祠堂并举办各种活动，通过经济和社会的活动以表达身份的认同和强调国家的正统性。那些明清以来的强宗大族，其后人无比自豪地述说着祖先

① 黎志刚：《近代广东香山商人的商业网路初探》，汤熙勇主编：《中国海洋发展史论文集》第 7 辑，台北"中研院"中山人文社会科学研究所 1999 年，第 234－235 页。

② 李日标：《中山县的农业和农村经济》，《农声》1937 年第 207－208 期。

③ （清）屈大均：《广东新语》卷 2《沙田》。

④ （清）陈在谦：《与曾勉士论沙田书》，《国朝岭南文钞》卷 32。

⑤ 《沙田志初稿》，《中山文献》1948 年第 2 期。

屯田、围田的过程，特别强调当时战乱以及祖先从中原地区南迁的历史，他们津津乐道的是开村的祖先们的"威水"史：对于土地的开发与利用。① 要理解这一现象就必须了解他们以土地为根基的特征：通过定居与占有来获得土地，无限制地开垦和发掘沙田，建造房屋，不约而同地划定一块区域来埋葬宗族内的死者（或者是将祖先迁葬在此），修建祠堂，重建祭祀、继嗣群体，并以建宗祠、撰谱牒以及祭祖仪式，稳定地传承着关于地域、祖先、宗族的历史记忆。

从明代到 20 世纪初期，珠江三角洲是一个不断重新整合的社会生态系统。随着沙田的围垦与成群的聚落的涌现，香山县生态环境的变迁和国家秩序的建立，水上人和陆上人之间发生着流动与变化。当人们藉着在市镇附近进行的稻米贸易和相关的经济作物的贸易积聚财富的同时，沿河搭建的茅寮和围馆发展成为人口稠密的村落。甚至有些人放弃了渔业，全力从事农产品的运载。比较富有的疍户拥有了自己的船，也开始贩运货物，有些则在新兴的市场上成为商人。这个过程在以香山县为中心的沙田开发和稻米贸易的基础上蓬勃发展，亦同省城广州及附近珠江三角洲急速的商业化与大小不同的墟市、市镇的兴起相辅相成。② 在不断变迁的沙田生态系统中，职业、活动的空间以及社会地位的游移不定，为这些水上居民制造了前所未有的机会。由于市场与运输网络的发展、壮大和成熟，将那些水上居民逐渐融入到越来越有机的农业生产、贸易和工业的体系中。因海陆环境变迁与经济开发，省港澳作为商贸、货物和市集的中转地，成为连接世界的重要港口。香山县濒海之民的生计模式，从日常的深海捕鱼、远洋贸易，间或走私、抢劫，以及充当引水人或洋行买办，直接或间接参与海外贸易，实现职业的转换和身份的上升。正如穆黛安所说，广东的水上世界犹如陆地一样，也有着独特的一系列生态系统，支撑、养活着这些依山傍水的高度专业化的海洋社群，为了获取生态系统里的资源，水上居民就像农民依靠土地一般地"耕作"海洋，而商人则以其适应各型水域的船舶穿梭于水面。③

从族谱、碑记及田野调查中所获取的资料显示，清代珠江三角洲民田区内家族的繁衍与变迁，族人往往通过建宗祠、认宗亲、编家谱等方式确立大族的

---

① 根据 2017 年 7 月笔者与同事在中山市沙溪、大涌进行田野调查时的访谈记录。

② 萧凤霞、刘志伟《宗族、市场、盗寇与疍民——明以后珠江三角洲的族群与社会》（《中国社会经济史研究》2004 年第 3 期）一文讨论了明清以来珠江三角洲的族群与社会流动，他们的结论与香山县的社会形态也吻合。

③ ［美］穆黛安：《广东的水上世界：它的生态和经济》，《中国海洋发展史论文集》第 7 辑，台北"中研院"人文社会科学研究中心 1999 年。

地位，致富后通过捐官的手段获得官方的认可。中华帝国晚期的社会流动，人们熟知的改变社会地位和身份的主要渠道是通过科举考试谋得官职。① 广东沿海地区普通底层民众无力向子弟提供教育和参加科举的机会，凭借澳门的有利条件，产生了与传统社会迥然不同的新的社会流动的可能，而这种可能包含了传统中国社会里活动范围狭小的从劳工、经商者、留学者到女性等各个社会阶层，主要依靠体制外的因素达到社会地位的上升②。珠江流域的香山县，因为河汊纵横，水上居民与盗寇的流动，又因毗邻港澳的地理位置，使得市场活跃、域内商业化较为发达，这些都为人口的流动和非农业化的商业发展提供了动力，而社会的不稳定性，则为不同族群的身份改变提供了历史机遇。因此，香山县买办群体的诞生和大批移民的出现，都是当地人寻求提升社会地位的方法以及提高生活水平的策略。

早年香山买办群体的形成，与省港澳的因素有着重要连系。"许多买办是香山人，香山是珠江口的一个半岛，邻近广州和香港，在早期国际贸易的中心澳门的南端。这种特殊的地理环境使香山人擅长于沿海贸易和对外贸易"。③《香山徐氏宗谱》《徐愚斋自叙年谱》等记载的有关徐氏族人得以进入买办行业，与地近省港澳有着莫大渊源。作为买办世家，徐氏家族在上海的发展壮大，是与此家族内部的传承关系紧密联系在一起的。徐氏族人从事买办商业活动的过程中，往往通过家族或乡族来进行，而这种商业活动的长期延续，也往往有赖于家族内部的血缘关系而得以传承。家族内部的相互提携和相互帮助，对于事业的成功起到了重要的作用。④ 受此家族内部连带关系影响而来上海经商后成为买办商人的徐氏子弟，如徐芸轩、徐渭南、徐廷爵等人，从他们的经历可看到因地缘、血缘而形成的商业网络。

1872 年，上海同乡人于广州、肇庆两府中合建了广肇公所，成为广肇商人

---

① 萧凤霞、刘志伟：《宗族、市场、盗寇与疍民——明以后珠江三角洲的族群与社会》，《中国社会经济史研究》2004 年第 3 期。

② 相关研究参见赵立彬：《社会流动与澳门对近代中国思想观念的辐射作用》，《学术研究》2010 年第 4 期。

③ ［美］顾德曼：《家乡·城市和国家——上海的地缘网络与认同：1853－1937》，上海古籍出版社 2004 年，第 41 页。

④ 对于泉州晋江等福建地区的商业活动，也具有相似性，参见陈支平《清代泉州黄氏郊商与乡族特征》（《清史研究》2008 年 2 月第 1 期）、《清代泉州晋江沿海商人的乡族特征》（《中国经济史研究》2004 年第 2 期）等文。

高度发达的全国性网络的一个重要契机。① 广肇公所设立的目的是联络乡谊，抵御外界的侵犯和欺凌，其创建者以买办商人为主，其运作资金通过同乡会募集款项而来，但绝大多数的资金皆来自买办商人的商业捐助。公所的倡设人徐荣村、徐润、唐景星、唐茂枝等人是上海著名的香山买办商人，财力雄厚，理所当然成为该机构的主要捐助者，并得到官方授予管理同乡商人的权力，成为广肇公所的实际管理者（即所谓董事）。② 广肇公所在抚恤、赈济、祭祀神灵、举办聚岁演戏及各种庆典活动等方面都较好地发挥了它的功能，特别在维护同乡或同行商人的利益上不遗余力。广肇会所作为广、肇两府广东人正式的和非正式的聚集之地，其会员具有同乡的标识，这种以地缘为界限的组织通过各种活动把旅沪之人团结起来，而它的发展是依靠买办商人在城市中的财力资源和影响网络，这种资源促进了将旅居者中贫困者和精英人物联结起来的资助机制的发展。因广肇公所的关系，广东香山人的地缘网络得以建立，它为同乡带来立竿见影的福利和无与伦比的福祉，香山买办、士绅与官员由此获取更多样的社会资源和更尊崇的社会地位，他们利用同乡网络关系得到了更大的活动空间，尤其带动了上海、省港澳乃至世界商业贸易的发达，使得香山人建构的"商贸"世界网络得以形成，也促使了近代香山人的崛起。

因地理环境关系而受中外通商与中西文化交流的影响，香山人自明清以来开始向海外拓展。香山人的经商传统与经验在海外经营中得以承继。香山移民的经济活动，据一位在澳洲返乡的刘姓青年说：

> 以从事商业的居多数，从事农业即种菜园的往时也有，现在则很少很少。商界之中，又以小商业居多。中等规模的，则因多数侨胞限于资力，为数无几。③

---

① ［美］顾德曼：《家乡、城市和国家——上海的地缘网络和认同（1853—1937）》，41 页。

② 中国古代社会一向是依靠名分的权力凭借中央集权与基层的自治相辅而行来实现其统治的，会馆主要成为流动人员中的一种有效的社会组织因而为政府所支持，这又成为大批官僚介入兴办会馆行列的主要原因，官僚的介入保证了会馆的封建性，而商人的投入则代表了明清社会的变迁趋向。会馆在中国传统社会的变迁中既保存了传统，又容纳了社会变迁，因而在保持社会的平稳转变中发挥着重要作用。参见王日根《明清民间社会的秩序》之《会馆与民间社会秩序》，第 214—215 页。

③ 李港泉：《旅居澳洲的邑侨：澳洲归国邑侨访问记》，《中山华侨》1947 年第 3 期。

1929 年《驻檀香山领事馆报告》称："华人早以通商为务，专从事于檀香木之贩卖"，① 后来"多业苏杭酒楼餐馆及中西杂货生意"。② 在海外生活的澳洲移民"纯以经济事业为中心，颇具现代规模"，在金融业、实业、矿业、商业等方面都有涉猎，尤其在百货业上傲视群雄，"故经济能力甚为雄厚"。③ 1948 年的一篇文章在述及当时的社会现象时说：

> 在中国争雄的几大公司，恐怕要首推"永安"了。而创设永安公司的人，谁都知道就是竹秀园的郭氏昆仲。因为他们在商界上取得了令人瞩目的成就，开了乡人出洋谋生的风气。为此，竹秀园的男人出外营商的特别多，这就造成竹秀园的居民女多男少的现象。在妇女群中，有好些是"金山客"的眷属，她们的儿子或丈夫，都远涉重洋在外国经商，每年汇回来的款子，倒是一笔数目相当可观的美钞或叻币。④

香山移民中许多佼佼者在侨居地商贸活动中十分活跃，有的华商财力雄厚，开始在世界各地寻找支持者，他们与买办商人的做法大致相同，在侨居地设立同乡会社、商业组织，在获得社会资源的同时，实现社会地位的提升。以檀香山为例，可知社团组织在侨居地的盛行：

> 檀山华侨社团有十，其中分六派，除中华会馆系全体华侨机关外（实际上操纵于一部分商人之手），有国民党总支部（系国民党机关），致公党及国安会馆（系洪门机关），中国工党（系工人机关），中华总商会（系商家机关），中国宪政党（系旧日保皇党机关），其余各社团有联邑系、有一邑系、有一都系、有联都系、有一姓系、有工商各行系，所有各社团，平时各办各事，派别虽多，幸无争斗。⑤

以"契约劳工"到侨居地，经过努力成为小商人、农场主，部分头脑灵

---

① 《檀香山之近状及华侨概况》，《外交部公报》1929 年第 2 卷第 7 期。
② 古石云：《檀香山华侨概况》，《华侨半月刊》1934 年第 45 期。
③ 丘斌存：《发扬华侨革命性》，《华侨战线》1938 年第 1 卷第 5—6 期
④ 《竹秀园的妇女》，《竹秀园月报》（复兴版）1948 年第 19 期。
⑤ 《檀香山之近状及华侨概况》，《外交部公报》1929 年第 2 卷第 7 期。

活、勇于拼搏的香山人最后成为侨居地的著名侨商、侨领，一般移民事业成功后，会将家族、宗族、邻里带到侨居地发展，香山籍的移民也循着这种模式在海外繁衍壮大①。不管是流寓上海的商人，还是侨居澳洲、美洲的移民，是一群具有开创性的群体，学界有"广东人的太平洋"（Cantonese Pacific）网络一说，香山人在这一太平洋区域里对商贸、运输、慈善和社区联系中发挥着重要作用。② 在香山人开创的企业或者以香山人为主的商业活动中，往往注重亲族的参与度，在人事安排上可见这样一个现象：香山人的企业中股东和中级以上的行政人员，绝大多数是来自香山地区或创办人的同村兄弟。这种人事网络非常普遍，中国式管理与血缘、地缘有着莫大的联系，考虑到对同宗同姓的血缘关系与左邻右里的地缘关系的信赖，在商业活动中呈现的互相扶掖、互相提携的个人情感，也是减低交易成本（transaction cost）的最好回报③。

二、孙中山的同乡观念

孙中山具有强烈的乡族观念，十分注重联络同乡，发展革命力量。他从开始领导革命时起，便在有意无意逐步构成一批以广东籍为主的亲信干部，他们长期追随孙中山并为其信赖。④ 1894 年 11 月孙中山在檀香山建立兴中会，参加第一次会议的 25 人中，大多数为香山人。以中国同盟会成立前的三个主要革命团体来说，孙中山领导的兴中会成员绝大多数是广东人，据冯自由《兴中会会员人名事迹考》一文所列，兴中会会员 286 人中，271 人是广东人，占95％。⑤ 孙中山在世时，他的基本干部有所谓"上三""下三"之说，其中，"上三"为胡汉民、汪精卫、廖仲恺；"下三"为朱执信、邓铿、古应芬，这 6

① 相关研究可见黎志刚：《从方志、档案看地方史和全球史：近代上海中山人的个案研究》，《2017 年地方志与地方史理论研讨会论文汇编》。

② 黎志刚：《从方志、档案看地方史和全球史：近代上海中山人的个案研究》，《2017 年地方志与地方史理论研讨会论文汇编》，第 8 页。

③ 黎志刚：《从方志、档案看地方史和全球史：近代上海中山人的个案研究》，《2017 年地方志与地方史理论研讨会论文汇编》，第 13、14 页。

④ 参见汪朝光、王奇生、金以林著：《天下得失：蒋介石的人生》，山西出版传媒集团 2012 年，第 112 页。

⑤ 冯自由：《革命逸史》第 4 集，中华书局 1981 年，第 23—64 页。

人都是广东人。① 甚至在职业军人方面，当孙中山把广东作为革命根据地时，也多倚重粤籍人士。②

1924 年孙中山在"三民主义"的演讲中，提出了联合中国为一个国家共同体的任务设想，勾勒了他称之为"大团体"的建设模式。当外国人嘲笑中国人在民族意识方面"只是一片散沙"，孙中山感到十分悲哀，强调中国社会提供了有用的忠诚，比如对家庭和故乡的忠诚，这种忠诚可以扩大为对国家的忠诚。"我们失了的民族主义要想恢复起来，便要有团体，要有很大的团体。我们要结成大团体，便先要有小基础，彼此联合起来才容易做成功。我们中国可以利用的小基础，就是宗族团体。此外还有家乡基础，中国人的家乡观念也是很深的。如果是同省同县同乡村的人，总是特别容易联络。依我看起来，若是拿这两种好观念做基础，很可以把全国的人都联络起来"。③ 因为对中国社会的长期观察和现实主义的考虑，孙中山基于大众观念的国家建设理念，从而形成了把地方社会的联合视为实现更大联合体的民族观念。

同乡群体观念或谓之为乡情、乡谊等，它是基于一种政治理念，这种理念将同乡纽带深化和理性化，赋予其广阔的超越地方的含义，有助于构成和强化更大的中国政治组织。孙中山曾说："中国有很坚固的家族和宗族团体，中国人对于家族和宗族的观念是很深的。譬如中国人在路上遇见了，交谈之后，请问贵姓大名，只要彼此知道是同宗，便非常之亲热，便认为同姓的伯叔兄弟。"④ 顾德曼认为，在大半个 19 世纪中，联合同乡认同与国民认同的理念依据的是以文化和领土认同为中心的准儒家观念（quasi-Confucian ideas）。⑤ 孙中山把家乡和更大的中国政治实体联系起来时，不再仅求助于儒家的价值观念，而融入了现代中国民族主义的话语，他所倡导的同乡观念、情感与组织在民国时期有了特殊含义。

口音或方言是地缘群体的首要标志，是区分同乡与异乡的标准，为界定党派中同乡认同提供了依据，这种个人自我界定和群体形成的潜在依据从复杂的

---

① 沈云龙、谢文孙访问记录：《傅秉常先生访问记录》，台北"中研院"近代史研究所 1993 年，第 23 页。

② 汪朝光、王奇生、金以林著：《天下得失：蒋介石的人生》，第 112－113 页。

③ 黄彦主编：《孙文全集》（第二册），广东人民出版社 2021 年，第 54 页。

④ 黄彦主编：《孙文全集》（第二册），第 54 页。

⑤ ［美］顾德曼著，宋钻友译，周育民校：《家乡、城市和国家——上海的地缘网络与认同，1853－1937》，上海古籍出版社 2004 年，第 7 页。

政党纷争环境中可以体会到。如 1926 年，在国民党第二次全国代表大会上，广东籍代表吴永生正式向会议提出："大会中许多广东同志都是不懂各省方言的，本席在代表团时屡经提出要翻译粤语，何香凝同志亦曾说过，但未见实行。现请主席团以后对于各项重要报告及决议，都要翻译粤语。"[①] 当天，会议主席邓泽如即请陈其瑗将北方省籍代表于树德、丁惟汾的报告译成粤语。"国民党的全国代表大会，不用国语做会议的正式语言倒也罢了，但党的全国大表大会竟通过今后重要提案都要译成粤语的决议，实在是罕见的现象，可见粤籍国民党员地方意识之强，也反映出粤籍党员在国民党内所处的特殊地位"。[②]

三、"革命同乡集团"的构建

政治上经历了阵痛和现代转型的民国，那些具有"现代精神"的精英领导们，并没有摒弃依靠原籍组织的观念和原则，当时人并不认为同乡纽带是使中国强大为现代民族的障碍，相反，他们重申同乡纽带的重要。这种同乡群体的精神构建，很大程度是依靠这些群体在海外或在城市中的财力资源和影响网络，这种资源的分配与网络力量影响了民国年间中国政治的走向与进程。孙中山构建的"革命同乡集团"虽然不是严格意义上的团体组织，但是从国家建设、广东乃至香山地方政治秩序的构建上来看，香山人起到的作用不言而喻。

孙中山在 1913 年广州香山公会创立之日发表演讲：

> 我香山的同乡，开通特早，因目睹满清政治的黑暗腐败，积弱不振，乃奔往外国图谋生活，吸收欧美文明国家的空气，和感受帝国主义的压迫，革命思潮，早已深入脑筋，所以本人鼓吹革命，香山的同乡，助力不少。香山虽然是广东省的一个县份，惟是香山的人物，特别被人注意，在满清的时候，因为我本人要鼓吹革命，决心倾覆满清，建立民国，我香山同乡参加者极之努力，所以满寇对于香山人的一举一动无不特别注意。自辛亥革命，推倒满清之后，我香山人不独为全国所知名，仰亦为世界所知

---

① 《中国国民党第二次全国代表大会会议记录（第六日第十一号）》（1926 年 1 月 11 日），中国第二历史档案馆编：《中国国民党第一、第二次全国代表大会会议史料》（上），江苏古籍出版社 1986 年，第 245 页。

② 汪朝光、王奇生、金以林著：《天下得失：蒋介石的人生》，第 114 页。

名，又谓广州同乡会，今日成立会所，不但是用以联络感情，图谋同乡福利，应本着大无畏的革命精神，团结一个革命同乡集团促进香山成立一个模范县，以为全国之倡。①

孙中山上述演讲词概括地讲可以理解为：第一，香山人往外国谋生，受欧美文明影响开化早而具有"革命思潮"。第二，香山人积极参与颠覆满清、创立民国的革命活动，具有"革命功勋"。第三，成立广州同乡会的目的，"不但是用以联络感情，图谋同乡福利，应本着大无畏的革命精神，团结一个革命同乡集团促进香山成立一个模范县，以为全国之倡"。因此，广州香山公会自创立之初即非单纯的、普通意义的公会组织，孙中山希望利用"革命同乡"建立充满浓烈政治意味的社团组织。

孙中山是一个善于交际的革命家，他的同乡圈子中不乏商界、政界、学界乃至基督教的知名人士，通过他的交往经历及革命轨迹，可以清晰地了解到民国得以创立与他构建的强大的革命网络有着重要关联。

孙中山在香港西医书院就读时，"数年之间，每于学课余暇，皆致力于革命之鼓吹，常往来于香港、澳门之间，大放厥辞，无所忌讳。时闻附和者，在香港只陈少白、尤少纨、杨鹤龄三人，而上海归客则陆皓东而已"。② "四大寇"常在杨耀记聚谈，"同志郑士良、陆皓东等来往广州、上海过港时，亦常下榻其间，故该店可称革命党人最初之政谈俱乐部"。③ 杨鹤龄、陆皓东是孙中山翠亨同乡，杨耀记为杨鹤龄之父杨启操在香港开办的商店，"杨耀记即以四大寇之聚会所，而成近代中国革命运动之原生地"。④ 孙中山与常年在澳居住见多识广、"喜戏谑"的富家子杨鹤龄交往，为其革命助力良多。

孙中山在香港西医书院的同学兼室友关景良与"四大寇"关系友好，乃目前传世的"四大寇"合影中站立一旁之人。关景良出生在基督教家庭，其祖父关允著自香港开埠便携家人到港经营银业，其父亲关元昌据说是第一个华人注册牙医，热心伦敦传道会会务，曾参与筹建道济会堂，是热心的基督徒；他的

① 文仿良：《中山公会成立的回忆》，《中山月刊》1946 年创刊号。
② 孙中山：《建国方略之一》第八章《有志竟成》，黄彦主编：《孙文全集》（第一册），广东人民出版社 2021 年，第 65 页。
③ 冯自由：《华侨革命开国史》，《华侨与辛亥革命》，中国社会科学出版社 1981 年，第 2 页。
④ 李金强：《孙中山与香港——四大寇结交考述》，"辛亥革命与民族振兴"论坛交流材料，2011 年 6 月 18 日。

母亲黎氏是西医书院护士长和英文翻译，亦为基督徒。孙中山在西医书院读书时与关景良住同一宿舍，在功课上遇到疑难时尝向黎氏请教。据闻黎氏常邀孙中山到家中与儿辈们共食。① 香港关家是基督教家族，与杨鹤龄、孙中山关系密切。关景良之妻李月娥，其父是孙中山之兄孙眉在檀香山的邻居李康平，与孙家相熟，故李月娥经孙中山介绍给关景良相识，且为二人结婚之见证人。关景星之妻杨舜华则为杨鹤龄之妹。② 关元昌之五女婿温秉忠，原籍广东台山，是牧师温清溪之子，为 1873 年第二届留美幼童，他的元配关月屏去世后，他的续弦夫人出自上海倪家，倪家小姐是徐光启的后裔，温秉忠与宋耀如是连襟，使得香港关家不仅与天主教的上海徐光启家族有了联系，还与海南的宋耀如家族有了婚姻网络的连结。③

经温秉忠做媒，关元昌之八女关月英与香山南屏容星桥于 1891 年结婚，香山容家与香港关家有了姻亲关系。孙中山出席了这次婚礼，据说他为了要向来宾展示关月英的天足，故意在其身后燃放爆竹把她吓得跳起来。④ 容星桥是容闳的堂弟，1874 年被选为第三批留美幼童，他与温秉忠同时寄宿在美国麻省 Northampton 的 Martha Ely Matthews 小姐家。⑤ 容星桥通过关家结识孙中山，于 1895 年在香港加入兴中会，1899 年孙中山任命他为兴汉会的湘汉负责人，参加 1900 年汉口的自立军起义计划，事败后与在上海的孙中山、容闳等人会合前往日本东京，后曾在香港经商，任《中国日报》印刷事务经理，并于 1905 年加入中国同盟会。香港的南屏容氏家族囊括了香港麦加利银行（后称渣打银行）几乎所有的买办职位，成为香港有名的买办家族，从容良成为加利银行首任买办开始，他将职位先传给儿子容宪邦，再传给其孙容子名，最后到曾孙容次岩，历四代不衰。容家在香港金融界显赫一时，容子名曾任香港银行办房团（Banking Compradores' Association）主席。⑥ 买办职位的世代相传，以及一家洋行的买办职位统由一家族所包揽，在当时的买办行业并不罕见。孙中山派容星桥往香港经商，是因为他曾任汉口买办的身份，又由于香港容氏在香港金融界的地位，使得容星桥成为联结香港容家与孙中山的关键，以及便于获得香港

---

① 关肇硕、容应萸著：《香港开埠与关家》，香港广角镜出版社有限公司 1997 年，第 21 页。
② 关肇硕、容应萸著：《香港开埠与关家》，第 16—17 页。
③ 查时杰：《辛亥革命时期前后的广东基督教家族》，《辛亥革命与香港基督教》，第 147 页。
④ 关肇硕、容应萸著：《香港开埠与关家》，第 17 页。
⑤ 容应萸：《孙中山与香港基督徒家庭》，第 52 页。
⑥ 吴醒濂编：《香港华人名人史略》，香港五洲书局 1937 年，第 42 页。

容家在经济上的支持甚至人脉上的支撑。

容闳出自香山南屏容氏，据《容氏谱牒》，说他少有大志，7 岁时被父亲送往澳门西塾（即马礼逊学校），后随校长布朗赴美国留学，入读耶鲁大学，游美十年始归国，"虽受外国教育固未失中国固有之道德"。① 1900 年容闳、唐才常等组织自立军，拟兴兵勤王，未及起事，因唐才常被捕斩首而失败，容闳避走，于 9 月 2 日经容星桥介绍，与孙中山在同乘轮船"神户号"上相见。据日本外务省档案称："属维新党之两名中国人与孙一行赴日本。其姓自称为容，有亲戚关系。一人年龄过三十岁，历来在汉口某洋行充买办……该人因受严密追捕，故改扮为日本人，从汉口潜逃来此。该氏早年在美国清国公使馆任职，可能是容闳。"② 据闻此次孙、容会面，促使孙中山回国留待华南观察动静，以期与李鸿章南下会见，容闳也因此逐渐改变企图调停革命党与改良派以达到联合的主张，转而支持孙中山的革命事业。

从同乡、买办到革命者，集三个角色于一体的典型首推陈景华。陈景华（1863—1913），字陆畦（一说陆逵），别署无恙，香山南屏镇（今珠海市香洲区南屏镇）人。清光绪年间曾举孝廉，出宰广西容县，因杀巨匪陆亚发而遭岑春煊撤职查办。后陈景华赴暹罗（今泰国），从事革命工作，与萧佛成、沈荇思（法国洋行买办）、黄杏州（汇丰银行买办）等过从最密。③ 1908 年 11 月，孙中山以时局大有可为，在暹罗发展革命机会甚佳，偕胡汉民、胡毅生、何克夫等赴暹罗，以解决财力不足问题。④ 11 月 29 日，孙中山一行赴曼谷当地同志在曼谷汇丰银行的宴请，并即席讲演。据萧佛成回忆，当时《华暹新报》已创办，他与陈景华、黄杏洲等人组织了中华会馆，"将《华暹新报》作总理的行台，同人一齐鼓吹革命，总理到中华会馆演说，翌日就被警察厅长（英人）干涉"，"总理逗留了几日，就自《华暹新报》楼上成立同盟会，派我当会长，陈景华当书记"，⑤ 沈荇思为会计，临时留胡毅生等人助理《华暹新报》主笔。时曼谷同盟会会员中，沈荇思、黄杏州皆为买办，而陈景华与太古洋行买办莫藻泉有连襟之谊，对筹集革命经费大有裨益。1909 年，陈景华由暹罗到香港，

① 《容氏谱牒》卷十五，第 20 页。诸多史料载容闳于 1847 年赴美，1855 年回国，前后共计 8 年，《容氏谱牒》所记"十年"为虚数。
② 桑兵主编，於梅舫、陈欣著：《孙中山史事编年》第 1 卷，中华书局 2017 年，第 286 页。
③ 陆丹林：《世界罪人陈景华》，《巨型》1947 年第 3 期。
④ 邓泽如：《中国国民党二十年史迹》，第 25 页。
⑤ 萧佛成口述，邓雪峰笔记：《暹罗华侨革命过程述略》，《大任》1936 年第 1 卷第 1 期。

充任韦宝珊洋行买办，同志彭俊生得任佛山轮船买办，即由陈景华介绍。陈景华与粤商江孔殷私交甚笃，暹罗华侨同志马兴顺返潮州被清吏指为革命党逮捕入狱，以及香山籍刘师复因谋炸广东水师提督李准被逮解回香山原籍，在狱三年，均由陈景华托江孔殷设法释放。①

香山会同莫氏在香港几乎是太古洋行（Butterfield，Swire & Co.）的代名词，自莫仕杨 1870 年任太古洋行买办起，他的儿子莫藻泉、孙子莫干生相继接任买办一职，垄断太古洋行长达 60 余年。因莫家推荐、或莫家姻亲关系、或裙带关系等进入太古洋行任帮办、华经理、高级文员等职的同乡"百年来累计已达千人以上"，正如莫藻泉的儿子莫应溎所说：

> 我父亲那一代，除我的伯父云裳因照科举考试，没有进入太古洋行工作以外，其余几房叔父，后来都成了太古洋行各分支机构的买办；姻亲中，因我们莫氏家族的援引，后来成为太古洋行的各种附属机构的买办、职员及船上买办的，为数更不可胜数……至于因我们的介绍，到太古洋行各单位工作的族人，百年来累计已达千人以上。②

因此，孙中山正是看中了陈景华与香港莫家的关系，才将他从暹罗调至香港以便加深联系，进一步获得来自香港莫氏的支持，同时在莫氏关系网络里更好地掩护同志，开展革命活动。由是，孙中山革命事业与在香港商业社会享有较高地位的香山莫氏、容氏有了联结，他利用这两个家族群体网络（包括他们的外姓姻亲、朋友），凭借血缘和地缘的关系，构建起倾向革命、支持革命的同乡网络，并将这样的影响力延伸、扩散到中国各大城市，甚至是海外，为创立民国奠定坚实的经济基础。

以买办为核心的同乡组织上海广肇公所曾借款帮助民国组建，1912 年 1 月 6 日，广肇公所、潮州会馆等来电，表示本帮认借之款遵电随收随交伍廷芳代解。③ 12 月 19 日，广肇公所潮州会馆董事陈维翰、谭国忠、陈开日、郭辉等来函，函告去年冬孙中山经手所借广潮帮款项 40 余万两，原议订 4 个月内如数

---

① 陆丹林：《世界罪人陈景华》，《巨型》1947 年第 3 期。

② 莫应溎：《英商太古洋行近百年在华南的业务活动与莫氏家族的关系》，载《广东文史资料选辑》第 44 辑，广东人民出版社 1985 年，第 95、129 页。

③ 《民立报》1912 年 1 月 7 日"公电"。

归还，今已逾期 1 年，财政部通知希俟稍迟再行设法偿还；恳请体恤商艰，函请财政部从速清还。孙中山即致函周学熙："今春南京政府因急需向上海广肇公所、潮州会馆商人所借之款，前经贵部担任偿还。现值年终，商人需款甚急，尚望尊处速行了结此款。"23 日，财政部复函，以"部库如洗，收入全无，近更各种债款，相逼而至，不能不略分先后"，表示无法即行归还。至 1913 年财政部只给还 10 万两。①

早年鼓吹革命的孙中山，所至之处，广开会场，在同乡华侨中倡言革命之说，除了在思想上进行开化、渲染，最重要的是要求华侨"醵金捐助"。但是，赴外营生的华侨大多是在国内饱受艰苦生活折磨的穷苦人，他们的资助也是有限的。从孙中山的早期经历，可见他通过香山同乡选择部分富有阶层而努力争取之，这部分群体目标即是买办同乡，从经济到革命再政治，孙中山的革命同乡网络逐渐构建起来。

孙中山在华侨、移民中开展活动，辗转美洲、欧洲、亚洲（主要是日本、南洋等地）之间，亦注意吸收留学生和华侨学生。世界各地的华侨之中，最利于开展革命的是"美属华侨"：

> 华侨之中，尤以"美属华侨"，为最便利于革命工作。因美国以自由不羁之精神立国；其国内之政党，有公开的，有秘密的；然不论公开秘密，皆得自由。对于外国侨居之民，亦一体待遇，保皇革命，任设会社，各听其自由。②

1907 年春，孙中山命李是男赴美洲筹设革命机关，乃于三藩市约黄魂苏、黄超五、黄伯耀、张蔼蕴等组织少年学社，以黄伯耀的商店为社址。后孙中山由欧洲抵纽约，芝加哥同志闻讯，即致电欢迎，"电由钟星初转，星初者经商纽约，乃先生知交也"，"中山先生所到之处，受到华侨热烈欢迎，在欢迎大会上，赴会者留学界居多"，"先生于席间演讲革命之必要，有五六小时之久，座皆感动，宴后同志更环而领教，夜以继日，如听如来说法，说者谆谆，而听者

---

① 《孙文等关于偿还南京临时政府所借广潮帮借款文电》，中国第二历史档案馆编：《中华民国史档案资料汇编》第 2 辑，第 334—335 页。
② 百砺：《革命华侨须负对外宣传责任》，《美洲同盟会月刊》1927 年第 3—4 期。

津津"。① 此次孙中山来芝，以梅麟耀开办的泰和号为会所。芝加哥梅氏来自广东台山，"梅氏聚族而居，人数颇众，赞成革命者梅氏固多，而反对革命者梅氏亦最烈"。② 香山籍程天斗、李绮庵、朱卓文等人相继加入同盟会。③

《蔡增基回忆录》记述了蔡增基对诸多民国政治人物的印象及与他们的交往，他受孙中山影响加入同盟会，并由檀香山《自由新闻》编辑、同盟会员卢信引荐成为广东省议会议员，由此步入民国政坛，后与孙中山长子孙科始终保持着密切关系。④ 蔡增基祖籍广东省香山县，与孙中山不仅是同乡，更是远亲，他在 17 岁时见到了来檀香山从事革命宣传工作的孙中山：

> 1909 年，孙逸仙博士到访夏威夷，宣传他在中国的革命事业。我是在檀香山《自由新闻》（Liberty News）办公室的一次会议上见到他的，那个会议是由活跃积极的卢信组织的。参加会议的不过 20 余人，大多是同盟会的成员，那时的同盟会还仅仅是一个小团体。当时，我知道同盟会是一个革命组织，出于好奇，在不久之前偶然地参加了一次会议并加入了同盟会。我是同盟会里最年轻的成员，经常在会上见到孙科，当时他是《自由新闻》的秘书……他（孙中山）的到访使得我和卢信成了好朋友，卢信是当地《自由新闻》的编辑，也是孙逸仙博士最活跃的政治拥护者……由于受到他们的影响，我对中国的局势产生了极大的兴趣。⑤

蔡增基作为归国留学生，因为同为香山籍人士，以孙中山、孙科、吴铁城等人为代表的政治人脉，是他在中国的资源网络，并在他们的扶持下，参与市政及铁路管理的工作，并由此获得诸如张静江、李济深、张群等人的赏识。⑥ 中国近代史中有关血缘、地缘以及乡族认同对经济、社会的影响产生的影响，

---

① 梅乔林、李绮庵：《开国前美洲华侨革命史略》，《建国月刊》（上海）1932 年第 6 卷第 45 期。

② 梅乔林、李绮庵：《开国前美洲华侨革命史略》，《建国月刊》（上海）1932 年第 6 卷第 45 期。

③ 梅乔林、李绮庵：《开国前美洲华侨革命史略》，《建国月刊》（上海）1932 年第 6 卷第 45 期。

④ 蔡增基著述，冯璇译，胡政编：《蔡增基回忆录》，第 71 页。

⑤ 蔡增基著述，冯璇译，胡政编：《蔡增基回忆录》，第 15—17 页。

⑥ 黎志刚、杨彦哲：《从〈蔡增基回忆录〉看民国史上的航运、经济、政治和日常生活》，《国家航海》第 19 辑，第 128 页。

给我们带来新的思考。那些支持孙中山革命的移民、华侨，希冀他建立新政府而从中获取更多资源，以获得社会地位的提升，也是他们寻求利益最大化的途径。

四、政治实践：现代都市建设中的香山人

广东是孙中山的家乡，他在这里生活、学习，发动革命起义；辛亥革命时期，孙中山出于对地缘、人缘考虑，把武装斗争、发动起义的重点放在广东，在孙中山领导革命派发动的 10 次起义中，有 8 次是在广东进行。1912 年 4 月，他曾说："鄙人抱三民主义，此次辞职归来，实有无穷希望于吾粤。思以我粤为一模范省，诚以我粤之地位与财力，与夫商情之洽固，民智之开通，使移其嚣张躁妄之陋习，好勇斗狠之浇风，萃其心思才力于一途，以振兴实业，谋图富强，不出数年，知必有效。"① 他为保卫共和、寻求中华民国新生，三次在广东建立革命政权，与南北军阀的强权政治抗争。自 1924 年国民党改组后，广东被尊称为"革命策源地"，它的地位有别于国内其他省份而存在。

以地缘为纽带的同乡关系网络在 1920 年代的广州香山人中发挥得淋漓尽致。从《广州民国日报》来看，1923—1929 年间，广州市政几为香山人把持，从市长孙科，到公安局长吴铁城、欧阳驹，公用局长、广三路局长姚观顺，财政局长、实业厅长李禄超，工务局长程天固，公路处长卓康成，到航空处长张惠长、虎门要塞司令陈庆云等等，涉及国计民生的多个行业。由于包含了同乡情感、现代市民和民族主义的价值观念，又因为这个同乡群体具有鲜明的政治色彩，20 世纪 20 年代活跃在广州政坛的香山人能够因为某些特殊的原因如建设家乡即是建设国家这种特殊目标而群策群力，有效利用他们政治上的影响力，随着新的强有力的政府的出现，他们承担起新的社会、经济和政治任务，在新的政府机构中大展身手。

1921—1926 年间，孙科三次出任广州市长，在此期间，还兼任广东省建设厅长，代理广东省长。后任铁道部部长及担任新成立的交通部部长。他在任建设厅长时，大力发展黄埔港，1926 年 6 月成立黄埔市发展公司，向海外华侨呼吁支持这项计划。后随着北伐的节节胜利，广州国民政府决定迁都武汉，孙科

---

① 《通告粤中父老昆弟书》，中国社会科学院近代研究史所中华民国史研究室等编：《孙中山全集》第 2 卷，中华书局 1982 年，第 352 页。

与国民党的一些党政要人先行到武汉考察，孙科辞去广州市政委员长的职务。其实，在长期追随孙中山革命过程中，特别是在国民党改组前后，形成了拥有一定政治地位的党内领袖及其追随者所形成的政治派系，这个派系在孙中山逝世后，拥护和支持孙科成了理所当然，这当中即有不少的中山籍国民党要员。李宗仁曾说："国民党自有史以来，粤籍要员最具畛域之见，其原因或者是由于方言的关系。他们彼此之间，平时虽互相猜忌，然一有事变，则又尽释前嫌，作坚固的团结。"① 所以，孙中山逝世后的 1925－1929 年间，广州政局基本还是掌握在以孙科为首的粤籍人士或是中山人手中。

从 1921 年孙科任广州市长以来，曾参照美国市政制度的最新发展趋势为广州设计《广州市暂行条例》，这个新的组织法扩大了广州市政府的职权，他在市长之下设六个行政部门，即公安、卫生、公用、工务、教育和财政 6 局，香山人吴铁城、欧阳驹曾任公安局长，姚观顺曾任公用局长，李禄超曾任财政局长，程天固曾任工务局长。关于广州市政厅工作人员的教育程度，《申报》曾这样评价："市政厅中领袖办事人员大半为欧美日之留学生，凡任重要职务者皆曾受过新教育，市政长孙科乃孙文之子，为加利福尼亚大学市政科之毕业生，六局领袖，三人为美国留学生、二为日本留学生、一为法国留学生，工程局及卫生局之工程师皆为英美大学毕业生。市政厅中职员有二十余人曾受西方大学教育。广州市政厅得如一许人材，亦堪钦佩矣。"② 在他大刀阔斧进行改革的时候，这些行政要害部门由其同乡担任，决不能说是偶然。如姚观顺、李禄超、程天固等人皆有外国生活或留学经历，对国外先进的市政建设当有一定的了解和认知，这些同乡大多是在海外接受大学教育，是所谓的"精英们"，即民国以前被叫做"士绅"的人，他们在任内曾试图改变原有的制度以迎合改革的浪潮，继续设法在社会等级的顶端施展其权威和宣扬现代政治理念。例如，姚观顺成长于旅美华工家庭，毕业于美国那威治陆军大学，后回国追随孙中山，在陈炯明叛变围攻总统府一役中，率卫士队与叛军交战，保卫宋庆龄安全脱险，后得孙中山嘉奖，③ 于 1923 年 8 月被市厅任命为公用局长，其上任之初，鉴于原设稽查员工作权责归属不明的情形，积极整顿局务，报请市行政委

---

① 《李宗仁回忆录》，广西师范大学出版社 2005 年，第 417 页。
② 《广州市政实况》，《申报》，第 26 版。
③ 黄健敏著：《姚观顺传——孙中山先生卫士队长的传奇人生》，文物出版社 2010 年。

员会批准后裁撤取缔科稽查股和交通科船舶股等，改设侦查股，直属局长管理。①

香山人在维护广州治安上功不可没。如孙中山在广州三次组织政府，吴铁城都是得力干将，他帮助孙氏镇压陈炯明的叛变，任广州公安局长时改革警政，平定广州商团叛乱不遗余力。孙科同吴铁城关系匪浅，如1928年，广东省政治会议广州分会决议派孙科为建设厅长，未到任以前，派吴铁城代理，并加派吴铁城为广东省政府委员。② 后人在对吴铁城执掌广东全省警务及广州公安局期间做出的贡献大加赞赏："先生（吴铁城）掌广东全省警务兼省会公安局，前后凡四年，中更陈炯明两次叛变，邓如琢由赣犯粤，沈鸿英在市郊叛变，以及刘杨之役，商团之役，身经六次变乱，皆以雍容镇静，警护国父，克服危局。"③

孙科在广州市长任内主持实施了一系列的市政改革，使广州的面貌发生了巨变，不仅推动了广州城市的现代化进程，还对民国时期国内城市组织管理和城市建设产生了深远影响。广州市政建设取得的成绩，正如程天固所云："自建设市政府以来，十有余载，百废俱兴，市政成绩，突飞猛进，其所成就最为易见者，为马路居多，盖以一旧式中国城市，蜕化成新，其先决问题，厥为开路，路政解决，交通利便，然后各部推行，迎刃而解也。"④ 时人曾称广州的市政建设："办理数年，成绩斐然，一时推为全国的模范市，实为吾国举办市政以来，第一次的成功。"⑤

五、结语

孙中山对同乡网络的情感认同，基于香山买办商人、移民以及侨商对同乡的信任与依赖，他们在经营商业活动中通过同乡网络的延伸而获得成功，对近

① 《变更局制》，《广州民国日报》，第7版。
② 《政治分会加派吴铁城为本府委员兼代理建设厅长》，《广东省政府周报》1928年第22—23期，第61—62页。
③ 张震西：《吴铁城先生生平事略》，祝秀侠等编：《吴铁城先生纪念集》，《近代中国史料丛刊续编》（第17辑），文海出版社有限公司印行，第2—3页。
④ 程天固：《广州马路小史》（民国19年6月），广州市档案馆藏，卷宗号586，期号256，第98页。
⑤ 顾敦鍒：《中国市制概观》，《东方杂志》1929年第17期。

代中国社会产生了深远影响，这种成功经验被孙中山复制用于政团的组建、国家政治秩序的建构以及现代都市的建设中来，同乡关系、人际网络的正面功能得以发挥，使革命活动在全国乃至世界各地得以扩展下去。

广东人浓厚的地域观念或同乡情谊是促使粤人在孙中山逝世后国民党内大团结的一个重要因素，他们集结在以孙科为首的粤籍党国领袖之下，在具有新形式的社会表达氛围中组织政府，以民族主义作为反复阐述的政治目标。粤籍要员虽"具畛域之见"，但并非任人唯亲，从中山人在广州任职的经历看来，他们都曾接受西方大学教育，任期内进行的一系列革新，不管是市政条例的实施，还是公路、铁路的规划展筑，不管是黄埔、内港的开辟，还是警政的刷新，在广州乃至全国都具有开创性、标杆式的典范，影响了广州城市的现代化进程。从后来民国政治的发展我们可以看到，建设广州成了孙科取得政治资本的筹码，他通过广州或者说广东省获取支持，使得"孙科内阁"能够在国民党中短时期内赢得胜利。当然，国民党发迹于广东，在国民革命短短数年里迅速由广东一省统一全国，这是历史造就的现实，而粤籍领袖由此滋生的革命正统意识与地位，成为后来"宁汉分裂"与"宁粤对峙"的重要因素之一。

（作者单位：孙中山故居纪念馆）

《中华革命党总章》及《革命方略》版本考

赵琳琳

1914 年孙中山集合党人编写的《中华革命党总章》及《革命方略》集中体现着孙中山等对近代中国革命的规划和谋略,因此是孙中山与中华革命党的研究中值得关注的重要问题。俞辛焞曾以日本外务省档案史料为依据,勾勒出两份革命文件撰写与讨论的过程,[1] 但可惜未能明晰两份文件的初本、定本,以致影响到讨论的深入。近年来,随着新史料的不断出现,如新近出版的《孙文全集》中收录了《中华革命党总章》(后简称为《总章》)及《革命方略》的不同版本,中国第二历史档案馆藏的 1914 年袁世凯政府缴获的《总章》文本、日本外务省档案馆中的《总章》《革命方略》文本、《中华革命党议事录》原本等,均为重新讨论《总章》《革命方略》的版本及形成过程提供了可能,也有助于理解孙中山对革命政党问题的持续性思考。

一、《总章》及《革命方略》的初本

诚如论者所言,同一文本出自(或经由)不同方面、不同时间,往往发生重要而复杂的微妙变动。通过版本的比较和文字的校订,常常会产生识一字成活一片的奇效。[2] 因此,明确《总章》及《革命方略》两份文件的初始形态、

---

[1] 俞辛焞:《1913 年至 1916 年孙中山在日的革命活动与日本的对策》,《孙中山研究论丛》1985 年第 3 集,第 183—184 页。

[2] 桑兵:《孙中山研究亟需注意版本问题》,《中山大学学报(社会科学版)》2016 年第 6 期。

修改痕迹及最终样态，有助于了解孙中山革命思想的演进脉络。

按照撰写顺序，孙中山起草《总章》的时间稍前，故此先对《总章》的初本问题进行分析。

（一）《总章》

《总章》起草的具体时间，目前尚不明确，其印刷、散发的日期为 1914 年 6 月 15 日。日本外务省档案《孙文动静》显示，此日孙中山接见陈其美、夏重民等多名党员，先与陈其美讨论革命党本部的成立、组成及干部选举等事宜，随后叮嘱夏重民、刘玉山、刘屹等将付梓的《中华革命党总章》传输到海内外各地。记录末端，登载了《总章》文本。① 21 日，中华革命党党员约四十七八人在日本芝区南佐久间町 1 丁目 3 号的民国社聚会议事。陈其美作为孙中山的代理人，对《中华革命党总章》逐条进行说明。② 这是在日革命党人首次接触到《总章》。此时《总章》也应是孙中山独自起草的最初版本。

不过，日方记录显示，同年 10 月孙中山在党内主持了几次对《总章》的讨论与修改。俞辛焞称，讨论至少有三次。第一次是 10 月 10 日下午 2 时 30 分至 5 时 25 分，在孙中山的居所中，陈其美、居正、丁仁杰、杨庶堪、王统一、王静一（谢持化名）、田桐、胡汉民、金佐治（廖仲恺化名）、许崇智、戴季陶等十一人进行讨论。"孙坐在中央，戴天仇面向他们坐。各自将印刷品（革命党总章）放在面前，由戴天仇读，听取各位的意见后，加以修改"。第二次是 14 日上午 10 时 20 分至中午，相较上次，孙中山与除王统一外的 10 人"聚合在一室，继续讨论革命党总章"。第三次是 21 日上午 10 时许至中午 12 时 50 分，与第二次人数相同，"陈其美等数人接踵而来，是为修改革命党总章。因为总章需经干部讨论"。另外，"居正似携带总章原稿去萱野长知处"。③

此处的疑点是，《总章》究竟有几个版本，是否存在上述提到 6 月的孙初

---

① 「孫文ノ動静」、1914 年 6 月 16 日、JACAR（アジア歴史資料センター）Ref. B03050076000、「各国内政関係雑纂/支那ノ部/革命党関係（亡命者ヲ含ム）第 12 巻」、第 19—25 頁。

② 「孫文ノ動静」、1914 年 6 月 22 日、JACAR（アジア歴史資料センター）Ref. B03050076000、「各国内政関係雑纂/支那ノ部/革命党関係（亡命者ヲ含ム）第 12 巻」、第 49 頁。

③ 俞辛焞：《1913 年至 1916 年孙中山在日的革命活动与日本的对策》，《孙中山研究论丛》1985 年第 3 集，第 183 页。

本和 10 月的修改本。实际上，比勘日本外务省档案记录与《中华革命党议事录》（后简称为《议事录》）可知，10 月孙中山等进行的三次讨论均是针对《革命方略》。日方监视者误将《革命方略》看作《总章》，或者说在其看来，革命党人对《总章》及《革命方略》的讨论是化为一体的。

学界所见的《总章》，存在以下几个版本：

表 1　《中华革命党总章》的版本情况

序号	版本来源	版本形态	备注
1	胡汉民编《总理全集》	孙中山手书，有多处修改痕迹；影印	胡、邹两种内容相同，极有可能同出一源。①
2	邹鲁编《中国国民党史稿》	印刷本	
3	1914 年 6 月 16 日日本外务省档案刊载	日方誊抄件	
4	1914 年 7 月 8 日中华革命党成立大会时孙中山向党员展示的手书	后以铅印原件形式收藏	曾收藏在台北"国民党党史馆"，由黄彦抄录并出版。
5	1914 年 7 月 29 日北京政府陆海军大元帅统率办事处的查获	统率办事处誊抄件	此件是统率办事处谕令陆军部、内务部及各省留意防范中华革命党活动而誊写的抄件。
6	孙中山以《总章》铅印原件为蓝本的亲笔改订件	铅印件，内有手写痕迹	改订时间不详，黄彦根据删改内容，判定大致时间为 1916 年袁世凯死后。此件出现最晚，在第三节详述。

资料来源：胡汉民编：《总理全集》第 4 集，民智书局 1930 年，第 31—37 页；邹鲁：《中国国民党史稿》上，东方出版中心 2011 年，第 156—160 页；「孫文ノ動静」、1914 年 6 月 16 日、JACAR（アジア歴史資料センター）Ref. B03050076000、「各国内政関係雑纂/支那ノ部/革命党関係（亡命者ヲ含ム）第 12 巻」、第 19—25 頁；黄彦编注：《革命方略》，广东人民出版社 2007 年，第 119—125 页；《陆海军大元帅统率办事处查获中华革命党总章及组织表并请查获的文书》（1914 年 7 月 29 日），第二历史档案馆馆藏，北洋政府档案 1001（2）/1179；黄彦主编：《孙文全集》第 5 册，广东人民出版社 2022 年，第 253—263 页。

---

①　30 年代，胡汉民与邹鲁的关系颇近。1924 年孙中山亲自任命邹鲁编纂国民党党史后，二人在党史史料的搜集、撰写、校阅等工作中互相协助。孙中山也曾亲自送给两人一些亲笔资料，《总章》的手书本应是孙的赠予。见冯双编著：《邹鲁年谱》（上卷），中山大学出版社 2010 年，第 183 页；陈红民：《胡汉民未刊往来函电稿》第 14 册，广西师范大学出版社 2005 年，第 703—704 页。

这些版本比较来看，胡汉民、邹鲁版的手书本最早面世，日方档案版和党员大会手书版其次，北京政府版最后。前四个版本除了序号标注略有差别外，内容大体一致。只有一些词语的修改，如"军事部之职务"中的第五条，胡版为"调查武器"，日方版和大会手书版则为"调查并购置武器"等。

北京政府版有些条目的表述稍有差异。如第五条关于革命时段的表述，胡版为"自革命起义之日至宪法颁布之时，名曰革命时期"。北京政府版则为"自革命军起义之日至宪法颁布之日，即为革命成效之时，名曰革命时期"。后者多了"即为革命成效之时"一句，意思并无变化，可能是孙中山下发《总章》之前的修改，也可能是海内外党人在传阅、誊写过程中有所添加，目前尚难确定。

再如第十一条，涉及党内首义党员、协助党员、普通党员的权利问题，北京政府版少了协助党员的权利，即"协进党员得隶为有功公民，能得选举及被选权利"一句，似为大元帅统率办事处誊写错误导致。类似的脱字情况还有几处，此处不再罗列。

总体来看，《总章》的变化不大，虽个别地方有删改，整体文字几乎没有改动，保持着孙中山的最初构想。

（二）《革命方略》

《革命方略》的版本问题相对明确，且差异较巨。参见表2。

表 2　《中华革命党革命方略》的版本情况

序号	版本来源	版本形态	备注
1	1914 年 8 月 30 日 日本外务省档案刊布	抄本，并译为日文	《总章》未见译本
2	1914 年 中华革命党公开印发	精装铅印六十四开本	曾收藏在台北"国民党党史馆"，由黄彦抄录并出版
3	1930 年胡汉民编《总理全集》	印刷本	同出一源
4	邹鲁编《中国国民党史稿》	印刷本	

资料来源：「孫文印刷物配布ノ件」（1914 年 8 月 30 日）、JACAR（アジア歴史資料センター）Ref. B03050077400、「各国内政関係雑纂/支那ノ部/革命党関係（亡命者ヲ含ム）」第 13 卷、第 147－219 页；《中华革命党革命方略》，《孙文全集》第 5 册，第 263－336 页；胡汉民编：《总理全集》第 1 集上，第 319－435 页；邹鲁：《中国国民党史稿》上，第 161－238 页。

从条款、内容、文字等方面来看，日方本和台北本完全相同，同出一源，但与胡汉民、邹鲁本差异较大。李吉奎曾将日方本收录于《孙中山全集续编》第二卷，并在脚注处分析日方本可能是一个最初版本。笔者亦认同这一看法。1914 年 9 月 20 日后，孙中山曾多次召集会议讨论《革命方略》，进行修订与补充。因此，胡、邹本似为修订后的定本。①

实际上，判断 1914 年的日方本、台北本是否为《革命方略》的初本并不困难，将《革命方略》的不同版本与《议事录》结合来看，便能发现胡、邹本确实以台北本、日方本为底本进行的修订和补充。

二、《中华革命党议事录》的内与外

重现《革命方略》初本到定本的过程，《议事录》是关键环节。1914 年中华革命党在日本东京灵南坂孙中山寓所开会讨论《革命方略》，会议自 9 月 20 日至 12 月 16 日共召开 17 次。这 17 次讨论记录完整地保存下来，形成后世所熟知的《中华革命党议事录》。

大陆出版的《近代史资料》和台湾出版的《革命文献》均有收录，采用的是湖北沔阳张难先 1944 年 11 月誊写的抄本。抄本开篇提到，《议事录》原件由湖北应城曾省三收藏，1944 年 10 月向张难先出示。张氏翻阅后，"以为得未曾有，特照抄一通，恭题观款归之。后闻续有题者，复借抄录，此册（原书）愈足珍也。通观每次记录，其当日艰难情形，实可想见，此录乃重要史料也"。②

1943 年前后，张难先开始寻求辛亥武昌起义史料，并先后访问居正、蔡汉卿、李西屏、张知本等国民党老党员，③ 才辗转有此机缘目睹《议事录》。张氏阅读《议事录》时的心情，也与其所处时代的困苦现状相融合。此时国内抗日战势仍不明朗，桂林、独山失陷，贵州、重庆濒危。10 日双十节时，他还作诗《甲辰双十节前夜感赋》，以表达其心情的沉重。诗曰："三十三年十月十，依

---

① 李吉奎、张文苑、林家有编：《孙中山全集续编》第 2 卷，中华书局 2017 年，第 12 页。

② 《中华革命党议事录》，中国社会科学院近代史研究所近代史资料编辑部编：《近代史资料》第 61 册，知识产权出版社 2006 年，第 22 页。

③ 张难先：《张难先文集》，华中师范大学出版社 2005 年，第 604－605 页。

然倭寇闯关入，愧吾后死逃陪都，三烈骂吾吾语涩。"① 可以想见，当目睹革命先烈在艰难困阻之际仍志气弥厉、勇往无前，张难先不禁感叹万分。

不久，《议事录》原本也在蒋介石、居正、戴季陶等多位国民党元老中传阅，并勾起有关中华革命党时期的回忆。蒋介石将之称为"党宝"，亦与居正、戴季陶三人共同题词。之后，收藏者曾省三并未将《议事录》原件捐赠给国民党党史编纂委员会，而是在 1949 年前往美国时带走。《议事录》逐渐湮没，无人提及。上世纪 80 年代，曾氏家人曾将其带回台湾，但种种原因未能留下。② 直至 2012 年，中山小榄镇揽月阁吴桂昌从上海驰翰拍卖公司买下，这一原件才出现在学界的眼前。

此处捎带提一下曾省三的身份背景。曾省三（1888－1962），字楚香，又号楚湘，湖北应城人。早年在湖北陆军当兵，曾联合进步同志主办群治学社。1911 年参加武昌起义，组织敢死队进攻署督。民国后，参加"二次革命"。革命失败后赴日本，加入中华革命党。③ 加入时间尚不明确，有史料显示 1915 年居正请任曾省三为党务部第二局职务员，④ 专任党员名册登记及文书事宜。曾省三能够保存《议事录》，应与其在中华革命党内的工作性质有关。

革命之际，多为秘密行动。为防止回国后随身文件被袁世凯政府的军警搜获，多数党人选择将文件留在日本，⑤ 这间接导致中华革命党时期的相关史料留存较少。因此，《议事录》保存至今，实属不易。

《议事录》原件的出现，自然能发现一些新的问题。从文本内容来看，张难先抄本与原件有两处不同。其一，第 1 次会议记录中，"革命军的四项目的"一共有 4 条，第 3 条"启发人民生业"，张难先抄写为"启发人民生产"（图1）。其二，第 25 次会议共有五项议程，张难先漏写一项，此项为"廖仲恺报告电报监督局及铁路监督局之组织"（图2）。时过境迁，今日已无法从泛黄的纸面感受张难先的抄写环境及抄写时的情感起伏，因此不能过多苛责前人。

---

① 三烈为彭楚藩、刘复基、杨宏胜三烈士，在辛亥首义前夕遇害。张难先：《张难先文集》，第 626 页。

② 中山小榄镇揽月阁编：《中华革命党十七次会议纪要》，未刊稿，第 118 页。

③ 陈玉堂编著：《中国近现代人物名号大辞典》（全编修订本），浙江古籍出版社 2005 年，第 1244 页。

④ 《居正请委刘廷汉等职上总理呈》，黄季陆主编：《革命文献》第 48 辑，中国国民党"中央委员会"党史史料编纂委员会 1969 年，第 57 页。

⑤ 施方白：《中华革命党时期见闻录》，《新湖北季刊》第 2 卷第 2 期，第 256 页。

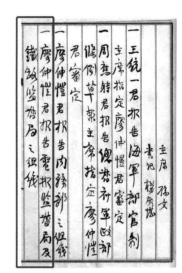

图 1 　《议事录》原本　　　　图 2 　《议事录》原本

资料来源：《中华革命党议事录》（原件），中山小榄镇揽月阁收藏

除此之外，《革命方略》的完稿是否如《议事录》所载，由众人讨论 17 次
而成，目前也存在不同说法，有称党内进行了 40 余次的讨论。

1914 年冬，孙中山曾在东京党本部题词"澹薄明志宁静致远"（图 3），同
一字幅上还有胡汉民所书"天下之动贞夫一者也"，① 及廖仲恺所书"天时不如
地利，地利不（如）人和"。此时正值讨论《革命方略》之际，孙中山此辞意
在希冀党人能够心怀爱国之情，抱持远大的革命志向。题词由戴季陶收藏，并
流存至今。

40 余次讨论的说法，即出自戴季陶之口。题词的左下角，有多年后戴季陶
的一则题注。其云："癸丑之冬，奉总理命赴江户，随侍者展堂（胡汉民）、苍
白（杨庶堪）、党生（居正）、静江（张静江）、介石（蒋介石）、仲元（邓铿）、
汝为（许崇智）、执信（朱执信），时常在灵南坂立云静室听总理演说世界大势
与中国革命、建国方略。第二次制定之《革命方略》即此时期，总理广纳众
意，会议讨论而亲自主席作最后决定者。会议四十余次，时仅百日。传贤每奉

---

① 　"天下之动，贞夫一者也"，语出《系辞传下》。原文为"吉凶者，贞胜者也；天地之
道，贞观者也；日月之道，贞明者也；天下之动，贞夫一者也。"有一种解读是"或吉或凶，守
正则能获胜；天地的道理，守正则能瞻仰；日月的道理，守正则能光明；天下的变动，都应当
专一守正。天地万物的所有运动变化都应当遵守"正道"。鲁洪生：《细读周易》，研究出版社
2017 年，第 547 页。

命任书记，贤因事不能出席时，多由展堂、沧白任之。其时之同志，皆一心一德，既贫且苦，而亲如手足。此轴乃以会议公余之暇，请总理暨在席同志书作纪念者，惜胡、廖两公已占尽余白耳！时自总理夫人以至亡妻有恒，皆在东京，是最苦之时，亦最难得之会也。"①

图3　1914年冬孙中山题词
资料来源：刘望龄辑注：《孙中山题词遗墨汇编》，第30页。

不过，目前学界鲜见对40余次说法的讨论。新出版的《孙文全集》在《革命方略》的脚注处有提及，但并未详解，某种程度上可视作更赞同17次的说法。实际上，参照《孙文动静》中3个月内的党人活动，《革命方略》进行40余次的详细讨论着实不太可能。更严苛地说，即使是17次的会议，也难以实现每次将十数人集齐后再行讨论。

革命党人的初衷为定期开会，并在每次会议之前宣读上次会议的文本，以确保内容无误。但会议时间没能固定。9月20日第1次会议记录曾在文末注明"本日会议终结，下次会议定于本月二十六日午后两点钟至五点钟开会"，实则

---

① 字幅原件藏于中国第二历史档案馆，见刘望龄辑注；《孙中山题词遗墨汇编》，华中师范大学出版社2000年，第30、201—202页。

第二次会议迟至 10 月 3 日才展开。①

会议召开的形式也不拘泥，甚或有些随意，大致可分两种：其一，10 月 10 日第 3 次会议，"孙坐在中央，戴天仇面向他们坐，各自将印刷品（革命党总章）放在面前，由戴天仇读，听取各位的意见后，加以修改"。② 这一形式较为少见。其二，革命党人围坐在孙中山周围进行议事。这种围坐一团的方式较为多见，基本是前后脚到访，继而议事。不过，流亡东京时期，孙中山每日接待的人员混杂、繁多，日方密探难以完全探知会议详情的可能也同样存在。

结合《孙文动静》来看，《议事录》可能并非现场记录，甚至不是会后立补。有以下几点可以佐证：其一，11 月 20 日第 12 次会议，《议事录》称此日孙文、胡汉民、周应时等 11 人参会，孙中山为主席，戴季陶为书记，议定海外支部章程的负责人、审查员。但此日《孙文动静》中，孙中山仅与胡汉民、丁仁杰、夏重民、林来、陈中孚等人有过交谈。③ 其二，12 月 2 日第 14 次会议，《议事录》记载此日周应时报告陆军部官制，孙中山指定廖仲恺加以审查。实际上，此日孙中山并未接见周应时，而是与陈其美、许崇智、一濑斧太郎共同议事。④ 其三，12 月 12 日第 16 次会议，《议事录》称居正报告海外支部章程，但此日《孙文动静》显示居正并未造访。⑤ 自孙中山等赴日后，日本进行了严密的监视与观察，漏掉某些会面的可能并不大。以后来看，此《议事录》更可能是为纪念长达 3 个月的讨论过程而写就的文本。⑥

但恰恰是《议事录》的完好保存，才不难将《革命方略》的日方本、台北

---

① 《中华革命党议事录》，《近代史资料》第 61 号，第 24 页。

② 「孫文ノ動静」，1914 年 10 月 11 日、JACAR（アジア歴史資料センター）Ref. B03050078500、『各国内政関係雑纂/支那ノ部/革命党関係（亡命者ヲ含ム）第 14 巻』、第 539－540 頁。

③ 「孫文ノ動静」，1914 年 11 月 21 日、JACAR（アジア歴史資料センター）Ref. B03050079200、『各国内政関係雑纂/支那ノ部/革命党関係（亡命者ヲ含ム）第 15 巻の1』、第 187 頁。

④ 「孫文ノ動静」，1914 年 12 月 3 日、JACAR（アジア歴史資料センター）Ref. B03050079500、『各国内政関係雑纂/支那ノ部/革命党関係（亡命者ヲ含ム）第 15 巻の2』、第 253－254 頁。

⑤ 「孫文ノ動静」，1914 年 12 月 13 日、JACAR（アジア歴史資料センター）Ref. B03050079500、『各国内政関係雑纂/支那ノ部/革命党関係（亡命者ヲ含ム）第 15 巻の2』、第 280 頁。

⑥ 中华革命党时期这种日后补足记录的举动很常见，连首批党员宣誓入党的时间也与日本外务省的记录难以匹配。陈锡祺主编：《孙中山年谱长编》上册，中华书局 1991 年，第 852 页。

本明确为初本，30 年代胡汉民本明确为定本。戴季陶题注有言，《革命方略》由孙中山广纳众意，经会议讨论后再做最后决定。《议事录》中前三次会议的讨论内容，明显按照日方本、台北本的内容进行讨论与修改。第三次会议结束后，孙中山给党人分派撰写任务。如胡汉民修改告示及审定军律、大元帅府组织、大本营组织、省制组织；廖仲恺报告各国地方行政制度的调查情况；王统一拟定海军总司令部条例、经度及标准时条例；居正、谢持两君报告海外支部通则、杨庶堪拟定讨袁檄文等。通过众党人努力，最终形成如今所见的六编三十七章的巨著《革命方略》。

值得注意的是，《革命方略》定本形成的最终时间，仍不明确。《议事录》在 1914 年 12 月 16 日第 17 次会议后完结，《革命方略》的讨论看似结束。但迟至次年元旦，孙中山"仍未停笔"。① 1 月 12 日，戴季陶亦致函王统一，催促其起草方略中革命军的服装、勋记、饷项、赏恤四节内容。② 因此，讨论会的结束并不代表《革命方略》的最终形成，而是整体架构的明确。

三、孙中山对《总章》的亲笔改订及其政治意涵

1916 年 6 月袁世凯暴毙，国内政局突变，中华革命党的讨袁行动逐渐失去革命理据。未几，孙中山宣告暂停一切党务和军务。③ 1919 年中国国民党正式成立时，孙中山不断强调新旧革命组织之间的延续性，但其中调整与承袭的过程究竟如何，则相对模糊。

实际上，孙中山始终没有放弃对政党制度与实践的思考，他对《总章》的反复琢磨与修改，即为明证。前曾述及，《孙文全集》收录了一份孙中山以《总章》铅印原件为蓝本的亲笔改订件。这份文件在两方面值得注意：其一，铅印原件本身并非中华革命党成立大会时公布的版本，也非流传后世的胡、邹版本，与后两者相比，铅印原件变化颇巨。其二，孙中山在这份文件上进行了多处亲笔改订，在 12 处文字顶端作眉批"未能实行"，1 处文字顶端作眉批"评论而定之"。另外，黄彦指出，孙中山这一改订工作似未完成，有未定稿的

① 谢持：《谢持日记未刊稿》第 1 册，广西师范大学出版社 2007 年，第 324 页。
② 《中华革命党军事部旬报》（1915 年 1 月 10 日－1 月 19 日），［日］久保田文次编：《萱野长知·孙文関係史料集》，高知市民图书馆 2001 年，第 569 页。
③ 《中华革命党本部通告》，上海《民国日报》1916 年 7 月 28 日第 10 版。

明显痕迹。①

初步判断，《总章》铅印文件的形成时间要早于孙中山在文件上的具体修订，因此先对《总章》铅印文件进行分析。文本的具体变化，参见表3。

表3　《总章》文本的修改与变化

1914年成立大会时版本	亲笔改订本
一、本党名曰中华革命党。	一、本党原名中华革命党（表面仍可称中国国民党）
二、本党以实行<u>民权、民生两</u>主义为宗旨。	二、本党以<u>三民主义</u>为宗旨。
三、本党以<u>扫除专制政治、建设完全民国</u>为目的。	三、本党以<u>创立五权宪法</u>为目的。
四、（按：军政时期、训政时期暂略） （三）宪政时期此期俟地方自治完备之后，乃由国民选举代表，组织宪法委员会，<u>创制宪法</u>。宪法颁布之日，即为革命成功之时。	四、（按：军政时期、训政时期暂略） （三）宪政时期此期俟地方自治完备之后，乃由国民选举代表，组织宪法委员会，<u>创制五权宪法</u>。宪法颁布之日，即为革命成功之时，<u>本党乃能卸责</u>。
二十三、财政部之职务：管理党中度支；接收支部党费义捐；筹集事前款项；规定因粮方法；计画事后财政。	删除"规定因粮方法""计画事后财政"两项。
党本部内有总务部、党务部、财政部、军事部、政治部五个部门。	删除"军事部""政治部"两部
三十七、革命政府成立之后，每支部得举代表之人以参预政事，组织国会并各种补助机关，以助政府进行。	删除
三十八、各支部皆有权推荐人才，政府当量才从优器使。	删除

资料来源：黄彦主编：《孙文全集》第5册，第253—258、259—263页。

不难看出，这几项条文的修改，承载着护国运动结束后孙中山对革命政党职能转变的一种期许。此时中华革命党的革命目的已从"扫除专制政治"转向"创立五权宪法"，财政部删去为起义筹备款项的职能，具有战时特色、为讨袁杀敌所设的军事部也随之取消。

除了调整不合时宜的机构外，孙中山还删掉了几项难以实行的条目。党本部中的政治部本意是为未来革命政府做预先准备，职责包括物色并培育政才、

---

① 黄彦主编：《孙文全集》第5册，第259页。学者黄彦认为此件的底本是孙中山在中华革命党成立大会上公布的文本，但通过文本内容的对比可知并非如此。

筹备中央政府、规画地方自治、审定建设规模等。但革命时政治部尚难运作，革命结束后政权未到中华革命党手中，这些工作自然更难以插手。

第37、38条有关支部推荐人才等条目的删除，同样可以政治成败的逻辑加以理解。但若仅看作政治成败的必然结果，也略显简单。1919年的《中国国民党规约》中，亦不见支部向政府推荐人才的条目，因此，仍应考虑支部举荐的方式能否在党务运作中立得住的问题。

革命之初，孙中山曾对南洋党人区慎刚、郑螺生等论及推举人才一事。此时因海外各地热心革命、急于派人返回内地活动，孙中山为防止党内机关林立，要求各地有可用之才，宜直接介绍到本部。① 这似乎是权宜之计，算不上为未来革命政府谋求党才的高瞻远瞩。而中华革命党时期国内外支部的建设情况并不乐观。国内支部首脑多由孙中山亲自委任，侧重各省军事行动，忽于支部建设。海外支部虽照章进行组党、选举，但因地理位置等因素与国内政局隔膜较深，亦不适合采用这种方式。

从实践层面来看，支部推荐、政府量才酌用的说法也是相对模糊、略显仓促的。1915年1月，孙在向马来西亚怡保支部解释筹款收条问题时，曾言及"本部办事人员，一遇革命得手，则全数入内地，分往各省担任职务，如此，则恐难再行会商党事"。② 其本意是将支部权力下放，总部不过多管理分部事宜，但反而表露革命之际孙中山尚未计划将海外支部纳入未来的政治运作之中。换言之，革命成功后党人应如何转变职能、协助政府组建的问题，孙中山的思考仍不成熟。

不过，改订件里中华革命党宗旨的变动，隐含着孙中山对重提三民主义的思考与酝酿。1918年5月孙中山政治失意，回到上海闭门专心撰述。一年之前他已完成并出版《会议通则》（后改为《民权初步》），此时的计划是撰写"孙文学说"系列，也即行易知难、三民主义、五权宪法。因种种原因，1919年只有"行易知难"出版，三民主义、五权宪法的出版工作暂时搁浅。但根据现存孙中山1919年春所撰写的《三民主义》手稿，③ 大致可以判断其有关三民主义的思想框架已经基本形成。那么，孙将三民主义明确为中华革命党的宗旨，似

① 《致区慎刚等函》（1914年12月25日），中国社会科学院近代史研究所中华民国史研究室等编：《孙中山全集》第3卷，中华书局1984年，第144页。

② 《批怡保某君函》（1915年1月11日），《孙中山全集》第3卷，第154—155页。

③ 《三民主义》（1919年春），《孙文全集》第3册，第307—317页。黄彦指出，此件为未刊手稿。通过手稿中的涂改痕迹发现，孙文在撰写《孙文学说》一书过程中，曾打算以两章篇幅把三民主义作为"行易知难"总题目的组成部分，后改变主意而舍弃。

乎距此不远。

如果改订件的形成大致在 1919 年前后，孙中山在改订件上标注"未能实行"等字样的时间，大概也不会相差太远。分析这些标记，可以观察中华革命党时《总章》的实行情况，以及孙中山对过往革命事业的一种回望。

根据字面意思，"未能实行"的眉批，应是中华革命党未据《总章》要求实行，尚待进一步删改。其中，有关党员问题为以下 6 条：

> 九、每党员至少须介绍新进一人，方完义务。其有于革命军起义之前，介绍新进百人者记功一次，千人者记大功一次，照"酬勋章程"办理。
>
> 十、凡党员有背党行为，除处罚本人之外，介绍人应负过失之责。
>
> 十一、凡于革命军未起义之前进党者，名为首义党员；凡于革命军起义之后、革命政府成立以前进党者，名为协助党员；凡于革命政府成立之后进党者，名曰普通党员。
>
> 十二、革命时期之内，首义党员，悉隶为元勋公民，得一切参政执政之优先权利；协助党员，得隶为有功之公民，能得选举及被选举权利；普通党员得隶为先进公民，享有选举权利。
>
> 十三、凡非党员，在革命时期之内不得有公民资格，必待宪法颁布之后，始能从宪法而获得之，宪法颁布以后，国民一律平等。
>
> 十四、凡有功于本党或曾在本党人员之麾下服务一年者，虽未照第七条之手续进党，若得党员十人之保证，可补立誓约，请本部追认为首义党员，得享元勋公民之权利。

众所周知，"二次革命"后党人曾因入党誓约、总章内容产生过极大分歧。无论是孙黄的正面冲突，还是孙向邓泽如、黄芸苏、南洋同志等致函时，均在谈论誓约中"服从孙中山"和打指模的必要性等问题。不过，《总章》中的第十一至十四条有关首义党员、元勋公民的内容亦引起诸多不满。① 黄兴赴美后，

---

① 王奇生曾关注到党内关于元勋公民的看法，并指出革命党内的反对声颇烈，但赞成声亦不少。党人钮永建曾观察到，英国利物浦的一般国民党人比较亲近孙中山，并对"元勋公民"的许诺暗含期待，"彼等颇有慕义之心，加以攀龙附凤之意，又有会会之习惯，更欣羡第一次成功（辛亥革命）之梦想，口虽不赞元勋，心实不止在公民也"。《钮永建致吴稚晖函》（1915 年 2 月 14 日），中国国民党党史馆藏档，案卷号：稚 8127。王奇生《中华革命党时期党人歧见与孙中山党国方略的转折》，《澳门理工学报》2017 年第 4 期。

请梅培转告孙中山务必修改"定章中之（某勋公民等级）"，甚欲联合美洲全体同志请求更改。① 吴稚晖也曾在沪报登载"东京革命党自号元勋公民"等语，公开讥讽孙中山。②

通览整个中华革命党时期，海内外各支部的组建确实未见党员划分等级。③但未能实行的原因，恐怕并非备受争议这么简单。

从制度运作的角度来看，可能是分级标准不明确，致使难以具体执行。《总章》规定，首义党员为革命军未起义之前入党者，协助党员为革命军起义之后、革命政府成立以前入党者，普通党员为革命政府成立之后入党者。划分标准是革命军起义与革命政府成立两个时间节点。这看似合理，实际却难界定。革命政府的成立尚可有精确时间，革命军起义开始的时间则相对模糊得多。1914 年初陈其美、陈中孚等最早在东北地区酝酿起义时，中华革命党还未成立。此时孙中山仍是秘密组党，入党者仍寥寥。同年 7 月中华革命党在东京正式成立，逐渐为各地所知，但此时革命党已在国内进行了多次起义。换言之，中华革命党在国内的军事起义极具突发性、分散性，难以成为判断党员入党的绝佳节点。

邵元冲后来对党员分级有另一种表述，似乎更合情理。其称，"凡是在中华革命党成立以后而各地方的革命没有成功以前入党的，称为首义党员；如果革命成功以后入党的，就称为附从党员。首义党员在革命成功后，称为元勋公民，在政治上有优越权。"④ 邵氏口中只有两个等级，且划分标准为革命是否成功。如此，身处革命之中的党员不至因等级不同生成感情上的阻碍，继而出现身份贵贱的复杂心理。邵元冲早在 1914 年初加入中华革命党，后跟随陈其美进行军事起义。此时虽非核心人物，但对党内情况算得上了解，他的说法应不会偏离事实太远。

另外，考虑到国内的高压政策，及海外各地政府对华人书信的检查制度，不能高估党人对党章的知悉程度。⑤ 党内誓约、章程一般由党本部以邮寄、联

① 《梅培上总理代黄兴请求修改中华革命党总章书》，黄季陆主编：《革命文献》第 45 辑，中国国民党"中央委员会"党史史料编纂委员会 1969 年，第 435—436 页。
② 《致吴敬恒书》（1914 年），《孙中山全集》第 3 卷，第 150 页。
③ 因袁世凯政府侦缉甚严，国内党员入党、支部组建等史料十分匮乏。海外各支部的情况有大量史料存留，但未涉及党员分级问题。
④ 邵元冲：《中华革命党略史》，《建国月刊》第 1 卷第 2 期，第 97 页。
⑤ 尤其在第一次世界大战爆发后，新加坡、菲律宾、缅甸、槟榔屿等地均加强了书信检查制度。《陈新政为党事致居正函》，《革命文献》第 48 辑，第 109 页；《缅甸五年来之党务》，《革命文献》第 45 辑，第 654 页等。

络委员传送等方式交给各地支部长，支部长再将作为入党凭证的誓约下发填写，但作为支部准则的党章一般不在支部内大范围传阅。

接下来，第 9、第 10 条党员介绍新进、党员背党时介绍人亦有责任等条目"未能实行"，着实与真正的入党情况相去甚远。这一时期，党人入党的方式各有不同。国内流亡日本的党员，多通过大森浩然庐、东京政法学校或婉转致函总理孙中山、党本部等方式加入中华革命党，而海外各支部，或由原国民党旧部改组入党、或组建新部整体入党，少见以个人身份引荐入党。

除上述 6 条外，孙中山对有关五权宪法的 5 条亦有标记。

五权宪法在孙中山民权主义的理论与实践中，具有极为重要的地位。有研究指出，相较于 1906 年制定的中国同盟会章程，《中华革命党总章》更加凸显五权宪法的理念，并设计了具体的体制架构，为未来五权宪法的实施提供制度模型。[1]《总章》规定，除总务部、军事部、财政部、政治部外，另设协助总理孙中山及所在地支部党务的协赞会。协赞会与前述四部并立为五，"备为五权宪法之张本"。协赞会之下，分为立法院、司法院、监督院、考试院四院。待政府成立时，取消协赞会，四院各成独立机关，与行政院平行，成为五权并立。是之谓五权宪法。[2] 改订本中，孙中山在协赞会下的考试院处标注了"未能实行"。政府成立时四院各成独立机关，亦标注"未能实行"。还有立法院、司法院、监督院的共有职能——筹备未来的国会组织、司法院组织、考试院组织等，均标注了"未能实行"。换言之，孙中山五权宪法的构思，未能随革命结束而平稳落地。

不过，党章虽以规章条文的形式呈现五权宪法的理念，但制度如何走向实践，孙中山有自己的考量。党章初次分发时，孙特意告知各支部不必完全照章组织，如军事部、政治部、协赞部及部内各院，支部均不必设立。"各支部只宜设部长、副部长，不宜设总、协理。各分科办事，只宜称科称股，不称部局院，以免混淆，而清界限"。[3] 五权宪法的架构，只须在党本部运行，国内外各地支部则承担军事起义、筹募军费等更具针对性的任务。但时势比人强，在波谲云诡的政治环境及变幻莫测的革命形势下，孙中山似乎并无精力研究五权宪法的具体运作。不过，在亲笔改定本中，孙中山明确了五权宪法"颁布之日，即为革命成功之时，本党乃能卸责"，说明"未能实行"实为时机未到，五权宪法颁

---

① 孙宏云：「孙文「五権宪法」思想の変迁」、『孙文研究』2005 年第 37 辑，第 14 页。

② 《中华革命党总章》（1914 年 7 月 8 日），《孙中山全集》第 3 卷，第 100－101 页。

③ 《致陈新政及南洋同志书》（1914 年 6 月 15 日），《孙中山全集》第 3 卷，第 93 页。

布之日才是相应机构组建与运作的开始。这也是之后中国国民党章程删去组建五权宪法所涉机构等条目的原因，将其党务与五权宪法的机构设置完全区分开来。

最后一处改订，也是党章的最后一条："本党总章之修改，须由立法院之提议，得本部职员及协赞会职员三分之二决可，乃得修改之"。孙中山的眉批为"评论而定之"。其笔触停留于此，具体如何评定，尚不知细节。1919 年 10 月孙中山修改党名时拟定并公布了《中国国民党规约》，并无新党章的踪影。直至 1920 年底粤军回粤、革命党重新组建军政府之际，《中国国民党党章》才正式出台。而新党章的最后一条，已更改为"本党总章之修改，须由本部职员过半数或支部长 10 人以上之提议，得开大会修改之"。这更佐证了孙中山将组党问题与五权宪法区分开来，明确革命成功后落实五权宪法的革命目的。

因此，结合 1919 年、1920 年中国国民党的党章、规约等文件，不难看出孙中山革命理念的一脉相承性，亦不难理解 1921 年他向党内强调"今日用的这个国民党，实在就是中华革命党。但是无论名目如何，实质总是一样的"①这句话的深层含义。

（作者单位：中山大学历史学系）

---

① 《在中国国民党本部特设驻粤办事处的演说》（1921 年 3 月 6 日），中山大学历史系孙中山研究室等编：《孙中山全集》第 5 卷，第 472 页。

祀孔与国教：袁世凯政府的尊孔取径

赵文茹

辛亥鼎革，共和取代专制，肇建的民国如何接续传统及定位孔子，成为时人关心的焦点问题。学界多关注康有为、陈焕章等孔教会代表的国教方案，[①]袁世凯政府作为施政主体，在国体变更的大转型时代采用怎样的尊孔政策，及如何回应国教方案等问题，目前尚缺乏细致深入的研究。[②]本文爬梳档案、文献汇编、报刊、文集及日记等相关资料，重点考察袁世凯政府的尊孔政策，力图呈现民国初年复杂的政治及思想背景下，政府对于尊孔路径的考量与选择。

一、延宕的祀孔方案

按照清朝礼制，仲春仲秋上丁日祭祀先师孔子，祭礼为中祀，至光绪末年为对应教育宗旨尊孔之意，将中祀升为大祀。[③] 民国肇造，国体变更，祀孔典

[①] 近年代表性的论著有张卫波：《民国初期尊孔思潮研究》，人民出版社 2006 年；韩华：《民初孔教会与国教运动研究》，北京图书馆出版社 2007 年；王长恒：《陈焕章孔教论研究》，硕士学位论文，华南师范大学 2007 年；崔宇：《近代孔教思潮研究：康有为孔教思想》，博士学位论文，河北大学 2011 年；裘陈江：《民初孔教会研究》，博士学位论文，华东师范大学 2015 年；袁小悦：《陈焕章孔教思想研究（至 1917 年前）》，博士学位论文，中国社会科学院研究生院 2022 年。

[②] 张卫波注意到北洋政府的尊孔主张及与孔教派在国教问题上的分歧，认为主要原因在于二者在人员构成、政治意图上的差异。参见氏著《民国初期尊孔思潮研究》，第 108—113 页。柏瑞莲关注到祀孔案与国教运动的纠葛，认为祀孔案为国教运动造势，国教运动也助长了祀孔案的声势。参见柏瑞莲《1914 年秋丁祀孔》，硕士学位论文，上海师范大学 2018 年，第 28 页。

[③] 赵尔巽等撰：《清史稿·志五十七》，中华书局 1998 年，第 2485 页。

礼的存废因革遂成为一大问题。

进入民国后的第一个仲春上丁日到来之前，陆续有地方咨询祀孔问题。浙江民政司长咨询文庙丁祭应否举行及祭服问题，南京临时政府内务及教育二部为此会同通告各省，称民国通礼尚未颁行，文庙暂时照旧致祭，礼仪则由跪拜改为三鞠躬，祭服为便服。① 其后在应对地方询问府县学宫应否一体举行丁祭问题时，内务、教育二部表示丁祭照旧属暂时办法，存废有待将来研究，令地方暂时就当下情形酌量办理。② 与此同时，北方政府的学部于国子丞咨询如何预备春祭典礼时，表示服制未确定以前，所有民国春祭典礼暂行展期，等服制确定后再行举办。③

南北政府统一后，祀孔典礼仍未得到解决。民国元年仲秋丁祭日来临之际，如何祀孔问题再次出现，教育部就此通电各省都督、民政长称：

> 近来各处关于祀孔一事，纷纷致电本部，各持一议。窃以崇祀孔子问题及祀礼如何订定，事关民国前途至巨，非俟将来正式国会议决后不能草率从事。现本部规定各学校于孔子诞日举行纪念会，以表诚敬。④

教育部认为祀孔问题关乎国体，非一部所能决定，应该留待正式国会解决。内务部也持同样的态度，在批复孔社的呈文中明确表示，共和国体下不应由行政权力命令尊孔，提出可由两种途径予以解决："如果一般国民心理确尊孔学，将来或由政府采集理由提交国会议决；或由各该会社自行请愿国会议决，著为令典以示依归，方于民主国体不相悖谬。"⑤ 无论是政府征集国民意见还是各社团自行请愿，要之代表民意的国会才是最终决定尊孔问题的主体。

民国二年仲春丁日将届之际，祀孔问题进入政府的议事日程。先是王式通上说帖请政府恢复祀典，包括郊社大典、祀孔及群祀。祀孔典礼方面，王式通

---

① 《内务教育二部为丁祭事会同通告各省文》，《临时政府公报》1912 年 3 月 8 日，第 10—11 页。

② 《金华府民事长询问丁祭办法电文》《内务教育两部复金华府民事长丁祭办法电文》，《临时政府公报》1912 年 3 月 16 日，第 6—7 页。

③ 《呈文》，《临时公报》1912 年 3 月 22 日，第 3 页。

④ 《公电·教育部致各省都督、民政长电》，《政府公报》1912 年 9 月 15 日，第 9—10 页。

⑤ 《内务部批第一百六十二号》，《政府公报》1913 年 3 月 6 日，第 8 页。

建议改变之前仅限官方致祭的情况，提倡各地广泛立会致祭孔子。① 徐绍桢呈文主张恢复祀天典礼，并在祀天时配孔子以定人心趋向。②王式通说帖及徐绍桢呈文由袁世凯下发国务院，交教育部与内务部核议。两部议复称祀天配孔关系重大，建议各省征集国民多数意见提交院议，国务院遂于 3 月 19 日通令各省民政长筹议祀天配孔问题。③其后，四川都督尹昌衡上书大总统，认为民国元年临时教育会议取消学校拜孔子，令青年无所忌惮、道德败坏，请总统令全国学校恢复释奠孔子之礼。④ 6 月 22 日，袁世凯发布命令谴责废祀之说，称赞尹昌衡"所见极为正大"，但仍以"民国以人民为主体，非任其自由信仰，不足以证心理之同"为由，强调国务院已令各省征集国民对于祀孔的意见，"应俟各省一律议复到京，即查照民国体制，根据古义将祀孔典礼折衷至当详细规定，以表尊崇"。⑤袁世凯同样拒绝以行政命令直接恢复学校祭孔，坚持以国民意见为决定祀孔问题的依据。

按诸前述国务院通令及临时大总统令，可知政府欲解决的问题为祀孔典礼的存废改良，主要为恢复祀孔并许国民致祭，及以孔子配天等，其途径是依据各省征集的多数国民意见，依民国体制折衷规定。由于国务院通令及临时大总统令中没有提及国会的主体地位，因而引发了不少国会议员的质疑。众议院议员罗永绍援引上年教育部令，认为崇祀孔子问题应由正式国会议决，政府此举有违反信教自由，蔑视临时约法及民意机关之嫌。⑥ 议员陈燮枢将各省议复手续比拟为前清时各省督抚复奏，批评代议政体下政府仍用议复手续，是蔑视人民代表、混淆行政立法权限。⑦在咨众议院的答复书中，国务院解释此前通令"早经声明，一俟议复到齐，再交国会议决，办理手续并无不合"，⑧进一步明确国会为最终议决祀孔的主体。

---

① 《王式通说帖》，《教育部编纂处月刊》1913 年第 1 卷第 2 册，第 3—6 页。

② 《徐绍桢呈》，《教育部编纂处月刊》1913 年第 1 卷第 2 册，第 6—7 页。

③ 《国务院训令第二号》，《政府公报》1913 年 3 月 20 日，第 4 页。

④ 《尹昌衡请仍行释奠孔子礼电》，《孔教会杂志》1913 年第 1 卷第 5 号"孔教新闻"，第 10 页。

⑤ 《临时大总统令》（1913 年 6 月 22 日），《政府公报》1913 年 6 月 23 日，第 1 页。

⑥ 《议员罗永绍质问祀孔典礼之命令违背信教自由之约法书》（民国二年六月三十日），李强选编：《北洋时期国会会议记录汇编》第 9 册，国家图书馆出版社 2011 年，第 499—501 页。

⑦ 《质问祀孔典礼之命令不交国会议决书》（民国二年七月一日），《北洋时期国会会议记录汇编》第 9 册，第 501 页。

⑧ 《国务院答复书》（民国二年十月一日），《北洋时期国会会议记录汇编》第 9 册，第 502 页。

筹议祀天配孔通令发布后，陆续有省份进行讨论并呈复意见。奉天绥中县呈复民政长，认为郊天及祀孔与国体并不抵触，建议各省各县立孔子庙，由民政长及县知事致祭，各学校设孔子神位一体崇拜，并精简礼节祭品等。① 湖北省议会开议此案，多数议员均赞成祀天配孔。② 山西省议会表示，敬天祀孔维系人心风俗，全体赞成王式通、徐绍桢所议。③ 山西都督阎锡山开具详细的祀孔意见，以孔子配天，春秋二祀依时举行，祀孔列入大祀，大总统遣官诣阙里祭告及大总统亲诣文庙等。④ 甘肃都督兼民政长张炳华建议祈年殿改为明堂，崇祀上帝以孔子配，京内外所有文庙许人瞻拜，并呼吁学校恢复读经。⑤ 但总体而言，地方议复进展缓慢，有议员观察到"各省议会与闻此事者亦寥寥无几"。⑥ 国务院要求各省筹议的通令为 3 月 19 日下发，三个月后袁世凯的临时大总统令中，仍称各省的意见"尚未复齐"。⑦

"二次革命"暴发后，战事成为各省关注的重点，祀天配孔的呈复几近停滞。距国务院发表通令近半年后，内务部在批复孔教会四川支会的呈请时，仍称祀天配孔案须俟各省复文到齐后，"即由本部会同教育部提交国务会议，呈大总统咨请国会议决施行"。⑧ 可见祀天配孔案一直处于议复状态，没有进入国务院会议议程，更没有提交给国会。康有为撰文批评国会忽略祀典，以祭祀之典无关紧要而无暇议及，⑨其实政府迁延未将祀典议案提交国会应是主要原因。民国成立后政府千头万绪，处境窘迫，面临财政、外交、军事及正式总统选举等诸多紧迫问题，祀孔等礼制问题在政府看来自是不急之务。其后孔教会直接上书国会，请愿在宪法中定孔教为国教，绕过繁琐的行政程序将孔教问题纳入

---

① 《奉天绥中县呈复民政长遵议郊社配孔文》，《大公报》1913 年 6 月 5 日，第 8 版；1913 年 6 月 6 日，第 6 版。

② 《鄂省会最近议决案纪要》，《申报》1913 年 6 月 28 日，第 6 版。

③ 《山西省议会咨复民政长交议准国务院电开祀天配孔征集意见文》，《宗圣汇志》1913 年第 1 卷第 2 号，"纪载"，第 1—2 页。

④ 《山西阎都督呈大总统祀孔典礼文》，《孔教会杂志》1913 年第 1 卷第 8 号，"丛录"，第 5—10 页。

⑤ 《护理甘肃都督兼民政长张炳华呈大总统拟将京师天坛之祈年殿改为明堂崇祀上帝配以孔子，至京内外文庙仍旧专祀先师等情请鉴核文》，《政府公报》1913 年 9 月 1 日，第 16 版。

⑥ 《质问祀孔典礼之命令不交国会议决书》（民国二年七月一日），《北洋时期国会会议记录汇编》第 9 册，第 501 页。

⑦ 《临时大总统令》（1913 年 6 月 22 日），《政府公报》1913 年 6 月 23 日，第 1 页。

⑧ 《呈批·内务部批第五百三十三号》，《政府公报》1913 年 9 月 1 日，第 9 页。

⑨ 康有为：《复教育部书》，《不忍》1913 年第 4 册，第 7 页。

国会议程，祀孔问题也被宪法上的国教议题所取代。

二、孔教会创制：以国教代祀孔

对于政府的祀天配孔案，孔教会诸人多表赞同，《孔教会杂志》上登出陈焕章、顾震福、孙德谦及马其昶等人的论说，为孔子配天提供历史及理论依据。① 但恢复祀孔及以孔子配天远不能达到孔教会诸人的目标，康有为、陈焕章等对孔教地位有着更为整体及宏大的图谋。如此前内务部建议，在共和国体下，各会社团体可以自行请愿国会议决尊孔问题。随着正式国会开会及宪法起草委员会成立，1913 年 8 月 15 日，孔教会代表上书参众两院，请愿于宪法上明定孔教为国教，并许信教自由。请愿书重点阐明孔教为国教之事实，并疏通国教与信教自由的关系，详细列举十一国宪法上的国教条文，证明立孔教为国教的合理性。②

请愿书没有涉及奉行国教的具体措施，检视孔教会诸人倡立国教的言论，大致可以了解立国教的实施方法。康有为建议国教"特别待遇"包括三方面：一为崇体制，总统与地方长官在春秋及圣诞日大祭，朔望谒孔庙，学校奉祀孔子，行三跪九叩礼；二为设学位，大中小各学校皆读经，大学设经科授以学位，国家支助学校经费；三为立教会，国家助以经费或设教院专司宏导。③ 陈焕章虽未给出尊奉国教的直接方案，但从其昌明孔教的若干方式中能够看出大致趋向，主要包括遍立孔教会、以孔子纪年、祀上帝以孔子配、学校祀孔讲经、庆祝孔子诞日、教会主吉凶礼及传教等。④ 廖道传提出的尊国教办法为：一、尊孔子为教主，祀孔配天，各文庙改称圣庙，国民皆可敬礼；二、学校教授经学，大学本科设经学专科；三、京师、各省各县设圣教会讲明圣学，并选派儒士往各国传教；四、大总统优待衍圣公以上宾之礼等。⑤ 从这些具体举措可

---

① 陈焕章：《祀天以孔子配议》、顾震福：《论孔子配天为教主之征》，《孔教会杂志》1913 年第 4 号；孙德谦：《祀天以孔子配议》、马其昶：《祀天配孔议》，《孔教会杂志》1913 年第 5 号。

② 《孔教会全体请愿》，《顺天时报》1913 年 8 月 16、17、18 日，第 3 版。是文当时被报刊广泛刊载，如《时报》1913 年 8 月 18、19、20 日，第 6 版；《庸言》1913 年第 1 卷第 16 号；（杭州）《教育周报》1913 年第 16 期；《宪法新闻》1913 年第 15 期等。

③ 康有为：《拟中华民国宪法草案》，《不忍》第 8 期，1913 年 11 月，第 140 页。

④ 陈焕章：《孔教论》，上海，1911 年 11 月 23 日初版，第 59—62 页。

⑤ 廖道传：《请尊孔教为国教议》，《孔教会杂志》1913 年第 1 卷第 7 号"论说"，第 12—13 页。

以看出，祀孔及以孔子配天是尊孔教为国教的重要内容，换言之，政府方案中的祀孔内容被囊括在国教提案中。

需要注意的是，祀孔及以孔子配天是政府方案与孔教会国教提案的共同内容，但二者在制度立意上有着根本区别。政府令各省筹议的祀典方案，立足于礼制，想解决的是传统祀孔典礼的恢复及变通改良问题。孔教会的国教创制目标在宪法，试图移植西方基督教国家的国教制度，在宪法中确立孔教的国教地位，于国教体制下整体解决祀孔、读经、立教会及传教等问题。因西方国家的国教制度皆以基督教会为主体，所以陈焕章等人建立孔教会，同时极力将孔教论证为一种宗教，指出孔子为教主，孔教具备名号、衣冠、经典、信条、礼仪、鬼神、魂学、报应、传布、统系、庙堂、圣地等宗教要素，因此如基督教一样有立为国教的资格；[①] 另一方面又尊重信教自由的现状，论证孔教为国教不妨碍信教自由。[②]前述孔教会请愿书中亦大篇幅疏通国教与信教自由的关系，这些努力旨在对标基督教国家的体制。有学者指出孔教会诸人试图在现代宪法的框架中，为儒家重建制度性保障。[③]据此可见，康有为、陈焕章等试图在时人推崇及信仰宪法的背景下，为孔教在根本大法中谋得永久地位。

以教会为主体的西方国教制度对多数国人而言毕竟陌生，时人依据经验及现状，对国教的理解往往等同于祀孔及读经。法政学生宁万中上书教育部，认为提倡国教的要点在于学校读四书、官僚考四书及恢复祀孔。[④]《长沙日报》刊文提议政府定孔教为国教的两个办法，一为学校祀孔，一为学校读经。[⑤]尊孔团体也将国教与祀典等同，寰球尊孔总会发起人沈维礼等呈书大总统，称各省废祀不可胜计，建议政府"提倡国教，修订祀典"，令"各省各县一体循例丁祭"。[⑥]

国教与祀孔的牵缠尤其体现在各地方实力派对于国教的支持上。孔教会上

---

① 陈焕章《孔教论》，第 5—28 页。

② 陈焕章：《明定原有之国教为国教并不碍于信教自由之新名词》，《孔教会杂志》1913 年第 1 卷第 1 号，"讲演"，第 1—11 页。

③ 干春松就儒家的制度化重建方面有细致深入的分析，参见干春松：《制度化儒家及其解体》（修订版），中国人民大学出版社 2012 年，第 349—379 页。

④ 法政专门学校毕业生宁万中：《上教育部请定国教书》，《孔教会杂志》1913 年第 1 卷第 1 号"公牍"，第 34 页。

⑤ 《孔教救亡论》（录长沙日报），《孔教会杂志》1913 年第 1 卷第 6 号"论说"，第 57—58 页。

⑥ 《沈维礼等致大总统呈》，中国第二历史档案馆编：《中华民国史档案资料汇编》第 3 辑·文化，凤凰出版社 1991 年，第 91—92 页。

书国会后，各地军民长官纷纷通电支持国教。① 对于各省实力派拥护国教的原因，陈志让指出督军们缺乏教育，他们依赖的参谋人员多受传统教育，故强烈拥护儒家道统；黄克武则分析督军们的通电内容多半重申孔教会主张，认为这些军政长官并不了解宪法的性质与功能，潜意识中将宪法类比为皇帝的敕令。② 仔细考查这些通电的内容，可以发现各省军民长官大都将国教与祀孔关联甚至等同，这应是他们支持国教的重要原因。临时副总统兼湖北都督黎元洪请两院速定国教，其关注点在于厘定祀孔章程及相关礼节。③ 河南都督张镇芳、民政长张凤台的通电，将国教理解为"定孔教为一尊，祀以明堂，崇以丁祭，尊之以三献，至祀天之日，仍配以孔子，国有大事，并昭告于孔子"。④ 直隶民政长刘若曾认为各省通电及孔教会代表请愿书在祀孔大典上异口同辞，⑤ 江西民政长汪瑞闿赞同黎元洪提议，认为"先定祀典，更属要图"。⑥ 这些都督、民政长未能触及宪法中立国教的制度涵义及其可能衍生的一系列问题，他们对国教的回应可以视为对此前政府祀孔方案的表态。

孔教会的国教移植方案显然面临着诸多难解的困境。国教制度发源自西方基督教国家，有其特定的历史土壤、宗教传统及仪式规章。将其移植到情形迥异的中国，必须要解决孔教是否为宗教、国教与信教自由如何调适、国教如何具体实施等诸多问题，这些问题在学理和法理上均很难达成共识。宪法起草委员会多次开会讨论国教议案，正反双方争论激烈，最后否决国教提案，只将"国民教育以孔子之道为修身大本"条文，写入宪法草案第十九条"中华民国人民依法律有受初等教育之义务"下。国教议案遭否决的主要原因一为孔教不是宗教，中国不是宗教国；二为定国教有损信教自由，容易引起教争。⑦ 基督

---

① 各省军民长官通电情况，柏瑞莲做了详细列表，见柏瑞莲：《1914 年秋丁祀孔》，第 28—30 页。

② 韩华：《民初孔教会与国教运动》，第 91 页。

③ 《致京外各机关》（中华民国二年九月九日），《黎副总统政书》第 28 卷，湖北官纸印刷局刊，1914 年 8 月 1 日出版。

④ 《河南都督民政长请定孔教为国教电》，《宪法新闻》1913 年第 19 期"宪史"，第 11—12 页。

⑤ 《直隶民政长刘请定孔教为国教电》，《孔教会杂志》1913 年第 1 卷第 9 号"丛录"，第 20 页。

⑥ 《江西民政长汪赞成尊孔电》，《孔教会杂志》1913 年第 1 卷第 9 号"丛录"，第 23 页。

⑦ 宪法起草委员会对孔教问题的讨论，参见马赛：《民初立宪活动中的孔教问题研究》，硕士学位论文，中国政法大学 2010 年，第 12—30 页。

教教徒认为"宪法上廖廖数字，何殊剑树刀山"①，纷纷上书请愿反对国教，并在《大公报》《圣教杂志》《真光报》《通问报》《大同报》等报刊上鼓吹舆论，就孔教是否是宗教、中国是否有国教、信教自由、国教实行的障碍及定国教的后果等问题发表大量文章。②一时间舆论撕裂、团体对峙，这些纷争正坐实了国教引发教祸的担忧。面对国教提案的纷扰及祀孔与国教混同的局面，主持国务的政府大员纷纷表态阐明自身立场。

三、政府大员的态度

作为政府的行政首脑，总统袁世凯并不赞成将孔子视为宗教家，更反对立孔教为国教。在致孔社成立的祝词中，他指出以宗教形式尊崇孔子，"强侪诸释道回耶各教之列，既失尊孔本意，反使人得执约法以相绳，何其惧也。"③孔社立名不以宗教为号，其宗旨以阐扬孔学为主，致力于编译学说、发行学报、设立学会三大端，深得政府称赞。④相比之下，孔道会的发起人王锡蕃、刘宗国等最初是以"孔教会"名称呈请政府备案，袁世凯亲自将"教"易为"道"，定名为"孔道会"。⑤袁世凯谨慎处理"道"与"教"的称谓，认为"专指孔为教，是崇之反褒、广之反隘，必启争端。"⑥袁世凯作为历验世务的大员，处理过不少教案，深知民教冲突的危害及国际交涉的棘手。因此，对于宪法起草委员会否决国教提案，其颇为赞同，认为此举免去政府许多周折。⑦国会否决国教案后，各省仍纷纷通电力争国教，⑧基督教徒亦组织请愿团以示反对。秘书梁士诒替袁世凯接见请愿团代表时解释："大总统对于尊孔一问题，只言孔学孔道不言孔教，遑论定为国教。"梁本人认为各省都督将教育之教、礼教之教及宗

---

① 无妄：《闲评一》，《大公报》1913 年 11 月 4 日，第 2 版。

② 有关基督徒反对国教的行动，参见张泽彤：《试论基督教对民初尊孔活动的反应——以基督教报刊为中心》，《中山大学研究生学刊（社会科学版）》2004 年第 1 期。

③ 《大总统致孔社祝词》，《孔社杂志》1913 年第 1 期。

④ 《内务部批第一百六十二号》，《政府公报》1913 年 3 月 6 日，第 8 页。

⑤ 中国科学院近代史研究所中华民国史组编：《中华民国史资料丛稿》特刊第一辑，中华书局 1974 年，第 29 页。

⑥ 《手批电文 1066 件》之 842，骆宝善、刘路生主编：《袁世凯全集》第 24 卷，河南大学出版社 2013 年，第 688 页。

⑦ 《大总统亦不赞成国教问题》，《大公报》1913 年 10 月 18 日，第 3 版。

⑧ 各省通电见《孔教会杂志》1913 年第 1 卷第 10、11 号；《宗圣汇志》1913 年第 1 卷第 6 号。

教之教混同为一，是以产生了诸多误会。①这一说法得到袁世凯的肯定，在亲自接见基督教徒代表时，他强调支持国教的各省"皆系误会宗教与礼教"。②既然反对以宗教形式尊孔，立足礼教、回归祀典自然成为不二法门。1913年11月26日，袁世凯发布命令颂扬孔子之道，称孔子为万世师表，孔学立人伦之极，令衍圣公暨配祀贤哲后裔膺受的荣典均仍其旧，并令主管部门厘定尊圣典礼呈候布行。③该命令预示着政府将排除国教议案的干扰，重新从祀典上解决尊孔问题。

副总统黎元洪对国教的态度有一个转变过程。如前所述，黎元洪起先对孔教会请愿表示赞成，通电请两院速定国教。该通电没有就宗教性质、信教自由等要点进行分析，仅建议政府厘订常祭、大祭章程及礼节并迅速颁行。黎元洪赞同国教，但重心却在祀孔典礼，可以推知其此时并不明了国教与祀孔的区别，不清楚"国教"这一外来制度所蕴含的意义及其可能引发的问题。随着宪法起草委员会对国教提案的讨论及基督教徒的反对，黎元洪对宗教定义、孔教定位等方面有了进一步认识。在孔社举行的孔子诞辰纪念会上，黎元洪的代表胡瑞霖发表演说，不同意近来尊孔者以孔子为宗教家。他认为宗教家排斥异教，以迷信蛊惑人心图一己私利，希望全国人士勿以宗教家视孔子。胡瑞霖特别强调黎元洪"向不敢以宗教狭视孔子"，惟重视实行孔道，提倡身体力行。④宪法起草委员会否决国教议案后，黎元洪虽通电谴责，但关注点仍然落在祀孔方面，主张祀孔配天为国家根本大计，请大总统于宪法未定前，令各学校开学及放假前一律设位崇祀孔子。⑤1913年12月11日，黎元洪抵京，入京后其对国教的态度与袁世凯渐趋一致。在与基督教代表的谈话中，黎元洪声明不赞成孔教为国教，仅强调尊重孔子道德，提议将孔学立为官立学校的教科，并表示政府没有侵夺信教自由的意思；⑥接见万国改良会会长丁义华时，其再次强调绝不赞成国教，学校也不能强迫学生一律拜孔子。⑦黎元洪态度的转变，意味其已明晰国教与祀孔在制度立意上的根本差别，从而主张祀孔反对国教。

国务总理熊希龄则对国教一直持鲜明的否定态度。他认为信教自由为文明

① 《大总统不赞成定国教》，《大公报》1913年12月4日，第3版。
② 《刘教师与两总统之谈话》，《顺天时报》1913年12月16日，第9版。
③ 《大总统令》，《政府公报》1913年11月27日，第1页。
④ 《孔社圣诞日副总统代表胡瑞霖君演说词》，《顺天时报》1913年10月7日，第3版。
⑤ 《上大总统并致京外各机关》（中华民国二年十一月十二日），《黎副总统政书》第33卷。
⑥ 《特约路透电·北京电》，《申报》1913年12月17日，第2版。
⑦ 《学校拜孔非副总统意》，《大公报》1913年12月19日，第3版。

国公例，欧美各国大都规定于宪法，以政府权力干涉宗教，容易引发教祸。[①]在各省长官纷纷支持国教倡议时，熊希龄仅表示如果主张者要求甚力，可以为"形式"上之国教，但不能定为实际上之国教。[②]宪法起草委员会否决国教议案后，各省又纷起力争，熊希龄对此极不赞成，担忧将重现欧洲教争惨祸。[③]为期彻底解决国教问题，免生政治风潮，熊希龄呈文袁世凯，详细阐明对于国教问题的看法。呈文重点强调三方面：其一，孔子不是宗教家。"所谓国教者，即全国国民所奉宗教之谓。"宗教通常讲天堂地狱、众生普渡，孔子学说无一类似，历代尊孔子以其学说有裨益于政治，非以宗教家尊之。其二，定孔教为国教有损五族共和。如果迫使蒙、藏、回弃其信仰，会导致五族分裂；如果仅存孔教为国教的虚名，则不用采取此有名无实的政策，徒生滋扰。其三，政教分离、不定国教为现今世界潮流，强大国家皆不定国教，任人信仰自由。若强定国教，他教必借外国势力为护符，将使庚子之乱重现。[④]熊希龄主张政府体察国家情势及世界潮流，尊重国民信教自由，采取合适的方法尊崇孔道。其认为合适的尊孔方法，即是《政府大政方针宣言书》所张布，在社会教育上重视孔子教义，"一面既尊重人民信教之自由，一面仍当以孔教为风化之本"。[⑤]熊希龄关于国教问题的意见给袁世凯的决策提供了重要参考。当时有传教士认为袁世凯于祀孔案议决后发布的不定国教命令，即是由此不定国教的呈文而来。[⑥]

正如《大公报》记者的观察，"两总统、熊总理极不以国教为然，致使无端肇起纷乱"。[⑦]主理国务的大员们对国教提案如此观感，尊孔政策势必回到争议较少、切实可行的方案上来。在经历国教议案的波折后，祀孔问题再次被政府提上日程。

四、因袭旧典与改良变通

国会停止议程后，袁世凯命令组织政治会议，1913 年 12 月 15 日政治会议

① 《附件·熊总理希龄十月十二日演词》，《大同报》1913 年第 19 卷第 36 期。
② 《政府对于请求国教之意见》，《大公报》1913 年 9 月 25 日，第 3 版。
③ 《特约路透电·北京电》，《申报》1913 年 12 月 29 日，第 2 版。
④ 《定孔教为国教问题呈大总统文》，周秋光编：《熊希龄集》第 4 册，湖南人民出版社 2008 年，第 622—624 页。
⑤ 《政府大政方针宣言》，《熊希龄集》第 4 册，第 396 页。
⑥ 《国务院呈孔教不能定为国教文》，《真光报》1914 年第 13 卷第 3 期。
⑦ 《要闻·宣布不定国教命令之中梗》，《大公报》1913 年 12 月 19 日，第 3 版。

开幕。为彻底解决国教问题引起的纷扰，袁世凯特交《祭天咨询案》及《祀孔咨询案》两案给政治会议，并特意叮嘱议长李经羲就祀孔案本身讨论，不要动议国教问题：

> 此次交议之祀孔案，系属就中国习惯上着想，纯系规复旧制之手续，并非另创新议。该会于讨论时，务须认明宗旨，就事论事。其国教问题，原案既未提及，则该会即不便动讲，庶免将来有教争教祸之虑。①

袁世凯将祀孔视为"规复旧制"，言下之意孔教会的国教方案为"另创新议"。规复旧制即意味否定新议，重新回到中国固有的祀孔习惯上来。祀孔咨询案中尊孔子为"赅百家之精、立人伦之极"，因此"断无废祀之理"，咨询的内容主要在于祭期及祭仪问题，丝毫没有涉及孔教、宗教、国教等字眼。②

1914年1月14日，政治会议开会讨论祭天及祀孔两案。开议祀孔案之前，主席李经羲秉承袁世凯意旨，强调祀孔与国教不相混同，因为国教含有迷信意味，而尊孔出于人民崇拜孔子之心理，与道德有莫大关系。孙毓筠附议李经羲观点，认为祀孔与国教是两个绝不相关的问题。③尽管李经羲等极力划清祀孔与国教的界限，但此前由国教争议而起的孔子是否宗教家及信教自由等问题很难打消。天主教徒艾知命提出疑义，认为需解决孔子是人是神问题，以及他教教徒因教规所限不能拜祀孔子的难题。④艾知命从奉教者的角度看待祀孔，认定祀孔性质与宗教相关，强制拜孔子将来必然导致宗教上的冲突。

针对艾知命将祀孔与宗教联系到一起，孙毓筠、许鼎林、邓镕等议员群起反对。孙毓筠的驳斥尤为严厉，他首先声明祀孔已为不可更易之事，大总统所咨询的不过为祭期与祭礼问题；继而强调祭孔与定国教判然有别，祭孔历代相沿，为保存世道人心计，与宗教毫无关系，并指出祭孔在前清时代未引发五族冲突，在民国自然也不成问题。孙毓筠的观点得到不少议员的赞同。许鼎霖认为中国尊孔二千余年，历代祀孔已成不易之典。张志潭表示尊孔祀孔不自民国始，祀孔与宗教毫无关系。邓镕也称祀孔与国教不相关涉，拜孔子是拜其道

---

① 《致政治会议议长李经羲函嘱其勿动议国教问题》，《袁世凯全集》第25卷，第141页。
② 《大总统特交祀孔咨询案》，《政治会议议决案》，1914年，第25页。
③ 《政治会议第三次会议速记录》，《政治会议速记录》，1914年，第20页。
④ 《政治会议第三次会议速记录》，第25—26页。

德，没有宗教上的意义，强调自己也反对定孔教为国教。蒙古族议员贡桑诺尔布表示蒙古也敬仰孔子，祀孔不妨碍五族共和。① 针对会场上隐然含有的宗教竞争，顾鳌以内务部特派员身份做了详细的解释，进一步澄清政府认为尊孔子与定国教绝不相涉，祀孔典礼历代相沿，祀孔案咨询的并非宪法上的国教问题。他劝慰艾知命不要将祀孔与宗教相联系，以免外人误会又引起纷争。顾鳌阐明政府立场后，多数议员认为祀孔已成定论无须再讨论，需要研究的仅为祀孔日期，其后主席以赞成祭孔子用大祀付表决，多数通过，指定许鼎林、梁建章等七人为该案审查员。②

七人审查会于 17 日及 21 日两次开会审查讨论，除祭期与祭仪外，审查会重点讨论了艾知命的意见。艾知命仍坚持祭祀与宗教牵涉的立场，提出两点异议：其一，强迫奉教者参加祭天祀孔违反约法上的信教自由；其二，教徒一方面因不能参加祭天祀孔失去为官及受教育的权利，一方面又需承担祭天祀孔典礼费用，此举与约法上"中华国民无种族宗教之别，于法律上均为平等"的规定相违背。因此艾知命建议于祭天祀孔条下另附祀拜自由条件。③ 针对这些意见，审查报告指出祀孔为遵用旧典，不应牵入宗教，并逐一解答艾知命的异议：一、祀孔典礼中国历代尊崇，民国之前无人因祀孔不能做官吏及受教育，民国遵从旧典，不致反生不便；二、不能以少数人之自由束缚多数人之自由，废孔祀违反中国一般国民的心理；三、关于艾知命所提议的另附祀拜自由条件，报告书中明确主官遇有事故可委他人代祭，因此不必再另附条件。④ 报告书立足于旧典成案，回应有理有节，并就教徒祭祀问题做了变通，有效化解了祀孔与宗教的对立关系。1 月 29 日政治会议以多数赞成通过祀孔案审查报告书。⑤

纵观上述祀孔咨询案的讨论与审查，可以看出国教争议对祀孔的影响，政府极力避免将祀孔牵及宗教范畴，任何关联到宗教意涵的提议都被小心规避，如祀天配孔一节没有被采纳。对比上年 3 月国务院令各省筹议的祀天配孔方案，徐绍桢条陈中明确建议祀天配孔，陈焕章给政治会议的说帖也提及这一

① 《政治会议第三次会议速记录》，第 25—28 页。
② 《政治会议第三次会议速记录》，第 28—31 页。
③ 《来件·政治会议议员艾知命提出意见书》，《大公报》1914 年 2 月 1 日，第 9 版。
④ 《政治会议第六次会议速记录》，第 21—23 页。
⑤ 《政治会议第六次会议速记录》，第 27 页。

层，建议政府尊重多数国民以孔子配天的意见。① 基于国教提案引发的舆论风潮，袁世凯不愿祭天与祀孔两案再起宗教纷争，于祭天咨询案中特意指出陈焕章所拟的孔子配天一节"究与宗教有碍，似可缓议"。②政治会议讨论祭天咨询案时，陈懋鼎、许寿裳等议员亦主张孔子配天有宗教嫌疑，③最终通过的祭天咨询案议决"所有配天一节拟请毋庸置议"。④ 多年后徐绍桢回忆起民国初年祀天而无孔子配享，仍旧耿耿于怀。⑤

祀孔日期的选择同样反映出政府的顾虑和谨慎。审查会将祀孔祭期定于旧历春秋仲月上丁日，其中一个原因是用阴历丁日祭祀，可以向奉教人士表明纯是遵守古礼，改定祭期反而会使信教者产生误会。⑥ 单纯立足于规复旧典不旁生枝节，艾知命等奉教人士的质疑便无所附丽。正如《申报》所称，祀孔为"吾国最久习惯，并非创举，与宗教无关"。⑦绝大多数议员也认可祀孔与国教不相关涉、不是同一问题，祀孔是基于礼制旧典，国教则效仿基督教国家、与宗教牵连。几千年相沿的祀孔典礼在于发挥孔子的学问道德，意在保存世道人心，并不涉及孔子是人是神问题，不妨碍信教自由及五族团结。昔时国教议案面临的种种困境，在回归祀孔旧典时皆可迎刃而解。

袁世凯为避免颁布祀孔令时再起舆论风潮，特令预拟命令草案的梁士诒措辞上注意两点，一是对国教问题绝口不提，一是对祀孔申明意义。⑧ 1914年2月7日，袁世凯发布规复祭孔令，强调崇祭孔子为因袭历代旧典，规定祭仪为大祭，京师文庙由大总统主祭，各地文庙由地方长官主祭，"如有不得已之事故，得于临时遣员恭代"；开学首日、孔子生日等则可各从习惯，自由致祭，未作强制要求。⑨ 为避免祭孔典礼招致误会，袁世凯同时发布命令保障信教自由，强调宗教上听人民自由信仰，不便特定国教致戾群情；又解释尊崇先圣为

---

① 《陈焕章说帖》，《政治会议议决案》，1914年，第51页。

② 《大总统特交祭天咨询案》，《政治会议议决案》，1914年，第21页。

③ 《政治会议第三次会议速记录》，《政治会议速记录》，第4、8页。

④ 《大总统特交祭天咨询案》，《政治会议议决案》，1914年，第24页。

⑤ 徐绍桢：《学寿堂庚午日记》（1930年12月25日），李德龙、俞冰主编：《历代日记丛钞》第185册，学苑出版社2006年，第545页。

⑥ 《政治会议第六次会议速记录》，《政治会议速记录》，第25页。

⑦ 《专电·北京电》，《申报》1914年1月16日，第2版。

⑧ 《要闻·大总统预拟祀孔命令》，《大公报》1914年2月2日，第3版。

⑨ 《大总统令》（中华民国三年二月七日），《政府公报》1914年2月8日，第7页。

数千年不刊之典，与宗教问题无关。① 这两条命令一方面在国家礼制层面确立了祀孔的大祀地位，回应了尊孔团体的诉求；另一方面又划清祀孔与宗教关系，明确否定国教，彰显信教自由，在祀拜规定上做了改良变通，对于信教人士而言也是较满意的结果。此前反对国教最激烈的天主教进行会，特发布公启称，政府发布命令重申信教自由及祭天祀孔可以自由致祭等，"似此已达我教请求目的"，"收此美满效果"。②外报对祀孔也多表理解，《公论西报》认为祀孔既非国教，又可以遣人代祭非强迫祀孔，政府用意无非在于令国民毋忘孔子之道，于维持道德中寓有信教自由之意。③德文报纸评论祭天尊孔为中国旧时礼典与固有国粹，对于辅助政治进化、促进民众道德方面功不可没。④可以说，政府务实灵活的政策取得了较理想的效果，喧闹半年之久的国教风潮，至此暂告一段落。

结　语

辛亥鼎革，清社易屋，国体政体变更后孔子的定位及祀孔典礼亟须解决，袁世凯政府初拟由各省征集多数国民意见，根据各省呈复情况改良祀孔问题。与此同时，以孔教会为代表的尊孔团体直接上书国会，效仿基督教国家的国教制度，请愿宪法上定孔教为国教，于国教体制下整体解决祀孔、读经、立教会及传教等问题。然而，移植自域外的国教制度，面临学理、法理及实践上的多重困境，天主教及新教等奉教人士纷起反对，引起激烈的舆论纷争。袁世凯政府不赞成国教，坚持因袭祀孔旧典并予以改良。由国教问题引发的宗教争论牵及到祀孔性质，因为数千年祀孔的实践没有发生过宗教战争与政治分裂，奉教人士的质疑被一一化解，国教提案面临的种种困境在回归祀孔时迎刃而解。

袁世凯政府立足国俗民情并顺应世界潮流，一方面用祀孔典礼尊重孔子的道德学说，另一方面保障国民的信教自由权利，平息了由国教请愿而起的舆论风潮与团体对峙。对一国政治而言，主政者审时度势、务实灵活的政策尤为重要。袁世凯政府尊孔政策上的取径，正合时人处置国教议题的建议，即"理论

---

① 《大总统令》，《中华民国三年二月七日》，《政府公报》1914年2月8日，第8页。
② 《解释祀孔之命令·附天津公教进行会启》，《善导月报》1914年第10期。
③ 《关于宗教之新外交》，《申报》1914年3月16日，第6版。
④ 《德报之关心中国前途者》，《申报》1914年2月2日，第6版。

与事实宜期其符合"，"治事以实不以名"，① 这样的智慧值得我们重视与肯定。

在政策层面的务实稳健之外，袁世凯政府的尊孔取径提示了更深一层的文化与传统的逻辑。李怀印指出中国在探索构建现代国家的过程中，曾经青睐过欧美、日本或苏俄的各种建国模式，但是中国体量大，历史惯性强，使各种移植自国外的理念和模式，最终均不得不让位于植根于中国自身传统和资源的内在动力和逻辑。② 这一识见对于理解袁世凯政府的尊孔路径亦颇有启发。祀孔为中国数千年旧典，契合国民心理与习惯，其仪制与实践皆有成案，立足于祀孔传统的因革损益较容易在国人中达成共识。相比之下，国教方案的话语资源及制度资源均来自域外，如果移植国教制度，需在学理、法理及实践层面上对标基督教国家，其中的难度及扞格可以想见，削足适履终究步履维艰。一方面以固有文化与礼仪习俗为基础，另一方面因应时势进行改良与调适，或才是传统向现代转化的可行道路。

（作者单位：中山大学历史学系）

---

① 《专件·谢秘书之条陈》，《申报》1914 年 3 月 1 日，第 7 版。
② 李怀印：《现代中国的形成：1600—1949》，广西师范大学出版社 2022 年，第 388 页。

大革命时期广州国民党基层党部的
发展与运行情况初探

彭毅聪

    1923 年 10 月，孙中山在鲍罗廷和共产党人的推动下开始尝试改组国民党。在党的上层设立临时中央执行委员会的同时，完善党的基层组织也是改组的重要一环。11 月，孙中山在广州市全体党员大会上表达了加强基层组织力量的愿望。孙认为国民党组织"未备"，训练"未周"，以后的国民党若要变为"由下而上"，有完备下层组织的党，就要如军队一般从最基础的单位开始训练。[①] 汪精卫在"一大"期间回顾临时中央执行委员会的工作时，认为"临时中央执行委员会除办理改组及筹备全国代表大会事宜之外，最重要者，为广州市内各区党部区分部之组织。"[②] 国民党要人对下级党部工作之重视，提示着其在国民党改组工作中占有重要地位。作为最下级组织的区分部，其建立与运作之效果也在一定程度反映着国民党改组之效果。学界对国民党改组这段历史的研究，多数仅关注其上层组织及人物的情况。尽管已有很多研究关注国民党在不同省份，甚至海外之党部的运作或发展，但它们多数仍只是研究该地区的上级党部。[③] 至

---

① 中山大学历史系孙中山研究室等编：《孙中山全集》第 8 卷，中华书局 1986 年，第 390 页。

② 《临时中央执行委员会报告概要》，李云汉主编：《中国国民党党务发展史料——中央常务委员会党务史料》，中国国民党中央委员会党史委员会 1995 年，第 10 页。

③ 例如郑旗：《1912－1931 年国民党湖南省级党组织研究》，博士论文，湖南师范大学历史文化学院 2013 年；肖晓飞：《国民党南京市党部研究（1924－1931）——以派系斗争为中心》，硕士论文，南京师范大学社会发展学院 2016 年；陈颖贤：《改组后中国国民党中央派系之争对美洲党部的冲击（1924－1927）：以三藩市总支部为例》，《史耘》2017 年总第 18 期；蔡豫：《"以党治国"在地方层级的实践——国民党浙江省党部研究（1924—1937）》，博士论文，上海师范大学人文与传播学院 2018 年。

137

于确实涉及大革命时期国民党最下层区分部运作状况的研究，其内容则比较简略，仍有进一步拓展的空间。① 本文将对大革命时期广州市内区分部的建立与运作，区分部涣散的原因及其产生的后果进行探讨。

一、广州特别市党部所辖区分部之建立与运作情况

大革命时期，广州市是国民党政权的核心地区，该市党组织的改组与运作对全党有示范意义。这里不仅有直辖于中央党部，总理全市党务的广州特别市党部（与省党部平级），还有遍布全市的基础党组织。改组伊始，根据12个警察区分设12个区分部，之后一旦某警察区内再新增两个以上的区分部，经临时中央执行委员会派员召集各区分部代表大会，即可成立1个区党部。在正式区党部建立之前，最早的12个区分部为"代理区党部"。② 到1924年1月12日为止，广州市内成立9个正式区党部，3个代理区党部，66个区分部，3个特别区分部，党员总数8218人。③ 1924年3月，位于花地（该处未划入警察区）的广东油业工会300多名工人加入国民党，组成第十三区党部。大革命时期，广州市内区党部数量基本不变，惟区分部数量在增长。1924年7月，数量达150多个。1925年10月，除去广州市内的特别区党部（直辖于中央党部），全市有450个区分部，党员25000多人。至1926年5月，区分部数量却减为250个，登记党员人数为14569名。④ 同年9月，广州市党部以全体区分部执行委员及全体党员名义致电汪精卫，落款写明区分部有268个，党员25000人。⑤ 后来国民党"三大"期间提交的党务发展报告，则称1926年5月至1927年3月间，广州特别市区党部有14个，区分部236个，

---

① 王奇生：《论国民党改组后的社会构成与基层组织》，《近代史研究》2000年第2期。

② 深町英夫：《近代广东的政党社会国家》，社会科学文献出版社2003年，第222页。

③ 《临时中央执行委员会报告概要》，李云汉主编：《中国国民党党务发展史料——中央常务委员会党务史料》，第11页。

④ 《中国国民党全国党务概况》，《政治周报》1925年第3期，第5页；《中国国民党最近党部组织概况》，《政治周报》1926年第14期，第15页。

⑤ 《中国国民党广州特别市党部等电汪兆铭现北伐大军节节胜利党务国计亟须乘时发展请即日销假主持一切》（1926年9月6日），台北"国史馆"藏"汪兆铭史料"，数位典藏号118－010100－0002－030。

党员 12381 人。①

在国民党"一大"通过的总章里，区分部被确认为党的基本组织。每个区分部最少应有 5 名以上党员，其作用是成为党员之间或党员与党的主要机关联络的纽带。其具体职能为：1. 执行党的决议；2. 征求党员；3. 帮助区执行委员进行党务；4. 分配党的宣传品；5. 收集党捐和印花捐，分销本党印花、纪念相片、表记等；6. 选举参加各级代表大会之代表；7. 执行上级机关的命令。区分部有 3 名执行委员，其中 1 人为常务委员。② 但光靠这几条规定不可能明了其实际情况。

1924 至 1927 年间，广州特别市党部所辖各区分部活动情况主要散见于《广州民国日报》及国民党保存于台湾的档案。其数量虽不少，但具体到某一分部的史料则相当零碎，很难据之详述某分部的具体情况，甚至无法还原某一区分部 3 年间历届执委的名单。以下仅能罗列史料中涉及到区分部的几种较常见内容，以略窥其工作实况。

（一）区分部召开全体党员大会。见诸报端的一般为选举或补选执行委员的会议，因区分部执委任期仅为半年，加上不时设立新的分部，故选举较频繁，见诸报端者相当多。

（二）召开各区党部、区分部委员联席会议。这种会议在国民党总章内并无规定，参加者或仅限于某一区内的各级执行委员，或包括广州特别市所有区党部、区分部的执委。开会目的或为报告上下各级党部之党务近况，或为听取上级党部代表的演说、报告、指示，或为讨论、布置所有党部均需从事的工作等。③

（三）区分部就某事件发表宣言、通告或通电等。如孙中山去世及"五卅"惨案发生后，在穗共产党控制的区分部都发表通电表明立场。④

（四）区分部与上级党部进行的常规公事往来。这类往来主要为报告选举

---

① 《第三次全国代表大会前之组织工作》，李云汉主编：《中国国民党党务发展史料——组织工作（上）》，中国国民党中央委员会党史委员会 1993 年，第 104 页；1926 年末以广州市政府各部门之党员为基础，成立直辖于市党部的市政府特别区党部，故全市区党部有 14 个。

② 《第一次全国代表大会通过中国国民党总章》，萧继宗编：《革命文献》第 70 辑，中国国民党中央委员会党史委员会 1976 年，第 52 页。

③ 《第二区党部第一次联席会议纪》，《广州民国日报》1926 年 6 月 26 日，第 11 版；《本市各级党部党务会议纪》，《广州民国日报》1926 年 10 月 26 日，第 11 版。

④ 中央档案馆，广东省档案馆编：《广东革命历史文件汇集》甲 2，第 153 页、第 348—349 页。

情况与常规工作。国民党总章规定，区分部每两周须向区党部执行委员会报告其活动情况。区分部需上报的常规工作内容，在相关史料收录的报告表中有所体现。具体包括党员人数变动情况，分区执行委员会与全体党员大会召开情况，征收党员月费情况，以及"两星期内活动之实况"。① 目前留存在国民党中央的区分部工作报告极少，广州市党部更无档案留存，故很难估计各区分部有无做好这项工作。除书面报告外，到1926年底，区分部执委被要求在市党部每周召集的党务会议上作公开党务报告，但每次报告者不过三四个分部。

（五）区分部与上级党部就特殊事件进行沟通。例如，呈请上级党部对某些党员执行党纪处分；报告分部或党员个人与军政势力或社会人员发生纠纷甚至冲突；呈请拨用公产做分部办公场所。上述第二、第三项经常有关联。一些区分部，无力租用他人房产，故希望市党部或中央党部交拨市内公产（一般为庙宇）做分部用址。有的区分部为获取办公地点与社会人员发生冲突，如有学校或市民指责区分部抢占房屋，也有区分部声称其部址被他人占据。此外，发生过城郊乡民进城捣毁区分部之事。区分部偶尔会跟公安局发生纠纷，如发生过警察勒令某区分部搬迁之事，又有警察指责某分部执委为免交商铺警捐，把该铺挂上区分部招牌。②

（六）区分部负责登记党员。大革命时期，对广州市内全体党员进行重新登记一般意味着国民党高层有重大事件发生。如在选举新一届全国大会代表或市党部执监委员之前进行登记；又如公布整理党务案后，及"清党"之后进行登记。由于区分部是党的最底层组织，它负责登记并甄别本分部所属党员，其信息将经各级党部汇总至中央党部。

（七）区分部组织党员参加群众运动。大革命时期的国民党频繁举行户外集会、游行等活动，每次均组织市内各种民众团体、党政机关派代表参加，而广州市党部一般也会通告各级党部令所属党员参加。以广东省农工厅所在的第三区廿四区分部为例，该分部在1926年8月即派员参加了反对重开关税会议等

① 《区分部报告表》，中央执行委员会组织部制：《中国国民党党员统计图表（中华民国十三年至十四年度）》，出版信息不明，无页码。以下注释把该书简写作《统计图表》。
② 《市党部会议录》，《广州民国日报》1926年9月10日，第11版；《市党部第七五次会议》，《广州民国日报》1926年9月28日，第11版；《广州第四区第五区分部执委会上中执会呈》（1925年8月10日），台北中国国民党文化传播委员会藏"汉口档案"，汉9982；《市党部七六次会议纪》，《广州民国日报》1926年10月7日，第11版。

三场群众集会，并在集会期间散发宣传品。①

召开会议是区分部日常工作的重要部分，略述这些会议的一般流程有助于理解区分部的工作实况。国民党的日常会议大致分两种，其一是党内的大规模集会，其二是执行委员（区党部及以上还有监察委员）召开的小型会议。前者以全体党员大会与总理纪念周为代表，后者即是执行委员会议。

按国民党总章，区分部至少每两星期开一次全体党员大会，史料中最常记录的是为选举分部执委而召开的大会。选举大会一般以摇铃表示会议开始，然后推举会议主席，再由主席说明开会理由，之后有上级党部（可以是中央党部、市党部、区党部）代表演说。大会有时邀请其他有身份的嘉宾演讲（如分部设在学校即请教员、校长，若设在政府机关则请部门首长。也可以是其他区党部执委），然后是全体党员投票，上级党部代表监选，点票后宣布三名当选执委的姓名，最后三执委互相推选一名常委。② 一些区分部还会在常委之外指定另两位执委分别负责组织与宣传工作，这是总章所没规定的。③ 1925 年孙中山逝世后，在主席宣布开会理由后增加纪念仪式。有的是宣读总理遗嘱，全体起立向党旗三鞠躬；有的则为全体党员向孙中山遗像三鞠躬，然后再读遗嘱；有的似乎只读遗嘱。在大会召开中途有时还加插文艺演出，有的党员大会（不论是否选举）还被办成联欢会。④

广州市内各区分部肯定有进行过纪念周，但多数详情不明，有多少分部坚持进行也无从查考。按 1926 年 2 月颁布的《总理纪念周条例》，其流程为：全体肃立，向孙中山遗像三鞠躬，在主席带领下全体党员宣读总理遗嘱，全体俯首默念遗嘱三分钟。完成该礼仪后有演说或政治报告。纪念周一般在星期一上午举行，时间尽量不超过一小时。⑤ 在中央党部，其演说或报告部分，通常是高级党政人员讲述最近国内外政治状况，然后是党务报告，北伐开始后又加上

---

① 《党务纪要》，《农工汇报》1926 年第 1 期。

② 《区分部改选记》，《广州民国日报》1924 年 6 月 13 日，第 7 版；《国民党三十四分部开成立会》，《广州民国日报》1924 年 11 月 18 日，第 7 版。

③ 从新闻报道来看，区党部执委至少也分设常务委员、组织委员、宣传委员，但有些区党部还会加设财政委员、工人部长、妇女部长等，与市党部的设置更相似。各区党部的内部分工并非完全一致。

④ 《沙面华工成立党分部》，《广州民国日报》1925 年 5 月 12 日，第 6 版；《六区四十五分部成立纪盛》，《广州民国日报》1925 年 8 月 20 日，第 11 版；《国民党广州市第四区第八区分部联席大会》，《培正青年》1925 年第 5 卷第 7 期。

⑤ 《补录法规》，《司法公报》1927 年第 1 期。

军事报告，最后或会根据报告内容做出集体决议并高呼口号。仍以1926年8月第三区廿四区分部为例，该分部在纪念总理仪式后似乎并未做政治报告，而是花一小时讨论三民主义。该月的纪念周曾邀请陈人鹤与吴稚晖分别演说一次，前者回忆多年追随孙中山的见闻，后者"对于实行三民主义多所鼓励，庄谐杂出，举坐动容"。① 而培英中学所在的第十三区十一区分部，其纪念周流程则与中央一致。1926年11月28日的纪念周上，两名执行委员分别作政治与党务报告。前者讲述列强拟承认国民政府，中央委员北上后之局势等内容；后者解释本区分部党务发展停顿之原因，最近征求党员情况等等。最后还就登记党员及党费问题进行讨论及议决。②

至于执行委员会议的流程，如果与中央执行委员会、广州市党部执行委员会作比较，可知三者基本一样，惟参会者数量不同而已。该会议一般分为读遗嘱、报告、讨论（含决议）三个部分。具体以这则第八区第十区分部1926年6月8日开会的新闻为例：

……第六次执行委员会，主席张昌盛，恭读总理遗嘱（全体肃立）。（甲）报告事项（一）宣读及认可上次议案；（二）报告中央执行委员会训令两件，上级党部通告共九件，八区党部来函一件，黄海鳌同志来函一件……（乙）讨论事项（一）八区党部来函，为筹备宣传讲习所事务，由各区分部选派两同志负责，向该分部同志助捐案。即席选景南、罗耀庭两同志负责办理；（二）黄海鳌同志呈辞党员宣传队第一筹备处干事案。（决议）由本会去函挽留……③

需补充的是，根据广州市党部执行委员会的会议记录，有时针对报告事项会即席进行讨论并做出决议，因此"报告事项"与"讨论事项"未必泾渭分明。讨论内容可以是预先准备的议案，也可以是由执行委员或秘书临时提出的议案。决议则是由执行委员当场表决。

尽管上文罗列出一系列大革命时期广州国民党区分部的活动，但总体来说，区分部的运作状况不佳。1924年夏天，市党部成立后不久，即对市内各区分部做了调查，发现各分部常务委员多不负责，分部党员人数无确切统计，一些区分部徒具名字，按地址调查却找不到，有的区分部从未开过会。全市被调

---

① 《党务纪要》，《农工汇报》1926年第1期。
② 《十三区十一区分部举行纪念周》，《培英学生》1927年第1卷第2期。
③ 《第八区分部执委会议纪》，《广州民国日报》1926年6月14日，第11版。

查的 157 个分部里，有 30 个因部务停顿而无从调查。① 。1925 年 12 月，中央监察委员邓泽如为国民党"二大"撰写的报告书指出："（广州市）各区党部亦日渐废驰，其能具有精神者十不获一，其称最者类仅能保持常序，至于各区分部类多有名无实，甚至有形式亦不具备者。"② 时隔一年后，市党部仍指"市属各级党部，对于党务进行，尚多未臻完善，驯至纪律废驰，纠纷横生"，并指出党员与区分部关系疏离，区分部执行委员多放弃职责，区分部与区党部缺乏联络。市党部在通告中强调各区分部"此后须依照本党总章，至少每两星期开党员大会一次，并须将开会情形，报由区党部汇齐转报本党部查核"。③ 1927 年初，有党员抱怨，很少区分部向所属党员解释中央下达的政策和训令；各级党部与工会、农会鲜有密切关系；分部主持人未负起训练同志的责任；有人入党一年，从没收到过区分部开会的通知。④ 国民党区分部的涣散状态在整个大革命时期就没有改善过。

二、广州市内各区分部涣散之原因

建立区分部作党与基层社会联系的关键环节，被视为国民党改组的重大创举。如此重要的基层组织为何会变得涣散呢？王奇生的解释是"组织成本"投入不够（更具体来说即经费与人才缺乏），及过度滥收党员。⑤ 该解释略嫌简单，笔者在其基础，结合更多史实以及组织管理之理论，提出以下理由：

第一，党员缺乏思想教育，党员和党之间缺乏共同奋斗的目标。国民党以三民主义为指导思想，以打倒帝国主义及军阀，实现国民革命为正式目标。20 年代的中国绝不缺乏为追求革命理想而入国民党的人，但无心革命者混入党中并不困难。按总章规定，一个人需有两名党员介绍，并经区分部执委一致同意才能入党。但很多时候只需一两个"有声望"的人介绍，即可跳过一切流程助

① 《组织部部务报告第七号》，《广州民国日报》1924 年 8 月 22 日，第 8 版；《组织部部务报告第九号》，《广州民国日报》1924 年 9 月 2 日，第 8 版。
② 邓泽如：《中央监察委员会十三、十四年报告书》，李云汉主编：《中国国民党党务发展史料——中央监察委员会报告（上）》，第 32 页。
③ 《市党部特别委员会之通令》，《广州民国日报》1926 年 12 月 17 日，第 11 版。
④ 林霖：《什么是救党的根本》，《现代青年》（《广州民国日报》副刊）1927 年 4 月 25 日。
⑤ 王奇生：《论国民党改组后的社会构成与基层组织》，《近代史研究》，2000 年第 2 期。

人火速入党。① 此外，广州还有政府机关与教育相关领域从业者等集体入党的情况。如果一个组织能经常教育其成员，使之明确共同的奋斗目标，组织将更有凝聚力。② 广东区的社会主义青年团命令团员定期学习《团刊》等文字材料，还要求团员每次开支部会议都要讨论这些内容。与之相反的是，很多国民党区分部并未对党员开展过党义教育。③ 因此，一些党员与党很难有思想上的共识，一旦党员的身份与其职业目标相冲突，党员难免对党产生离心倾向。例如，1924 年 8 月第二区第一分部开会改选执行委员，会上不少党员主张要先咨询被推举的候选人是否有意参选，因多数人都有本职工作。市党部派去的指导干事则强硬表示，无需考虑候选人意愿。尽管该分部顺利完成选举，但可以看出很多党员的态度消极。④ 同月，六区第一分部选举第二届执行委员，因该分部党员多为真相剧社剧员，选举那天正在市外演出，导致选举会议流会。这不仅仅是发生在区分部的状况。1924 年 7 月 31 日，第七区党部开全区党员大会。该区党员以警察和学生为主，由于警察要外出站岗，学生正好放暑假，当天出席者寥寥无几。⑤ 职业和学业是一个人安身立命的基础，它们一旦与党的目标发生冲突，当事人只有做出极高的思想觉悟才能选择服从于党，而这种觉悟也需要通过教育来产生，缺乏党内教育的国民党员显然不容易做到。不过，就算党员对主义和革命充满信仰，区分部的状况也不见得会更好。

第二，党的干部数量不足，工作方法亦有问题。正如邓泽如在报告中云："办党人才原甚难得，而一区之中又复分为多数区分部，人选益难"。一个群体中的成员即便有共同的奋斗目标，若缺乏实现目标的技能，该群体也难免涣散。改组之初，市党部即发现一些区分部的常委是文盲，无法主持党务。⑥ 另外，布尔什维克那套严密的组织制度，对绝大多数中国人来说相当新鲜，需要学习的时间。国民党改组之初，并未设计训练干部的制度。孙中山同意中共党员加入国民党，应该也是期望他们能实地示范如何建立与运作基层党组织。中

① 廖北沂：《清党运动后我们应注意的三件事》，《现代青年》1927 年 5 月 16 日。
② ［美］小威廉·T·格姆雷，［美］斯蒂芬·J·巴拉著，俞沂暄译：《官僚机构与民主——责任与绩效》，复旦大学出版社 2007 年，第 44 页。
③ 沈志刚：《广州学生运动与广州政局（1918—1924）》，中山大学历史系博士论文 2021 年，第 238—240 页；林霖：《什么是救党的根本》，《现代青年》1927 年 4 月 25 日。
④ 《二区一分部改选结果》，《广州民国日报》1924 年 8 月 12 日，第 8 版。
⑤ 《组织部关于连日指导组织之报告》，《广州民国日报》1924 年 8 月 5 日，第 8 版。
⑥ 《组织青年两部关于补救区分部办法之提案》，《广州民国日报》1924 年 9 月 3 日，第 8 版。

共党员及共青团员凭借其活动经验迅速组建广州最早的一些区分部，且掌握其中的执委或秘书职务。① 中共势力的活跃，反衬出国民党员能力之不足。其实一个区分部组建之初，每逢召开分部党员大会，上级区党部甚至市党部会派代表到场指导。由于"市执行委员会人才不敷分配，负责指导难得其人"。② 大约1926年后，中央、广东省、广州市党部陆续成立各种训育所、讲习所等机构培训党务人才。另外，党员干部工作方法失当也会带来问题。国民党粤汉铁路特别区党部由共产党人控制，一位党员回忆，他对国民党活动的印象非常模糊，仅记得每次纪念周由党部执委（共产党员）讲一下三民主义等内容。与之相比，共青团支部的每次会议都要求团员报告自身工作，共同讨论各种问题，且必须得出结论。③ 再结合上文列举的农工厅与培英中学区分部的纪念周情况，可发现国民党的全体党员会议同共青团的会议有个很大的不同——成员间缺乏互动，至少是互动得还不够充分。一个组织若仅有自上而下的信息传递，内部信息和思想得不到充分交流，对凝聚力会有不利影响。④ 但是，即使基层党部有出色的领导，合格的党员，仍不能解决所有问题。

第三，区分部没能给党员提供工作任务。这里的工作有两类，一是与职业直接相关的工作，一是无关职业的工作，如组织社会运动等。一般来说，前者能为后者提供平台。《广州民国日报》曾发表社论，指办好区分部的第一个条件是为同志分配工作，使人人都有工作。广州市内有普通党员向该报副刊投稿，抱怨区分部"失去分配工作给同志的能力"。⑤ 党员固然有从事革命的奋斗目标，但亦需把目标落实为实实在在的，能够完成的工作。无论国共两党，一

① 中央档案馆、广东省档案馆编：《广东革命历史文件汇集》甲1，1982年版，第267—268页。

② 曹必宏主编：《中国国民党历次全国代表大会暨中央全会文献汇编》第2册，九州出版社2012年，第88页。

③ 李甫：《广东工团军和工农军的组织及其活动经过》，中共广东省委党史研究室编：《广东党史资料》第2辑，广东人民出版社1984年，第137页；该党部虽不受市党部管辖，但仍有参考价值；沈志刚：《广州学生运动与广州政局（1918—1924）》，中山大学历史系博士论文2021年，第238页。

④ ［美］小威廉·T·格姆雷，［美］斯蒂芬·J·巴拉著，俞沂暄译：《官僚机构与民主——责任与绩效》，复旦大学出版社2007年，第44页；并非所有党部均缺乏互动，某特别党部在可能是共产党籍的宣传员带领下展开小组会议并引起争议，这种互动或不利于组织。见印心：《国民党是不是革命党？》，《现代青年》1927年2月25日。

⑤ 朱节山：《怎样整顿各县市党部》，《广州民国日报》1927年3月10日，第5版；觉先：《我一年来的回顾的共鸣》，《现代青年》1927年2月21日。

个基层组织提供的工作职位终究有限，只有少数干部能参与，但中国共产党或共青团掌握了众多工会、农会等群众团体，能把醉心于社会革命的激进青年安排进去，从事"唤醒"与"训练"民众的工作。例如，有人担任罢工工人子弟学校教师，不但能帮助弱势群体，灌输意识形态，还能对学生施予军训，一切工作都契合社会革命之目标。大概因工作内容与个人理想契合，有的人甚至不在乎工作收入之多寡。① 国民党与民众团体的关系疏远，例如市党部的工人部只有调解纠纷的功能，根本不可能派人去"指导"工运。区分部未能掌握足够的"职位资源"，求职"市场"僧多粥少，导致某些分部内有不少待业党员擅自住宿而不愿离开。② 由于党部无法介绍工作，党员难免失望而心生去意，市党部干事古有成呼吁党员勿把国民党看作职业介绍所，勿因未获工作而转投共产党。③ 其实国民党的区党部、区分部确实有为党员介绍一些工作，但这些工作与党部之间没有直接联系，获得工作者是否会继续参加区分部活动是值得怀疑的。④ 即便是纪律性与组织严密度都更好的广州共青团，在省港大罢工初期，因多数人参加罢委会工作，导致支部会议难以召集。在国民党这一方，若区分部希望增设内部职位、安排更多工作，它的财力将难以支撑。财政问题是广州市各级党部都面临的巨大难题。

第四，党务经费不足。列宁主义政党要求建立与政府权力系统几乎完全平级的另一套纵向权力系统，这意味着更多财政支出，对于为张罗战争经费而罗掘俱穷的革命政府来说实在困难。改组初期，有区分部执委表示其分区无法召集党员开会，原因是没钱邮寄通知。1924 年 7 月 2 日，市党部召开各区党部代表联席会议，各代表报告本区党部状况，"多以限于经费未能尽量发展为憾"。⑤ 会上虽提出解决办法，但终未实行。广州市党部本来考虑对下层党部提供财政支援。当时孙科为广州市长，让本职为公安局秘书长的潘歌雅任财政专员，指

---

① 方遹君：《1926 年前后广州市师的 CY 同志》，《广州文史资料存稿》第 7 辑，中国文史出版社 2008 年，第 256 页。

② 《市党部会议录》，《广州民国日报》1926 年 12 月 1 日，第 11 版。

③ 古有成：《青年同志们不要忘记》，《现代青年》1927 年 2 月 16 日。

④ 例如介绍党员投考黄埔军校，见《第五区党部执委会常委陈古廉致中央党部函》（1925 年 2 月 11 日），台北中国国民党文化传播委员会藏"汉口档"，汉 16361.1 等；又如介绍党员投考课吏馆，见《广州第五区党部致中执会函》（1926 年 3 月 9 日），台北中国国民党文化传播委员会藏"汉口档案"，汉 16393.1 等。

⑤ 《区党部之联席会议》，《广州民国日报》1924 年 7 月 3 日，第 6 版。

定用本市筵席捐（该捐向由公安局收取，公安局长吴铁城为孙的亲信）支持党务。然一旦孙科因政潮离职他去，收入便难以维持。商团事变后筵席捐收入一度停顿，市党部甚至难以支付薪水。随后中央党部政治委员会提出，各地方党部非有特别工作，中央概不津贴经费。之后大元帅府令筵席捐拨给广东大学使用，市党部的财政更为艰难。① 随后近一年，市党部名存实亡，惟 1925 年 2 月获中央党部同意，以广州市政厅及其所辖六局，加市民产保证局、市审计处之党员所得捐拨作党部经费。② 尽管如此，市党部经费仍旧支绌，于是对收支都抓得颇紧。1926 年 5 月 8 日，第六区第五区分部报告：为加强宣传工作，请市党部按月补助 30 元。市党部以自身经费不敷为由，不予协助。同月 29 日，第一区党部以各区分部经费困难，请求中央及市党部每月给予补助。市党部决议需待经费有着落后再办。③ 有的区分部呈请将本分部党员每月应上缴的所得捐留存一部分自用，市党部均不同意。有的区分部只好向党员预征党捐。分部执行委员任期仅 6 个月，有的分部竟预征超出本届任期的党捐，导致下届执委上任时已无钱可用。④ 在缺乏资金的状况下，下级党部欲开展活动自然不易。不过并非所有区分部都一律困难，其财政状况与该党部背后倚靠的单位有关。如第三区第十九区分部设在民政厅课吏馆，其执行委员参加中央党部的纪念周，竟可从分部领得车费补助。⑤

第五，一些党部因内部纷争导致部务停顿。国民党"二大"期间，广州市党部代表指出区分部所辖党员"职业复杂，性质互异"，一旦在党员大会中提出议案，因各人目的不同，意见难以一致，甚至发生冲突，导致开会毫无成果。基层党员有见及此，赴会热情日益降低。当时市党部提出改变区分部设置办法，主张在一定区域内按党员的职业类别组织区分部，但该方案未获通过。⑥

① 《中央党部五十五次会议案》，《广州民国日报》1924 年 9 月 27 日，第 8 版；《中央党部打击市党部》，《华字日报》1924 年 11 月 26 日，第 1 张第 3 页。

② 《中央执行委员会会议录补志》，《党声周刊》（《广州民国日报》副刊），第 61 期，1925 年 4 月 27 日，第 4 页。

③ 《广州市党部五十九次会议纪》，《广州民国日报》1926 年 5 月 17 日，第 11 版；《广州市党部六十一次会议纪》，《广州民国日报》1926 年 6 月 12 日，第 11 版。

④ 中国第二历史档案馆编：《中国国民党中央执行委员会常务委员会会议录》第 2 册，广西师范大学出版社 2000 年，第 359 页。

⑤ 《党务简报》，《广州民国日报》1926 年 6 月 25 日，第 11 版。

⑥ 曹必宏主编：《中国国民党历次全国代表大会暨中央全会文献汇编》第 2 册，九州出版社 2012 年，第 87 至 88 页。

第六，执行纪律过于松弛。早在 1924 年 5 月，中央执行委员会即针对不出席区分部党员大会的现象制定惩戒条例。条例规定，缺席三次者由区分部去函诘问，再次缺席者由区分部去函警告，但对仍不出席者仅以停止党员选举权与被选举权，再报上级党部了事。① 两个月后，市党部组织部制定了更严厉的纪律，对多次召集会议不成的区分部，做出重选常务委员，甚至解散区分部的惩罚。② 不过笔者并未看到真正执行过这些惩罚的记录。1926 年秋，中央党部制定各级党部执行委员会委员无故缺席之惩戒条例，但发布一个月后从未接到执行该条例的报告。③ 广州市各级党部"纪律废弛"已成为官方公开承认的事实，是否执行过纪律可想而知。另外，市党部辖区内区、市两级党部都有负责维护党纪的监察委员。虽然总章没规定特别市党部的内容，也没规定特别市之下的区党部要设置监察委员，不过从中央、省、县党部的相关条文可推定，监察委员的监察对象乃执行委员会、该会干部及在政府任职之党员的行为。④ 假设一个基层党员并非公务人员，他是否出席党员会议，监委似无权监督。大革命时期市党部监察委员会几乎没有活动，可谓形同虚设，当然无法督促各级党部办理党务。就笔者所见，发生在广州市党部辖区内的党内惩处，几乎与党务优良无关，更多是涉及现实利益的争端。

三、广州市内国民党区分部涣散的后果

广州市内国民党区分部涣散的一个突出表现是区分部发展的泡沫化。早在 1924 年"一大"召开前的约 3 个月里，广州市区分部急剧增加，这一方面自然是因为市内国民党员数量庞大，一旦组织起来便能成立众多基层党部；另一方面，又是因为党员对建立基层组织充满热情。不过这里的热情或是缘于现实利益。一个成功组建区分部的党员很可能当上书记或执行委员，每月因此可收入 50 元。与此同时，这 3 个月中正好要选举"一大"代表，由于每个区分部可投

---

① 《不出席之惩戒》，《广州民国日报》1924 年 5 月 29 日，第 7 版
② 《组织部通告第十号》，《广州民国日报》1924 年 8 月 2 日，第 2 版。
③ 《市党部组织之通告》，《广州民国日报》1926 年 10 月 6 日，第 11 版。
④ 《第一次全国代表大会通过中国国民党总章》，萧继宗主编：《革命文献》第 70 辑，中国国民党中央委员会党史委员会 1976 年，第 49 至 53 页。

一票，每50名党员也能投一票，竞选人都热心帮助增加区分部。① "一大"结束后，区分部数量仍不断增长，其集中增长的时间段在1925年夏秋之间。这年9月14日，中央组织部通告广州市党部，指近来市内各区分部骤然增加，往往一区内数以百计。其成立日期、党员人数、执委姓名、办事地点未向市执行委员会、各区党部执行委员会报告，与此同时，却不断有新党员来中央组织部欲领取党证。② 据报纸记载，10月7日教忠师范学校成立第五区第一百六十五区分部，可见区分部"数以百计"并非虚言。③ 中央党部对区分部数量的大爆发感到不安，认为它们是毫无秩序地自行分割而成。④

区分部数量膨胀与新登记党员人数增加有关。从前文数据可知，1925年10月，区分部数量达一年前的3倍，在同时段内，党员数量也大约膨胀到原先的3倍。国民党党员增加，首先可能是受到孙中山逝世之刺激。孙死后，中外媒体对其革命事迹，革命思想进行密集报道，全国各地多有纪念活动，国民党亦不失时机地宣传中山与本党，这些都有利于吸收新党员。孙中山的追悼活动告一段落后，中央组织部长谭平山即指出党务发展出现可喜现象。中央执行委员会第72次会议中决定开展"征求党员大运动"。⑤ 其次，党员的增加可能与中外矛盾迅速上升有关。随着上海"五卅"运动、广州"沙基"惨案、省港大罢工的相继爆发，广州社会的民族主义情绪高涨。国民党公开标榜"打倒帝国主义"，必然有助于其进一步吸纳广大爱国热心分子。数据显示，这年7至9月正好是吸纳新党员的高峰期。⑥ 在上述背景下，再加上国民党的加入门槛本身就低，军队、政府和教育部门不乏集体入党的情况，党员数目自然激增。

不过，数量庞大的区分部很大程度上只是泡沫。大革命时期全广州区分部数量顶峰值为450个，其中第五区的数量可占全市约三分之一强。1925年6月底该区才成立第十六区分部，⑦ 3个月后教忠师范便成立了编号为一百六十五的分部，似乎每一两天即可建立一个分部。根据官方1924年4月至1925年9

① 《谭平山与鲍罗廷的谈话》，中共中央党史研究室第一研究部编：《共产国际、联共（布）与中国革命文献资料选辑（1917－1925）》，北京图书馆出版社1997年，第551至552页。

② 《成立区分部须报告备案》，《广州民国日报》1925年9月15日，第11版。

③ 《教忠区分部成立》，《广州民国日报》1925年10月8日，第11版

④ 《国民党对分组区分部之训令》，《广州民国日报》1925年7月31日，第6版。

⑤ 《中央组织部召集各区委员会议》，《广州民国日报》1925年5月9日，第7版。

⑥ 《中国国民党各级党部党员领取党证月份比较统计图》，《统计图表》。

⑦ 《烟酒公卖局成立区分部》，《广州民国日报》1925年7月1日，第7版。

月的统计资料，第五区编号最大的分部编号为"一百四十一"，但第二大的编号为"七十九"，两者之间还有六十二个分部不知去向。该区能实际提供党员资料的分部甚至仅有 28 个。① 这里可能有大量区分部只顾建立但从不开展党务活动，也从不向上级党部提交报告，故无法留下确切资料。其中或有不少是如前文提到的连地址都找不到"分部"，故国民党中央出版的统计表没有把这些分部纳入统计。第五区的情况是如此，其它区可能也大同小异。国民党从 1925 年夏秋间就意识到问题所在，一直设法制止泡沫的膨胀。中央党部、广州市党部、第一区党部三令五申，不得擅自成立区分部，不接收非法区分部之公文等等。整顿工作也被提上议程，但该工作似受各种政治事件的制约，以致一再拖延，直到 1926 年初市党部仍在设法整理各区分部。到 1926 年 5 月国民党二届二中全会期间，区分部数量才降到 250 个。此后该数字再无太大波动。

区分部涣散也导致广州市国民党员数量大幅波动。区分部每两周向各上级党部报告一次，内容包括党员人数等，② 本文引用的《中国国民党党员统计图表（中华民国十三年至十四年度）》所载数据即可能由此而来。其统计 1924 年 4 月至 1925 年 9 月党员职业情况的表格，有此备注："此统计按各级党部凡交到党员调查表过五份以上者"，③ 但 1925 年 10 至 12 月之统计表则无此备注。对比两份表格，前表统计的广州市十三个区党部党员总数仅 1.5 万多人，后表仅 8000 多人。谭平山该年 10 月所作党务报告却声称广州市党部党员总数达 2.5 万人（"二大"党务报告及前文广州党员致汪兆铭电也用此数字）。笔者推测，2.5 万可能是初次登记入党者之总数，其中很多人并无持续去区分部活动。另一方面，由于很多区分部处于涣散状态，未能确实开展工作，大量党员实际游离于党组织之外，这些党员无法被纳入日常统计。考虑到"三大"报告中的数目为 1.2 万多人，那么 1.5 万左右应该是大革命时期广州市国民党员，尤其是多次在区分部进行登记者的实数，然为了对外宣传则声称有 2.5 万。这么看来，自 1924 到 1927 年，国民党员人数并无增长。大革命时期广州市人口约在

① 《中国国民党广州市特别市党部各区分部党员职业比较统计表》，《统计图表》。
② 《区分部报告表》，《统计图表》。
③ 《中国国民党广州市各区党部暨特别党部并各县各地方党员职业统计表》（1924 年 4 月至 1925 年 9 月），《统计图表》。

80 万左右（公安局登记的数字，实际不止此数），① 国民党员人数的比例不足 2%，其"党化"广州的工作显然任重道远。

国民党本身其实很清楚办好区分部的重要性，也知道其涣散状态，但一直没有彻底解决问题的办法。1925 年 10 月中央执行委员会为整顿全市党务，特建立"广州市组织委员会"，由中央党部、市党部及各区党部派员共同负责工作，次年 2 月始解散。该会实质接替了市党部组织部职权，在 4 个月中主要完成以下工作：1. 调查市内党员及区分部状况；2. 实施全市党员登记并督促登记者加入区分部；3. 中央党部同意每月向每个区党部支付 20 元补助费；4. 整顿十一区党部，改选新一届执监委员。② 此外还解散了一些区分部。③ 1926 年 5 月，孙科提出八条办法规范区分部的组建工作。④ 很明显，上述整顿工作主要解决的仅是区分部泡沫化问题。1926 年 12 月广州市特别委员会接管市党部，其组织部长徐天琛又声言要整理全市党务。不久选出市党部第二届执行委员，又一次提出整顿市属各级党部。⑤ 但是，除前文提及的，在"二大"期间市党部代表提交了未获通过的方案外，未见更多解决区分部涣散问题的具体办法。而历次"整理"工作均以调查各区分部现状入手，以无所作为而告终。特别委员会甚至声称"本党组织，并非不严密，纪律并非不严肃，其所以不能充分健全之表现者，在本党方面之不善于运用"，仅强调严肃纪律，督促党员主动去区分部开会。⑥

四、结语

在大革命时期国民党统治核心地区的广州市，国民党的改组工作本应起到

---

① 广州市市政厅总务科编：《广州市市政报告汇刊（民国十二年）》，广州市市政厅总务科，1924 年版，第 220 页；《最近本市警察区域之人口统计》，《广州民国日报》1926 年 11 月 15 日，第 10 版。

② 《组织委员会之组织章程》，《广州民国日报》1925 年 10 月 31 日，第 11 版；《广州市党员登记通告》，《广州民国日报》1925 年 10 月 17 日，第 2 版。

③ 中国第二历史档案馆编：《中国国民党第一、二次全国代表大会会议史料（上）》，江苏古籍出版社 1986 年，第 479 页。

④ 《市组织部整顿区分部办法》，《广州民国日报》1926 年 6 月 11 日，第 11 版。

⑤ 《市党部各部长在各级党部联席会议之重要报告（二）》，《广州民国日报》1926 年 12 月 17 日，第 11 版；《市党部派员整顿各级党部》，《广州民国日报》1927 年 3 月 9 日，第 6 版。

⑥ 《市党部特别委员会之通令》，《广州民国日报》1926 年 12 月 17 日，第 11 版。

模范与带头作用。其中，区分部的创建与运作被视为改组的重点工作之一。与同时期全国各地的党务状况比较，国民党在广州唯一执政党的地位，按道理对该处的党务发展会带来得天独厚的优势。从表面上看，广州区分部的数量确实庞大，在报纸里还能找到不少区分部的活动记录，从中显示它们日常仿效上级党部运作的姿态，然而实际情况却是大量区分部徒具形式、缺少活动、脱离党员与民众。很多热心革命的国民党员对此忧心忡忡，国民党也一度呼吁党员"到区分部去"，区分部的问题却仍然得不到解决。大革命时期，在广州一地出现的国民党基层组织建设涣散的问题长期伴随着该党。抗战期间，尽管国民党组织在其统治范围内已深入渗透到县以下区域，但大量基层党部仍形同虚设。①与之比较，大革命时期中共、共青团基层组织亦非一开始便运作良好，同样大量存在组织涣散的情况。党、团试图通过强化支部会议制度来应对，其效果却因革命的发展阶段、革命环境、地方组织能力的不同而呈现较大差异。② 它们的基层组织如何在日后严酷的革命环境中逐渐变得更有凝聚力和战斗力，应该是研究者们进一步探索的议题。尽管如此，大革命时期广州共产党、共青团组织比国民党严密这一看法，无论在国民党高层抑或在一般党员之中，早已被广泛接受。国民党左派青年接受前者劝导决定跨党的原因之一，就是认识到双方组织严密性的差距，这种情况引起国民党对自身前途的深切忧虑。③ 总之，国民党组织力量薄弱，既无法通过党组织充分动员每一个党员，更无论动员社会上的一般民众，它与中国共产党竞争中的劣势在大革命时期即有明显的体现。也许，国民党走向失败的种子在 1924 至 1927 年间便已种下。

（作者单位：中山大学历史学系）

---

① 王奇生：《战时国民党员与基层党组织》，《抗日战争研究》2003 年第 4 期。
② 易凤林：《开创之源：中共早期支部会议制度》，《广东党史与文献研究》2021 年第 3 期。
③ 陈鼎：《革命青年思想的矛盾》，《现代青年》1926 年 12 月 29 日。

知识传播与城市建设：以刘纪文主政
时期的广州为例（1932－1936）

莫翠端

　　"城市基础建设及维护与市民的公共道德意识有极大关系"，① 要推动市政建设的可持续发展，离不开市民意识的提高，而市民意识的提高需要其掌握更多的现代知识。比如这一时期，广州工务局多次布告保护路树，敦促市民不要破坏路树，市民的素质和市政建设的发展有着密切联系，可见一斑。知识传播与市政发展之间存在什么联系，是笔者这里想要探讨的主要问题。曾任广州市设计委员的陈良士就曾指出"欲全国市政进行，窃以为应最先注意者，必为国民市政学识之增进"。② 当然，知识的传播并不仅仅限于市政知识，文章将要讨论的范围也不仅限于此。文章以1932—1936年的广州作为时间和空间界定，梳理这一时期市政当局及社会各界为知识传播采取了哪些举措，在此基础上探讨这些举措形塑了怎样的城市文化，即知识传播和城市文化方面均有涉及。

　　作为市长，刘纪文有着丰富的市政经验，他给广州城市文化建设带来怎样的影响？这也是文章想要讨论的一个问题。基于"广州市是革命策源地"的形象建构，历任市政府在诸多方面的文化建设或多或少涉及到这一主旨，并为之而努力，希望将广州在革命策源地的基础上进一步建设成为国内都市的模范。刘纪文对都市文化建设有自己的见解，他认为，中国近代以来墨守成规，鲜知改进，忽视文化建设，令文化建设转让外人，言语之中意在争回"文化权"：

---

　　① 蒋露露：《民国时期广州城市生活给水与排水考察》，暨南大学硕士学位论文2008年，第38页。

　　② 陈良士：《国民市政常识之培植》，《道路月刊》1926年第2期。

153

顷岁以来，全国各都市，均急图市政之建设以新国人之耳目，而广州市为革命策源地，更为中外具瞻，凡关于建设文化等事业，尤应力为提倡，顾非有物质建设之表征，未足以增信仰，而资观感。①

1932 年 8 月发布的《广州市政府预定六个月之行政计划》阐述了关于文化事项的相关内容，包括编纂市民必读丛书；编印市民日历；广贴永久性标语或图画；组织各种宣传周，使市民认识施政情形，及鼓吹公益事业；组织分区演讲所，演讲改良风俗及市政兴革各事；扩大市民娱乐场所；设所改良戏剧等，同时查禁不良刊物、增加审查歌曲及唱片内容。② 刘纪文认为，都市本身代表着文化的进步："都市或城市的起源，差不多成了文化进步的一个重要元素，譬如城市中最壮观瞻的美术品及最能代表文化的科学馆，全靠人类力量去构成的"，"城市与文化有密切的关系，等于说城市与教育有密切的关系"。③ 他将文化和教育紧密联系起来。他还指出："因为教育未普及，市民对于公益的观念，还是薄弱。"④ 曾任教育局局长的陆幼刚认为"训政时期，最重要的工作，就是训练民众运用四权，一面振起民族精神，培养生产能力，这些都不是专靠学校教育可以办得到。"⑤ 在他主政期间，市府也重视考察国外教育，以期借鉴。1933 年 2 月，市教育局委派市立第一中学教员、美国哥伦比亚大学毕业生叶素志为赴英属加拿大及美国考察教育专员，赴美加考察一年，以学习美加先进教育制度改进本市教育。⑥ 1935 年 7 月，市立美术学校派教务主任黄君璧前赴日本考察教育，以为改善学制、发展校务，造就艺术专才。⑦ 遗憾的是，笔者未

---

① 《市长提议筹拟举行广州市展览会意见书案》，《广州市政公报》第 403 期（1932 年 9 月），第 13 页。

② 《广州市政府预定六个月之行政计划》，《广州市政公报》第 402 期（1932 年 8 月），第 131—132 页。

③ 《刘市长〈市政与教育〉之演讲词》，《南京特别市市政公报补编》第 1 号。

④ 《刘市长出席公用局纪念周之演说词》，《广州市政公报》第 397 期（1932 年 7 月），第 107 页。

⑤ 《教育局局长在市府纪念周之演词》，《广州市政公报》第 412 期（1932 年 12 月），第 127 页。

⑥ 《指令教育局准照派委叶素志为赴英属加拿大及美国考察教育专员由》，《广州市政公报》第 420 期（1933 年 2 月），第 43 页。

⑦ 《指令教育局呈据市立美术学校派黄君璧前赴日本考察教育请予以考察名义应予照办由》，《广州市政公报》第 506 期（1935 年 7 月），第 104 页。

能找到二人考察的报告，以更深入探讨其对广州教育的影响。接下来，笔者将通过国货提倡、展览会、社会教育、传播机构、刊物编印等角度进一步探讨知识传播与城市建设的关系，以及文化建设对城市形象的影响。

一、提倡国货与国货展览

展览会和商业发展之间有着密切的联系，20 世纪 30 年代初，世界经济危机及日货倾销更迫使国内政商界都关注并提倡国货。提倡国货在全国范围内兴起，广东省政府还设置国货推销处，推销省营各工厂出品。[①] 市政府成为提倡国货的主要力量，广州和上海等国内大都市都积极开展提倡国货运动。但是要推动国货发展，必须使公众了解国货，这就涉及知识传播的问题。为使市民了解及推销国货，国货展览机构及其附带销售场所兴建起来。1931 年收回城隍庙改建的广州市国货陈列馆建筑完成，进一步推动国货的宣传。1932 年 10 月 10 日，第二次国货展览会与国货展览馆同时开幕。社会局在 1933 年 6 月于国货陈列馆先举办第一次土布丝绸特种展览会，"将本国制造物品开会展览，以备市民观摩改善"，"会内摊位货物，亦异常畅销"。至 7 月 9 日闭幕，观众人次 21 万余人，商人营业总额共有 10.4 万余元，效果较佳。市府又在国货陈列馆前建设国货征销场以资提倡，将国货展示和国货销售，即知识和商业结合起来，取得不错成效。1934 年全年营业总额达 60 余万之多，对于提倡国货有较大贡献。[②]

政府及社会各界积极举办各种展览会以宣传国货。社会局以国货陈列馆展品不应只限于广州一隅，呈请省府咨请各省市政府饬属广为征集选送，以资陈列，而兴国产。[③] 力求使广州成为国货商品的大展台。为帮助市民辨别国货，

① 《修正广东省国货推销处组织大纲》，《广州市政公报》第 461 期（1934 年 4 月），第 3 页。

② 《社会局长出席市府纪念周报告》，《广州市政公报》第 431 期（1933 年 6 月），第 97 页；《刘市长出席联合纪念周中之市政报告》，《广州市政公报》第 432 期（1933 年 6 月），第 79 页；《社会局局长出席市府纪念周报告》，《广州市政公报》第 437 期（1933 年 8 月），第 56 页；《刘市长在联合纪念周中之市政报告》，《广州市政公报》第 449 期（1933 年 12 月），第 68 页；《社会局局长出席市府纪念周报告》，《广州市政公报》第 452 期（1934 年 1 月），第 76 页；《社会局局长出席市府纪念周报告》，《广州市政公报》第 489 期（1935 年 1 月），第 163 页。

③ 《呈省府据社会局呈国货陈列馆呈拟广征国货陈列以资提倡应否咨行各省市政府饬属查照办理之处请察核令遵由》，《广州市政公报》第 449 期（1933 年 12 月），第 33 页。

社会局在国货陈列馆举办国货商标展览会，① 对于广州市民了解全国各地国货有颇大裨益。在南京政府降低对日关税的背景下，广州国货征销场加紧宣传国货，举行大规模全市总宣传，组织贫民广告队，游行全市各街道马路，散发国货大减价及告白，增强市民对国货认识。②

此外，社会局邀请本市闺阁名媛国货时装表演，使各界提升对国货之浓厚兴趣，增进民众对国货观感。③ 举办学生国货用品展览会，引起学生购用国货之决心。④ 1936 年 1 月，广州市提倡国货委员会筹备召开"广州市国货展览会"，定会期 1 至 2 月，于 2 月初开幕。⑤ 1936 年 2 月，社会局计划在平民宫举行商品展览会，并搜集外国商品共同陈列以为比较。⑥ 3 月，市府又筹建市立国货陈列馆，进一步引起市民国货兴趣，由工务局择定西门为地址、建筑费 12 万呈请市府照拨。⑦ 4 月 26 日，经过一个多月的筹备，商展会正式在大南路平民宫开幕，社会局局长张远峰参加剪彩。展览内容十分丰富，涵盖各个行业。参加的国货工厂共 188 家，设有国货推销部，于国货认识与销售不无少补，并陈列部分日货以作比较。此外更设珍品、家私、盆栽展览及象棋比赛各部，至 5 月 25 日闭幕，为期 1 个月。⑧ 市民教馆也举行国货展览会，定于 6 月开幕，举行 10 天。⑨

马敏等人指出，国货展览会是民族主义的新呈现。⑩ 国货展览对于城市来说，也是市政府传播知识的舞台，市政当局通过国货展览的举行，间接也推动了展览这一形式被市政当局用于向市民传播市政知识的重要媒介。展览以国货展为尝试，逐步推广到整个城市的知识传播体系中，成为一种主要形式。

---

① 《社会局局长出席市府纪念周报告》，《广州市政公报》第 459 期（1934 年 3 月），第 67 页。
② 《社会局局长出席市府纪念周报告》，《广州市政公报》第 471 期（1934 年 7 月），第 119 页。
③ 《社会局举行本市闺阁名媛国货时装表演》，《广州市政公报》第 404 期（1932 年 9 月），第 89 页。
④ 《刘市长在联合纪念周中之市政报告》，《广州市政公报》第 500 期（1935 年 5 月），第 178 页。
⑤ 《国货展览会在平民宫举行》，《广州民国日报》1936 年 1 月 16 日，第 2 张第 3 版。
⑥ 《社会局拟办家庭工业贷款》，《广州民国日报》1936 年 2 月 5 日，第 2 张第 3 版。
⑦ 《市府筹建国货陈列馆》，《广州民国日报》1936 年 3 月 26 日，第 2 张第 3 版。
⑧ 《商品展览会昨开幕》，《广州民国日报》1936 年 4 月 27 日，第 2 张第 3 版；《市社会局工作近况》，《广州民国日报》1936 年 6 月 23 日，第 2 张第 3 版。
⑨ 《市民教馆举办国货展览会》，《广州民国日报》1936 年 5 月 28 日第 2 张第 3 版。
⑩ 马敏、洪振强：《民国时期国货展览会研究：1910—1930》，《华中师范大学学报（人文社会科学版）》2009 年第 4 期。

二、举办多种形式展览会

国货展的热潮带动了各种形式展览的开展，政府和民间抓住展览这一手段，将知识传达给民众，推动了市民对新知识的掌握，增进市政的实施效果。这一时期，广州组织了大小不一、内容丰富的展览会，对于推动经济发展，提高民众智识，丰富民众生活方面扮演了重要角色，这不应淡出我们的研究视野。展览会之设，市民在参观的同时，市府借以达到促进社会教育的目的。

一是 1933 年举行的广州市展览会。丁蕾指出此次政府主导的临时性展览会是在政治意识的主导下对广州形象的塑造，继续深化广州革命策源地的形象。[①] 1932 年 10 月，市府为发展工商事业、刷新政治、昌明文化起见，决议来年举行市政展览。刘纪文任命伍伯胜等人为筹备委员加紧筹备，"征集市政与实业教育各种成绩、暨各地农产品，公开陈列，以供市民之观览研究"。[②] 从展览会章程可以看出，展览内容包括涉及市政建设以及农业工业等方面内容。[③] 筹备会函请市商会协助，"关于展览一切事宜，仍希随时协助，指导进行，以匡不逮"。[④] 为促进市府筹集市政建设费用，发行有奖长期入场券，持券可长期自由出入参观，总额为广州通用毫洋 25 万元，十分之四为奖额，其余拨充市政建设费。[⑤] 此后刘纪文又同意从该项市政建设费中拨资金建筑市政展览馆。刘纪文还亲自宴请展览会市政专员，可见其对于此次展览会的重视。[⑥] 12 月，工务局以广州"独惜无展览会场"，从前所开之国货展览会和将要到来的市政展览会均须借它址举办，"展览会场，独无设备，殊觉失色，市当局有见及此，现拟从新建筑伟大之展览会场，无论将来何种展览，均可在该场陈列"，建筑样式采用圆形环拱以增加室内空间。[⑦]

1933 年 2 月 15 日市展览会正式在越秀山开幕，会期 1 个月，包括市政馆、

① 丁蕾：《从私藏到公共展览：民国时期广州的博物馆和展览会》，社会科学文献出版社 2017 年版，第 184 页。

② 《市展览会明年举行》，《广州民国日报》1932 年 10 月 30 日，第 2 张第 1 版。

③ 《市展筹备会第三次会议》，《广州民国日报》1932 年 11 月 22 日，第 2 张第 2 版。

④ 《市展览会聘定各组主任》，《广州民国日报》1932 年 12 月 2 日，第 2 张第 1 版。

⑤ 《市展会发行有奖长期入场券》，《广州民国日报》1932 年 12 月 6 日，第 2 张第 1 版。

⑥ 《市展会筹建市政展览馆》，《广州民国日报》1932 年 12 月 23 日，第 2 张第 2 版。

⑦ 《工务局计划永久展览场》，《广州民国日报》1932 年 12 月 30 日，第 2 张第 1 版。

教育馆、美术馆、农业馆、工商馆、粤剧场等。林翼中在开幕致辞中指出，广州市政过去大多数是消费的，此后应当注意到生产建设方面，同时还要注意"心理建设"，希望市展会能帮助市民铲除旧思想、推翻旧观念及阻碍社会发展的不良习惯。[1] 孙中山在《建国大纲》中提出的"心理建设"，得到其继承者的倡导，并通过展览会等方式，成为养成良好公民的途径之一。这是展会功能的外延。

二是举行菊花赛会。1933 年 5 月，工务局时隔两年决定再次在中央公园举行菊花赛会，养成市民赏菊常识，增加市民兴趣。[2] 11 月，工务局在中央公园举行第二次赛菊大会。[3]

三是美术展览会。1934 年 10 月 9 日，广州市美术展览会开幕，以中山图书馆为会址。刘纪文致辞时指出，中国文化落后，对于文化事业方面，无论在什么时候，都应该要政府提倡的，举办此次美术展览会是为提倡文化事业。一方面提倡新输入的文化，一方面提倡我国固有的文化，"我们如能够把新旧文化中融会为一，则我们自能把我们今后的文化事业的精神确立起来了"。[4] 教育局长陆幼刚也指出此次美术展览会的目的，"新时代的艺术之必须建筑在表现人生与发扬民族精神的两个主旨之上"。[5] 由此可见，广州市政府推动文化事业发展背后有着推动中西文化交流、维护传统文化的历史使命。1936 年 3 月，又筹办广州市艺术展览会，由市立美术学校筹备，计划于"双十节"开幕。[6] 5 月，市内漫画家多人于永汉路大众画廊，举行漫画展览会，展览富有刺激人生意义作品。此为广州首次，也是对国内漫画流行的呼应。[7] 艺风社主办的第二届全国艺术展览会在中山图书馆举行，有精美作品千余件展出。[8]

四是第一次农业展览会。1934 年 10 月，举办为期七天的广州市第一次农业

---

① 《广州市政府本月十五日举行四大典礼志盛》，《广州市政公报》第 419 期（1933 年 2 月），第 129 页。

② 《工务局拟举办菊花赛会》，《广州市政公报》第 427 期（1933 年 5 月），第 86 页。

③ 《工务局局长出席市府纪念周报告》，《广州市政公报》第 449 期（1933 年 12 月），第 73 页。

④ 《刘市长在广州市美术展览会开幕典礼开会辞》，《广州市政公报》第 478 期（1934 年 10 月），第 130－131 页。

⑤ 《教育局陆局长报告广州市美术展览会筹备经过》，《广州市政公报》第 478 期（1934 年 10 月），第 132 页。

⑥ 《市教育局筹办本市艺术展览会》，《广州民国日报》1936 年 3 月 15 日，第 2 张第 3 版。

⑦ 《本市创举漫画展览》，《广州民国日报》1936 年 5 月 2 日，第 2 张第 3 版。

⑧ 《琐闻》，《广州民国日报》1936 年 5 月 30 日，第 2 张第 3 版。

展览会。以平民宫及广场为会址，展览蚕丝、园艺、农艺、畜牧、兽医、森林、水产、农具、肥料等内容，并设游艺部陈列石山盆栽等助兴。对于农民和市民了解农业颇大裨益，对于振兴农业、救济农村、繁华都市具有相当效果。①

五是广州卫生展览会。1936 年 2 月，市民教馆在省立民教馆举行为期 3 天的广州市卫生展览会，并开放市属各卫生机关供市民参观、陈列国药商品，以期国难当前，人民对于卫生及救护常识有深切认识，内容涉及卫生事业各个方面。②

六是其他各类展览会。1932 年 11 月，市府赞助 1000 元给建设厅农林局举办柑橘类展览会，以推广农业。1935 年 1 月，仁爱善堂借用净慧公园及市府宾馆举办博物展览会。广州市教育局负责筹备其中的教育用品展。③ 工务局又拟于永汉公园动物场中举行本市第一次禽类展览会，以增进市民对于畜牧兴趣。④ 青年会多次举办摄影展。如 1936 年 1 月，为迎接农历新年，增加市民趣味，举行三个摄影展，每个展期 10 天。⑤ 此外，还有本市画家在省立民教馆联合举行的美术展。⑥ 林云陔和刘纪文在会见上海著名画家王济远后，为提倡艺术起见，嘱咐其筹备个人画展，以中山图书馆为会场。⑦ 1936 年，在广州南堤新落成的广东无线电管理局举行广东无线电及电器工业展览会。⑧

此外，社会局还举办各种展览会和比赛等作为市民日常观展的补充。1932 年 5 月，社会局有见于国内外大都市皆有每年举办摄影展，筹划于平民宫开办"广州市摄影展览会"。⑨ 詹菊似指出，每两月或每月拟在平民宫举行规模不大

---

① 《社会局张局长出席市府纪念周报告》，《广州市政公报》第 482 期（1934 年 11 月），第 149—150 页。

② 《卫展会今晨开幕》，《广州民国日报》1936 年 2 月 15 日，第 2 张第 3 版。

③ 《训令工务局宾馆准广东仁爱善堂函请借用净慧公园全部及宾馆举行博物展览会应予照办仰知照由》，《广州市政公报》第 489 期（1935 年 1 月），第 52 页；《教育局会议筹备仁爱善堂教育展览》，《广州市政公报》第 489 期（1935 年 1 月），第 121—122 页。

④ 《工务局局长出席市府纪念周报告》，《广州市政公报》第 522 期（1935 年 12 月），第 105 页。

⑤ 《琐闻》，《广州民国日报》1936 年 1 月 22 日，第 2 张第 3 版。

⑥ 《本市画家联合举行美展会》，《广州民国日报》1936 年 1 月 22 日，第 3 张第 2 版。

⑦ 《王济远个人画展》，《广州民国日报》1936 年 4 月 13 日，第 2 张第 3 版。

⑧ 《广东无线电及电气工业展览场素描（二）》，《广州民国日报》1936 年 6 月 16 日，第 2 张第 3 版。

⑨ 《社会局筹开摄影展览会》，《广州市政公报》第 393 期（1932 年 5 月），第 115 页。

的展览会，务求费轻易举，且有娱乐性质，令市民有所观感。① 再如儿童卫生展览会，系市府在原儿童幸福运动会基础上更名继续举办之展览，"保障儿童生命，须先灌输育儿常识"，社会局多次举办。

这一时期，广州举办的展览密度较为频繁，展览会的社会教育功能得到了充分发挥。虽然展览会的目的不一，但在引起社会对特定领域关注方面作用不可小觑，虽然报纸上说："年来吾粤关于各项展览会之举办，固已数见不鲜，如商品展览、国货展览、卫生展览，以至于个人之艺术展览等，然率皆含有若干广告性质或宣传意义。"② 笔者认为，即使是存在某些商业目的，但客观上促进了知识传播，特别是市政府在推动这些展览的举行方面发挥着重要作用，其主要以公益目的为主，为民间各种展览的举行无疑起到了示范作用，为整个广州展会氛围奠定基础。

三、推进社会教育和扫盲运动

市政学识的传播与普及，离不开市立民教馆的建设在刘纪文时期得以完成，民众教育走向了新阶段。民众教育馆设立后，其下设阅览组、演讲组、仪器组、游艺组、教导组，演讲组担负着宣传各种科学常识及生活知识的责任。刘纪文还专门为广州市全市乐队联合演奏秩序作引言，可见其对本市音乐事业的关照。③ 我们再看教育局制定通过的 1936 年度民教计划大纲，分建设和整理部分进行，包括设立动物园、河南公共运动场、儿童感化院、东区儿童游乐园等。④ 对于公共空间的社会教育功能，学界研究已硕果累累。刘纪文政府在教育空间安排及教育设施建设上，一直有较多的努力，包括增设小学、职业学校、幼稚园、民教区等。

市立民众教育馆在建筑未完成前，就已先行筹办各种民众事业，如孤儿院军乐队在河南海幢公园音乐厅演奏音乐会、设立民众问事代笔处、设立民众法

---

① 《社会局局长出席市府纪念周报告》，《广州市政公报》第 417 期（1933 年 1 月），第 80 页。

② 《广东无线电及电器工业展览场素描（一）》，《广州民国日报》1936 年 6 月 15 日，第 1 张第 4 版。

③ 《广州市全市乐队联合演奏秩序弁言》，《广州市政公报》第 464 期（1934 年 5 月），第 134 页。

④ 《廿五年度本市民教计划大纲》，《广州民国日报》1936 年 1 月 25 日，第 1 张第 4 版。

律顾问处等。① 1934 年 11 月，市立民众教育馆拟定《民众法律顾问处简则》，聘定特约义务律师，免费为市民提供法律咨询服务，以调解利害冲突、阻抑法外行动。② 12 月，拟定《民众问事代笔处规约》，为节省经费，该处附设于各校，由校长及教员轮值负责办理，代写普通书信、便条束帖、契约簿据等。③ 虽是代理性质的机构，但毕竟冠以咨询之名，或多或少满足民众的知识需求。市立民众教育馆以劳工教育为民教最重要之工作，派员调查本市劳工状况。④ 劳工教育的措施进一步落地。1935 年 1 月，市民教馆筹设国乐研究所，以呼应当局复兴我国古乐的倡议，聘请本市音乐大家开设训练班，招生训练并每周定一时间演奏，欢迎市民参加，以引起民众兴趣。⑤ 此外，青年会也会举行钢琴演奏会等音乐。⑥ 各团体组织民众教育电影会，定每月放映益智影片，4 月由青年会进行第一次放映。⑦ 平民宫还组织通俗演讲会，请本市名流按周传讲一次，以鼓励及灌输市民智识。如 9 月 16 日下午 7 时半由社会局行政课长演讲《广州的平民》。⑧ 对于民众获取知识均有很大的帮助。

篇幅所限，文章并不打算将学校教育等常设性教育机关的努力，如义务教育、学校建设等在这里加以讨论。而是从扫盲这个视角来切入市府知识普及方面的努力。

一是设立民众教育委员会为主持机关。全市文盲达 39 万之多，社会局拟设民众教育委员会，为推进民众教育的中心机关，划分六个民众教育区。⑨ 1933 年 12 月，市府拟在海幢寺内建筑市立民众教育馆，以期普及民众教育。⑩

---

① 《市立民众教育馆筹办近况》，《广州市政公报》第 464 期（1934 年 5 月），第 109 页。

② 《市立民众教育馆拟定民众法律顾问处简则》，《广州市政公报》第 483 期（1934 年 11 月），第 122 页。

③ 《市立民众教育馆拟定民众问事代笔处约规》，《广州市政公报》第 484 期（1934 年 12 月），第 122—123 页。

④ 《市立民众教育馆调查劳工状况》，《广州市政公报》第 485 期（1934 年 12 月），第 109 页。

⑤ 《市立民众教育馆筹设国乐研究所》，《广州市政公报》第 488 期（1935 年 1 月），第 114 页。

⑥ 《琐闻》，《广州民国日报》1936 年 5 月 28 日，第 2 张第 3 版。

⑦ 《琐闻》，《广州民国日报》1936 年 4 月 21 日，第 2 张第 3 版。

⑧ 《平民宫组织通俗演讲会》，《广州市政公报》第 440 期（1933 年 9 月），第 60 页。

⑨ 《教育局局长出席市府纪念周报告》，《广州市政公报》第 447 期（1933 年 11 月），第 69—70 页。直到 1936 年 5 月，第四、第五、第六民教区才设立，完成六所民教区设置的计划。《教育局设立四五六民教区》，《广州市政公报》第 535 期（1936 年 5 月），第 91—92 页。

⑩ 《市府计划兴筑市立民众教育馆》，《广州市政公报》第 450 期（1933 年 12 月），第 46 页。

1934 年 3 月，市府选定该委员会委员，包括金曾澄、区声白等教育界名家。① 6 月 30 日，该会正式成立。"欲唤起民众救国，则非先从民众识字运动做起不可"，"识字运动即救国运动。赞助识字运动，即赞助救国运动。"② 识字不仅和民族命运联系在一起，对城市来说，其意义在于造就有知识的市民，增进市政建设。6 月，第 200 次市政会议通过下年度拨民众识字运动经费 9000 元。③ 表明市府对此事业的支持态度。

二是市府举办市政府工人工读半夜补习学校。从 1932 年 7 月间，由市府第三科举办本府工役工读半夜补习所，市府所有工役一律入所训练，授以党义、国文、常识、算数等，使其得普通智识教育。开学之日，刘纪文亲自前往训词，并饬所属次第举办。④

三是大力推行民众识字运动。1936 年，为扫除文盲，教育局决推行广州民众识字运动，分期进行，并组织广州市民众识字运动会主持推进该运动。并拟定办法八项，包括联络各自治公所、各民众团体、警察劝导，教员聚众、播音演讲，张贴标语等方式予以推行。此外，拟暂设识字教导所 200 间分配于市内六个学区，希冀与 3 个月内使一般不识字民众能认识 1000 个日常生活所需之字，并拟新编适合本市实际的课本以为开展。⑤

市民众教育馆的设立，极大促进城市知识传播的进程，社会教育的发展，市民在各种形式的活动中获取知识，包括育儿、音乐、美术、体育及各种技能、市政知识等等。识字运动则为城市提供识字的市民，虽然该运动的效果有待商榷，但是市政当局的努力仍值得肯定。

四、完善播音台和图书馆设施

组织性的传播机构如前述民教馆、民众教育会等对城市知识传播颇大裨

① 《教育局组织民众教育委员会》，《广州市政公报》第 459 期（1934 年 3 月），第 58 页。
② 《识字运动与救国》，《广州民国日报》1936 年 1 月 28 日，第 1 张第 2 版。
③ 《第二百次市政会议》，《广州民国日报》1936 年 6 月 12 日，第 2 张第 3 版。
④ 《市府创办市府工役工读半夜补习所》，《广州市政公报》第 397 期（1932 年 7 月），第 79 页；《广州市政府暨所属机关二十二年份行政经过概况》，《广州市政公报》第 451 期（1934 年 1 月），第 62 页。
⑤ 《教育局组民众识字运动会》，《广州市政公报》第 540 期（1936 年 7 月），第 101 页；《教育局拟定识字运动办法八项》，《广州市政公报》第 541 期（1936 年 7 月），第 99 页；《教育局谭秘书出席市府纪念周报告》，《广州市政公报》第 541 期（1936 年 7 月），第 108－109 页。

益，技术性的传播机构同样扮演着重要角色。这一时期主要表现为播音台和图书馆。广州播音台筹建于 1927 年，1929 年 5 月正式开始播音。这是刘纪文继任之前的事。但是到 1934 年 4 月，播音台成为市府的直属机构，可见对于这一传媒设施的重视。市府将位于中央公园的无线广播电台收归市府直接管理（原为公用局管理），派参事伍伯胜为整理员，以资改善，除播发音乐外，并计划接收全国各台播发消息，以广传播。① 收归市府直属的播音台进行了扩充，购置机器、增加内容、优化播音结构，以增加其宣传效力。陆续订购新机，添置播音室内中西乐器，按照刘纪文的话说，就是要通过播音台使"党义之传播，文化之宣传，市民之娱乐"均感便利。除设备音乐娱乐市民，同时注重本省政令传播、关于建设消息宣传等。② 装设新机后，播音台增加播音时间，提前到每天下午 6 时 30 分开始，并添设演讲一项，请专家介绍政治、经济、军事等内容。③

　　省级机关也参与对播音台的改善工作。1934 年 10 月，广东政治研究会社会组提出改良广州市播音台办法，由市长函请省党部、第一集团军总部等部门组建宣传指导委员会，负责该台宣传指导；增加放音筒于全市繁盛地区，并在办理有成效时推广全国，以广宣传。④ 在这一办法下，11 月，播音台在净慧公园等六个场所增设放音机，增进市民娱乐。⑤ 12 月，播音台重新规定播音秩序，规定增加三十分钟的演讲时间，由各机关长官担任演讲，"今后播音台将为传播学术普及智识及党政宣传上重要机关矣"。⑥ 政府高级职员投身一线，进一步强调播音台普及知识的功能。可见，播音台在公共空间中，通过声音的形式，为市民提供了解咨询、娱乐休闲、知识学习的功能。

　　图书馆是为市民提供阅读、推动城市文化建设的重要场所。除原有省立第一图书馆外，广州这一时期新增许多的图书馆及图书阅读室。平民宫增设的图

---

① 《市府整顿无线电播音台》，《广州市政公报》第 462 期（1934 年 4 月），第 65—66 页。

② 《刘市长在联合纪念周中之市政报告》，《广州市政公报》第 465 期（1934 年 5 月），第 182 页；《指令播音台呈为播发党政军各项重要消息请转呈及分别咨函察照将正确消息径送播发经分别转呈办理由》，《广州市政公报》第 472 期（1934 年 8 月），第 50 页。

③ 《市府播音台增加放音时间》，《广州市政公报》第 472 期（1934 年 8 月），第 117 页。

④ 《训令播音台奉省府令发政治研究会改良播音台办法案暨审查意见仰参酌拟议办理具报由》，《广州市政公报》第 479 期（1934 年 10 月），第 36—37 页。

⑤ 《市府饬令增设播音台公共场所放音机》，《广州市政公报》第 481 期（1934 年 11 月），第 123 页。

⑥ 《播音台从新规定播音秩序》，《广州市政公报》第 486 期（1934 年 12 月），第 78—79 页。

书室，于 1933 年 1 月 26 日开始开放。① 1933 年 10 月，广州市立中山图书馆开幕，在增加纪念总理场所的同时，为广州市民又增添一处提高自身文化水平场所（原有省立图书馆书籍全部移到其中，省图院址用作广东省通志馆及两广地质调查所②）。1934 年 1 月，市立中山图书馆决定增设儿童阅览室，以普及儿童教育。③ 同时，中山图书馆还拟增设市政研究室，以"树立西南革命文化基础，及促进市政建设"，收集全国各市县刊物暨国内外关于研究市政之刊物，以供市民参阅研究。④ 3 月，中山文库和市政文库定期开放，为关心革命和市政的市民提供丰富的文献可供阅读。此后还收到来自日本东京、大阪、仙台、奈良等市以及欧美其他城市寄来的各种市政图表，均陈列供市民研究参考。⑤ 这是中山图书馆对其"推进文化之重大使命"的实际行动之一。此外，中山图书馆增设中山纪念部，收集关于总理之文献及革命图书供市民研究，鼓励民众奋斗精神。⑥ 中山图书馆为普遍民众读书运动，举办民众读书会，1936 年 3 月开始征求略识文字民众（非高学历市民）为会员。⑦ 其发挥着图书馆向公众传递知识的作用。此外，图书馆本身是许多展览举办的场所，这时期的诸多画展、书法展等，很多选址图书馆举办，进一步扩大其知识传播的效果。

五、推进刊物编辑工作

除了前文提到的中山图书馆征集全国研究市政刊物，在刊物及相关知识手册编印上，这一时期市府有较大贡献。在刘纪文等市政府官员的推动下，广州市政府各部门在刊物编纂上均积极推进，除了各局承担编纂刊印的专门性刊物，也有专门委员会负责编纂的综合性刊物。这些都展现了市政当局将市政知

---

① 《平民宫图书室定期开放》，《广州市政公报》第 417 期（1933 年 1 月），第 63 页。

② 倪锡英编：《广州》，中华书局 1936 年版，第 62 页。

③ 《市立中山图书馆增设儿童阅览室》，《广州市政公报》第 452 期（1934 年 1 月），第 49 页。

④ 《市立中山图书馆增设市政研究室》，《广州市政公报》第 453 期（1934 年 1 月），第 51 页。

⑤ 《市立中山图书馆征集各国市政图表》，《广州市政公报》第 477 期（1934 年 9 月），第 100 页。

⑥ 《市立中山图书馆增设中山纪念部》，《广州市政公报》第 455 期（1934 年 2 月），第 34 页。

⑦ 《中山图书馆民众读书会近讯》，《广州民国日报》1936 年 4 月 19 日，第 2 张第 3 版。

识传达给民众的初衷，是市政发展走向成熟的重要标志之一。1933年5月，市府以本市建设日有进展，须将各宏伟建筑物印制图片，编印刊物，对外公布。要求各机关搜集各种图片编印《今日之广州》一书，预备寄往美国芝加哥博览会分派。① 可见市府对外宣工作极为重视，通过相关媒介的印制，以达到宣传广州城市形象的目的。同时，社会局编印市民常识小丛书，以帮助市民了解市政法规、地方自治、防空防毒等各种常识。② 同时，三年施政计划中计划编印《广州年鉴》，便利市民明了本市一切政事，列为二十二年度最要之工作，社会局称赞此为刘纪文"关怀文化之至意"，以此书关系市政设施甚大，特组织编纂委员会以收博采周谘之效。③ 为使各界对本市历史有深刻认识，社会局对市内所有旧建筑物之存废进行调查，将其历史沿革编纂刊入《广州年鉴》中供市民查阅。④ 1935年底正式出版。同年，市政府主编出版《广州市概览》，对广州市政府组织、社会、经济各项进行整理。

其他专门介绍性的刊物及小册，其目的就服务于市民了解市政的需要。社会局筹划编印《社会月刊》，帮助市民了解社会文化教育常识，认识国际趋势。⑤ 文化课负责向各地民众读品专家征求，以便逐期公布，介绍各界采用。1934年9月，省会公安局出版《市民要览》一书，刊载相关法令、禁例及取缔规则，帮助市民了解相关内容。1935年，又编印社会统计汇刊，包括社会经济、社会生活、社会行政三大类调查，以资研究社会者参考。⑥ 卫生局印刷发行《广州卫生》刊物，收入医药学术著作、卫生建设计划等，及刊行《广州市卫生行政之检讨》，总结卫生建设历史经验。⑦ 这是积极传播卫生知识、引起公众卫生兴趣的重要表现。为帮助市民了解劳工安集所，社会局编印《广州市劳工安集所特刊》，以便各方参考及介绍。同时，市府组织编纂"广州市政建设丛刊"，介绍相关市政工程及设施的沿革与现状等，包括《广州海珠桥》(1934)；《广州市之自来水》(1934)；《广州市之婴孩寄托所》(1934)；《广州市

---

① 《市府编印广州建设刊物》，《广州市政公报》第429期（1933年5月），第63页。

② 《社会局编印市民常识丛书》，《广州市政公报》第429期（1933年5月），第68—69页。

③ 《指令社会局呈拟广州年鉴编印实施办法尚属可行由》，《广州市政公报》第446期（1933年11月），第59页。

④ 《社会局调查本市古迹》，《广州市政公报》第465期（1934年5月），第151页。

⑤ 《社会局筹备编印社会月刊》，《广州市政公报》第446期（1933年11月），第66页。

⑥ 《社会局局长出席市府纪念周报告》，《广州市政公报》第503期（1935年6月），第191页。

⑦ 《卫生局局长出席市府纪念周报告》，《广州市政公报》第513期（1935年9月），第124页。

立中山图书馆》（1934）；《广州市之播音台》（1934）；《广州市救济院院务概览》（1935），为市民及社会各界了解广州市政建设提供重要材料。

这些刊物中，《广州年鉴》的编纂已得到众多历史学者的褒扬。史家引以为宝的史料，在当时是市政权力本身输出知识的手段和途径。我们常作为史料运用的《市政公报》，每月定期出版，无疑为市民了解市政府施政及掌握最新出台法规、规则、办事程序等提供更加便利和公开的窗口。当然这其中，也有昌明政绩、展示城市形象的需要。各种小册子的编印，使市民通过纸张，感受到与市政权力的沟通与了解，市政知识通过纸张介质走向了公众。

结　语

知识传播是一个牵涉面很广的问题，从城市的角度来看，涉及各种市政知识向民众的灌输、学校教育和社会教育的同步推进、城市文化的建设等方面。城市文化的建设，又往往和城市形象密切相关。知识在传播过程中，改变着市民的理念，又塑造着人们的生活。市政当局想要教育市民，其知识必然和城市建设的诸多领域相关联。同时，知识的传播又直接影响着市民的日常生活，卫生、体育知识的掌握会影响公共卫生及市民健康，法规的宣传会有助于市民对市政的理解与支持，农业知识和技能的传播反映出农业复兴、振兴农村的时代需要，城市文化建设将政治家的政治和文化理念及特定的政治需要融入到城市形象建构当中。作为知识传播的媒介，展览会、播音台等具有近代化色彩的新鲜事改变着人们获取知识的方式途径。广州市政府的一系列举措，一定程度上为各种知识传递给市民提供了更多机会，我们虽然无法实证这些措施究竟多大程度上提高市民的知识水平，但仍应当肯定市政当局的努力。

城市形象的塑造，前文提到的市展会就是具有政治意义的展示行为，展览会除了商业性目的之外，也兼具知识传播、展示城市形象的功能。市政建设本身涉及诸端，而市府推动的展览会，是具有政治和教育意义双重作用的大型知识传播现场。知识传播的媒介，包括广播台的扩建，新图书馆的落成，都是具有向公众传播知识的作用，这其中既有当政者夹带的"私货"，客观上也附带有娱乐、日常知识的灌输，使市民潜移默化中得到知识的"洗礼"。平民宫、图书馆等也成为知识传播的空间，其平民性质的空间属性，更加表明市政当局将知识平民化的努力。

除市政当局外，不同主体都参与到这一过程当中，限于篇幅文章没有专门论述，此处只举一二例子。基督教青年会积极参与农村事业建设，选择市郊农村为场所，同村民报告青年会农村事业宗旨，放映农业教育电影等，为农村地区知识传播做出重要贡献。① 在其所办刊物上，记录其每年农村服务情况，可见其对农村事业推广之热心。为扩大民族主义宣传，社会局指导本市编剧者，鼓励创作努力于民族运动之作品，推动社会教育。② 省市政府赞助上海香祖书画社在广州举办国难画展，于 1936 年 5 月 1 日在中山图书馆开幕。③ 说明上级机关的政策，也在影响着带有宣传目的的社会教育行为的走向。在这里，城市是一个执行者的角色。

必须要指出的是，市府虽然采取措施为提高民众智识做了诸多努力，但以"训政"要求训练民众行使"四权"的目标来看，其采取的诸多措施并没有朝着这一目标推进。从文章所论述的内容来看，市府为推进社会教育、知识传播所做的努力中，很少见到"政治智识"的传播，市政内容也多为技术性的知识，从这个角度，也印证学界对这一时期自治未得到有效发展的结论。

（作者单位：广东省社会科学院历史与孙中山研究所）

---

① 《农村事业开始》，《同工》1934 年第 134 期，第 68 页。
② 《市社会局最近施政概况》，《广州民国日报》1936 年 4 月 14 日，第 2 张第 3 版。
③ 《国难画展筹备就绪》，《广州民国日报》1936 年 4 月 21 日，第 2 张第 3 版；《琐闻》，《广州民国日报》1936 年 5 月 1 日，第 2 张第 3 版。

抗战时期"国父"实业计划研究会述略

宋青红　　叶蔚林

　　《实业计划》一书是孙中山 1919 年所撰写的全面规划中国现代化经济建设的重要著作，对指导国人认准国家经济发展的途径、投入实业振兴的实践具有重大意义。全面抗战时期，中国工程师学会组建"国父"实业计划研究会（又叫"总理"实业计划研究会），[①] 对《实业计划》做了大量研究拓展、宣传推广和实际应用的工作，取得了相当可观的成绩，在弘扬孙中山经济建国思想方面功不可没。目前学界研究《实业计划》的成果较多，[②] 但对该研究会还知之甚少，鲜有论及。为了弥补这一缺失，笔者主要根据台湾"国史馆"和中国第二历史档案馆馆藏"国父"实业计划研究会的档案，结合其他报刊图书资料，对该会的成立与宗旨、构成与运作、作用与影响等问题进行初步探讨。

---

① 参见《教育部关于国父实业计划研究会经费事项与该会及行政院等来往文书》，1942 年 2 月至 1944 年 9 月，中国第二历史档案馆馆藏档案，全宗号：五，案卷号：1551。

② 廖大伟：《孙中山对中国实现现代化道路的思考与选择》，《社会科学辑刊》2022 年第 2 期。李文靖、邵雍：《孙中山的实业思想及其当代价值》，《北方论丛》2021 年第 6 期。汪朝光：《孙中山的国际观与他的实业建设构想》，《广东社会科学》2021 年第 5 期。马坤：《〈建国方略·实业计划〉中交通救国思想研究——以铁路、港口为例》，《文化学刊》2021 年第 7 期。刘世红：《从〈实业计划〉看孙中山区域经济思想的特质》，《广东社会科学》2007 年第 5 期。隋立新：《孙中山撰述〈实业计划〉的历史考察》，《中国国家博物馆馆刊》2016 年第 11 期。徐涛：《〈实业计划〉成书考》，《学术月刊》2021 年第 3 期。杨宏雨：《〈实业计划〉的三重使命》，《江淮论坛》2018 年第 2 期。

168

一、总会成立与指导思想

国父实业计划研究会成立于 1941 年 3 月,此时全面抗战进入第五个年头,在度过抗击日本侵略最艰难的岁月、战场形势渐趋稳定向好之后,国家经济建设的重大课题开始引起国人的高度重视,对《实业计划》的研究于是成为一个非常适合时势发展之需的切入口。该会的宗旨在于"根据国父实业计划之方针,参照各工业先进国经济建设之方法与经验,研究在最短期内建立现代国家之最低限度工程设施及所需材料人才"。[①]

蒋介石对国父实业计划研究会曾寄予厚望,1941 年 3 月该会刚成立时,蒋致电该会会长陈立夫,称:"根据总理实业计划,促进轻重工业建设,加紧训练技术人员,积极增进事业效率,以及沟通经济建设事业与行政机构,以造成我国工业一日千里之进步,凡中正去年所举以期望于贵会者,尤愿诸君继续努力以图之。临电不胜驰企,谨祝贵会成功。"[②] 国父实业计划研究会是得到政府授意成立、服务于国家政治任务、促进经济建设的组织。

该研究会的倡导者,是中国工程师学会。[③] 在 1940 年底召开的第九届中国工程师学会年会上,通过了成立国父实业计划研究会的提案:"与会同人,佥以国父所著之实业计划为我国经济建设之伟大方案,其内容则以工为主体,故工程界同人对实业计划之实施,应负前锋之任务,爰决议组织国父实业计划研究会理其事。"[④] 该研究会推陈立夫为会长。1941 年 3 月,国父实业计划研究会正式成立。特别值得指出的是,国父实业计划研究会之所以能够成立,并不单纯是民间团体的举动,而是得到了国民政府的大力支持。

早在 1940 年 12 月 9 日,中国工程师学会年会第 9 届年会召开之前,陈立

---

① 《教育部关于国父实业计划研究会经费事项与该会及行政院等来往文书》,1942 年 2 月至 1944 年 9 月,中国第二历史档案馆馆藏档案,全宗号:五,案卷号:1551。

② 《国父实业计划研究会》(1940 年 12 月 9 日至 1945 年 12 月 3 日),台湾"国史馆"馆藏"国民政府"档案,典藏号:200000000A,入藏号:001-054140-001。

③ 中国工程师学会成立于 1912 年,是中国近代人数最多、规模最大的科学技术团体;学会由詹天佑、颜德庆等中国最早的职业工程师创立,并长期接受凌鸿勋、茅以升等著名工程师的领导,是近代职业工程师的集合,发挥着工程师"民间领袖"的功能。参见房正:《近代工程师群体的民间领袖中国工程师学会研究 1912-1950》,经济日报出版社 2014 年。

④ 陈秀峰:《前言》,陈立夫:《国父实业计划研究报告》,国父实业计划研究会编印 1943 年,第 1 页。

夫致函蒋介石，表达"更拟郑重决议成立实业计划研究会，动员工程同志一致研讨并推定技术专家负责规划。惟兹事体大，非有相当时日及经费不足以观厥成。"并请求拨给研究经费。①

1941年2月28日，国民政府军事委员会委员长侍从室第二处致函行政院秘书处，称"查拨助中国工程师学会实业计划研究会基金10万元一案，系由经济部翁部长、教育部陈部长折呈到院，经院所请陈奉国防最高委员会照数核定，在1941年度总预算第二预备金内动支，并已分令财政、经济、交通三部遵照，可由该会径向财政部洽领。"② 1941年3月7日，蒋介石致函中国工程师学会会长陈立夫，称："该会此次年会对于总理实业计划特加注意，组织研究会从事设计，期宏贡献，至堪嘉尚，所请发给研究基金10万元一节，业经由行政院照数核定。"③ 不过，"查该会本年度补助费，前经本部代列15万元，行政院核减为12万元。"最后行政院拨款数额当为12万元。

但是该会仍觉得不够用，希望向教育部高教司领取10万元拨助，根据1月20日陈立夫致教育部的函电，可知其理由如下："惟今后之研究工作将日趋细密广大，经纬万端，必须以更大力量从事方可以期毕举其事，以应需要。惟本会经费短绌，去年政府补助费仅得月支8000元。一切经常费用，虽极商节省，仍支绌万分，至于出版研究报告及宣传调查费用，则筹划更难。今年总裁一再指示全国上下以完成国父实业计划为重要方针，本会自应努力工作，以图贡献。惟事体既大，力与心违，今补助经费，虽仍照列，而于生活程度高涨状况中，今后欲增聘必需人员，增购参考图书，出版研究报告及宣传书刊等。必而不可少之工作，以现在经济状况，均委实难以完成，爰陈梗概，惟期仰赖贵部提倡赞助而本会所有策划实亦不乏对贵部效力之处，拟请准于本年度经费中拨助拾万元俾研究调查工作得积极开展，以阐明建国宏规，共图大业之成就。"④ 1941年1月22日该会又发函电称："本会工作繁重而经费困难拟请准于本年度经费中拨助十万元，俾工作得以积极展开。"然而教育部高教司表示："本部本

---

① 《国父实业计划研究会》（1940年12月9日至1945年12月3日），台湾"国史馆"馆藏"国民政府"档案，典藏号：200000000A，入藏号：001-054140-001。

② 《国父实业计划研究会》（1940年12月9日至1945年12月3日），台湾"国史馆"馆藏"国民政府"档案，典藏号：200000000A，入藏号：001-054140-001。

③ 《国父实业计划研究会》（1940年12月9日至1945年12月3日），台湾"国史馆"馆藏"国民政府"档案，典藏号：200000000A，入藏号：001-054140-001。

④ 《教育部关于国父实业计划研究会经费事项与该会及行政院等来往文书》，1942年2月至1944年9月，中国第二历史档案馆馆藏档案，全宗号：五，案卷号：1551。

年度学术文化团体补助费总额仅 23 万元，即就本部已备案之 78 单位而论，分配已感不敷，对于该会所请补助 10 万元一节，实无财源可资拨付"。①

1942 年该会获 10 万元补助费，"业经国防最高委员会核定，嘱径向国库洽领，并编具分配预算七份"。②

至于 1943 年的经费，1942 年 9 月 5 日，该会总干事叶秀峰指出："本会今后一年工作甚为繁重，自 1943 年度起拟添聘职员并增加待遇，使与一般公务人员所得报酬相等，拟请于编列本会 1943 年度补助预算时增列 18 万元，兹附陈概算书，请会长核准。"9 月 15 日，国父实业计划研究会致电国民政府教育部高等总务司："径启者，本会 1942 年度经费 10 万元，列为教育部文化补助费荐下，1943 年度补助费拟增列 18 万元，曾将预算表送请会长核示，并奉批再请由贵司核签，兹检附预算表及原签即烦核签，并赐复为荷。"该会希望职员待遇与一般公务人员所得报酬相等，并将 1943 年度补助费增列 18 万元。不过，10 月 16 日得到的回复是："查本部明年度概算尚未公布，贵会经费曾于草案内编列十五万元，容候转陈核夺。"最后得到的回复是："养春吾兄大鉴：本会 1943 年度补助费拟增为 18 万元，列入教育部文化"。③

该会不断获得国民政府行政院和教育部的拨款。比如 1943 年 10 月 8 日，该会致教育部函件称："本会本年度经费原由贵部于教育文化补助费项下列拨国币 12 万元，并经由贵部补助 8 万元，惟年来本会研究工作已入繁难阶段，范围日广，业务日繁，增聘必需人员购置参考图书调查研究资料印刷研究结果，出版宣传专刊，如此诸端，本会均在极端节省方针下一一举办，一切情形谅已早蒙鉴察，惟以物价日涨，生活程度日高，本会事业计划尚未能完满举办，经费已支绌万分，最近又以参加中国工程师学会年会种种需款无法筹措，拟请贵部再予补助六万元，俾工作得以维持进行，无任盼感，待命之至。"早在当年 6 月 14 日，教育部致函该会称："补助费 8 万元，已由本部函知国库署直拨，仰迳行洽领"。之后该会又表示此 8 万元"业经签奉谕在其他私立研究机关及中

① 《教育部关于国父实业计划研究会经费事项与该会及行政院等来往文书》，1942 年 2 月至 1944 年 9 月，中国第二历史档案馆馆藏档案，全宗号：五，案卷号：1551。

② 《教育部关于国父实业计划研究会经费事项与该会及行政院等来往文书》，1942 年 2 月至 1944 年 9 月，中国第二历史档案馆馆藏档案，全宗号：五，案卷号：1551。

③ 《教育部关于国父实业计划研究会经费事项与该会及行政院等来往文书》，1942 年 2 月至 1944 年 9 月，中国第二历史档案馆馆藏档案，全宗号：五，案卷号：1551。

等学校补助费项下支付"。① 该会陆续获得 20 万元拨款，此时又希望教育部再补助 6 万元。

1943 年 12 月 30 日及 1944 年 1 月，该会多次向教育部要款，"惟本会 1943 年度内，因印刷研究报告广播演讲集添购图书等，支出经费，超出预算甚多。再四筹维，仍不足壹拾壹万元。兹拟恳贵部于 1943 年内，续予补助研究费国币五万五千元，以资弥补而利进行"。② 1944 年 1 月 29 日，陈立夫亲自出马催款补助，他致函教育部："兹当国家积极推进建设之际，本会自应加紧工作，以期有所贡献。惟查本会委员及小组研究人员，多系各关系机关专家，本会以经费有限，从未致送车马津贴等费。兹为便于研究工作之集会计，拟请贵部对于出席本会各种会议人员，概准以公出论，俾利大计之研讨。"③ 1943 年内多次向教育部要款，此年也恰是该会事业迅速发展期。

再有，1943 年 8 月 17 日，该会经济周转困难之时，还曾向教育部借款："兹因国库署设收本会下半年经费拨往兰州，正交涉退回，现本会以需款孔亟，拟向贵部暂悬贰万元以济眉急，一俟该款到时，当即奉还"。9 月 3 日得到教育部批准此项借款："接准贵会本年 8 月 17 日函以需款孔亟，嘱悬借贰万元一节，勉为照办，已另相应函请查照，派员至渝部具领，并盼提前拨还归垫为荷。"④ 应该说，该会得到国民政府的大力支持。

1944 年度，该会请求在 1943 年原有基础经费 12 万元基础上，"请续补 1943 年度研究费 5 万五千元"。⑤

到了 1945 年，该会在原有基础款项 12 万元的基础上，希望教育部拨款 40 万元。陈立夫呈请教育部，"本会本年度经常费原系由大部文化费项下补助 12 万元，为数过少，不敷太巨，经向各方请示补助勉强维持，而一切会务均受限制，无法发展，闻明年度预算正在审核之中，本会经常费如仅照例增加之百分

---

① 《教育部关于国父实业计划研究会经费事项与该会及行政院等来往文书》，1942 年 2 月至 1944 年 9 月，中国第二历史档案馆馆藏档案，全宗号：五，案卷号：1551。

② 《教育部关于国父实业计划研究会经费事项与该会及行政院等来往文书》，1942 年 2 月至 1944 年 9 月，中国第二历史档案馆馆藏档案，全宗号：五，案卷号：1551。

③ 《教育部关于国父实业计划研究会经费事项与该会及行政院等来往文书》，1942 年 2 月至 1944 年 9 月，中国第二历史档案馆馆藏档案，全宗号：五，案卷号：1551。

④ 《教育部关于国父实业计划研究会经费事项与该会及行政院等来往文书》，1942 年 2 月至 1944 年 9 月，中国第二历史档案馆馆藏档案，全宗号：五，案卷号：1551。

⑤ 《教育部关于国父实业计划研究会经费事项与该会及行政院等来往文书》，1942 年 2 月至 1944 年 9 月，中国第二历史档案馆馆藏档案，全宗号：五，案卷号：1551。

数，则来年工作计划将无以为继，谨附呈本会明年度经常费预算表一份，务请准将本会补助费至少增加至 40 万元，俾明年度工作得以从事推动。"① 根据 1944 年 9 月 27 日制定的该会 1945 年度机关经费预算表，该会经常费就高达 62.04 万元。②

该会一至延续到台湾时期，1946 度该会曾受经济部"工业保息补助及指导费项下拨助五十万元"，1947 年该会称："本会自稔责任重大，决议于 1946 年度扩展工作，惟以特价增涨，图书研究等费用所需至巨。请援过去成例，补助 150 万元，以利会务进行"。结果得到的补助是"函为拨发补助费国币 250 万元，请派员持据来部具领。"③ 该会从经费及人事来看，官方背景非常明显。1944 年 2 月 1 日陈立夫致经济部，"惟查本会委员及小组研究人员，每系各关系机关专家，本会以经费有限，从未致送车马津贴等费。兹为便于研究工作之集会计，拟请贵部对于出席本会各种会议人员，概准以公出论，俾利大计之研讨。"该会职员以公出论，等同一般公务员的待遇。④ 可见，此实业研究虽然挂着"国父"的名义，实质上是完全服务于国民政府政策的需要。

该会于 1940 年 12 月中旬在成都提出，"经先加宣传说明，得到会工程师全体之通过，赞同从事此项工作，并通过原则六项，其要点在根据总理实业计划，以全国为范围，参考先进各国计划建设的方法，设计细密计划，并先研究实业之内含，各种工程加入新兴各种重要工业部门，都析为 55 类，以之分配于工程师学会所包含的共 5500 个工程师会员之 10 个工程专门学会，并由专门学会选举代表，组织实业计划研究会，任综合推动之责，期于 2 年内完成此项实业计划之初步细密计划，供献于中央，勉图有所效力于钧座建国之大业"。⑤ 该报告得到军事委员会侍从室的批复如下："该工程学会此项建议用意甚佳，惟计划方针，自应遵照钧座（蒋介石——笔者注）最近决定之政策为主。拟先

① 《教育部关于国父实业计划研究会经费事项与该会及行政院等来往文书》，1942 年 2 月至 1944 年 9 月，中国第二历史档案馆馆藏档案，全宗号：五，案卷号：1551。

② 《教育部关于国父实业计划研究会经费事项与该会及行政院等来往文书》，1942 年 2 月至 1944 年 9 月，中国第二历史档案馆馆藏档案，全宗号：五，案卷号：1551。

③ 《经济部拨发国父实业计划研究会扩展工作补助费的文书》，1943 年 2 月至 1947 年 3 月，全宗号：4，案卷号：22331。

④ 《国父实业计划研究会请批准出席该会人员以公出论案》，1944 年 1 月 2 日，全宗号：四，案卷号：15052。

⑤ 《国父实业计划研究会》（1940 年 12 月 9 日至 1945 年 12 月 3 日），台湾"国史馆"馆藏"国民政府"档案，典藏号：200000000A，入藏号：001－054140－001。

交设计局参酌先后领发手令要旨核议原则予以指示，并拟议转该学会联络进行办法。""经费一节，似行政院已准拨基金十万元，可函询行政院后再签认。"①

对于何以要成立国父实业计划研究会，该会的指导思想十分明确，即要积极组织各方专业技术人士，通过各项研究和推广工作，将《实业计划》的宏伟理想真正落到实处。正如1941年发起人陈立夫、凌鸿勋在给蒋介石的呈文中所说："窃以抗战形势日益有利以来，建国之实际工作，益应积极筹划，规模既大，必须有相当期间之准备工作，并动员全国技术人员集中其心思于建设大业，此种想象，原早在若干同志心中，惟以未有适当机会可作有效之进行……爰择工程师学会开会之机会，提出研究总理实业计划一案。"②

这一指导思想，具体体现为五项工作原则：

　　一、本会应以总理建国方略中之实业计划为中心，参照其他各先进国家经济计划之方法与经验，并顾及现在环境之特征，拟具整个实业计划之细密计划，以为全国人民集中努力之鹄的而为建国之张本。

　　二、计划应根据民生及国防之需要计划为根据，以达到自给自足之目的的方法，从民生轻工业的起点顺序计划，及于重工业在实施方面之计划，则更以重工业先于轻工业，复依各种已知之条件，计划其各个之分期，并使交通事业尽先发展及配合工业之发展。

　　三、由本会邀请各专门工程学会，分门计划各工程部门之细密计划为初步之配合，进而与其他有关各专门学会之工作为进一步之配合。

　　四、各专门工程学会就其过去事业之计划及经验，补充实业计划之细目，并根据过去20年世界工程及科学技术之进展，增加实业计划之项目。

　　五、各学会计划拟定后采取往复调整配合方法，初次汇总后加以配合，再分送各学会修改，修改后重新汇总，再加整理联系，以此结果汇合工程学会以外之关系专门学会之计划，配合调查联合拟定整个实业建设实施步骤，决定入手方案，贡献于中央，并要求财政方面协同履行建国工作

---

　　① 《国父实业计划研究会》（1940年12月9日至1945年12月3日），台湾"国史馆"馆藏"国民政府"档案，典藏号：200000000A，入藏号：001－054140－001。

　　② 《国父实业计划研究会》（1940年12月9日至1945年12月3日），台湾"国史馆"馆藏"国民政府"档案，典藏号：200000000A，入藏号：001－054140－001。

中所应有之责任。①

从该会的宗旨来看,该会力图研究中国经济发展方案,以求战时中国经济自给自足,注重发展重工业及交通事业,邀请各部门专家细密计划并相互配合,拟定整个实业建设实施步骤及方案。

二、国父实业计划研究会理论研究

国父实业计划研究会成员主要有六类人:一是由各工程学会代表所担任的委员,共 51 人;二是各工程学会专家参加设计研究或参加意见人员,共 86 人;三是其他学会农林经济等专家曾应邀约参加研究或协同设计人员,共 24 人;四是各会职员,共 15 人;五是协助绘制商船标准图样工作人员,包括国立重庆商船专科学校造船科 32 及 33 级全体学生;六是该会第一考察团团员,共 20 人。②国父实业计划研究会聚集各行各业的工程师、学者、政府官员,在孙中山实业计划的基础上,对实业发展计划进行研究和讨论,为国家建设建言献策。

在专业层面上,国父实业计划研究会分为土木、水利、机械、电机、矿冶、化工、纺织、建筑、自动车、航空等 10 组,组织专家分任全部计划中 55 个工程工业项目研究工作。

在管理层面上,研究会设立了这样一些机构:一、在会长领导下设立研究实业计划通讯处,负责搜集材料,为各关系学会交换材料并征求意见,传达于关系部分整理各项报告,绘制各项图表以供给研究之需,是为会内办理此项事务的枢纽。二、各专门学会于其所应负责之关系部分,各自计划其研究计划方式及机构。三、至一个事业项目关系一种以上工程著,设立联合委员会,各派代表专家 1 人到 2 人,共同商定计划办法,然后分别草拟。四、为特种事业项目,或有特种联系之需要时,设立特种委员会讨论之。五、于各部门计划完成时,由本会邀请各专门学会,推派代表专家组织汇编委员会负编配调整之责。六、为研究特种问题或调查搜集特种材料,得商得政府之协助,组织研究调查

---

① 《国父实业计划研究会》(1940 年 12 月 9 日至 1945 年 12 月 3 日),台湾"国史馆"馆藏"国民政府"档案,典藏号:200000000A,入藏号:001-054140-001。

② 陈立夫:《国父实业计划研究报告(1943 年)》,国父实业计划研究会编印 1943 年,第 351-353 页。

之团体。"①

在完善组织建设的基础上，研究会着手开展了各项工作。

其一，组织研究人员，开设分会。该会从公私立各专科以上学校寻找会员，特别是希望各专科以上学校学院院长及重要教授加入。1941 年 5 月 16 日，为推动国父实业计划的研究工作，该会会长陈立夫曾致电教育部高等教育司，"拟请贵部赐知下列各种研究机构之名称地址及负责人姓名：1. 贵部直属有关科学技术研究机构及推动机构；2. 贵部与其他机关合办之科学技术研究机构及推动机构；3. 各公私立大学附设之有关科学技术研究所；4. 外人在国内所设之有关科学技术研究机构。""请抄示专科以上学校理工农科教授讲师助教名册，并注明所担任课目，以便函洽"，6 月 7 日得到的回复是："查各院校教员名册篇幅过多，歉难抄送，应请贵会派员兼习抄写"。②

1941 年 3 月 18 日，该会致电教育部称："本会为欲推动专科以上学校工科师生参加实业计划研究工作起见，决定在各有工科之专科以上学校设立分会，故拟请贵部赐知各专科以上学校工学院院长及重要教授名单，以便商洽，设立分会事。"③

国父实业计划研究会成员主要由各工程学会代表组成。包括委员，各工程学会专家参加设计研究或参加意见人员，其他学会农林经济等专家曾应邀约参加研究或协同设计人员、各会职员，协助绘制商船标准图样工作人员，该会第一考察团团员等。主要委员群体有：中国工程师学会的代表陈立夫（兼会长）、沈怡、凌鸿勋、徐恩曾、杨继曾；中国矿冶工程学会代表叶秀峰（兼总干事）、翁文灏、曾养甫、孙越琦、邵逸周；中国机械工程学会代表程孝刚、黄伯樵、庄前鼎、顾毓瑔、赖琏、吴琢之；中国电机工程师学会代表是恽震、顾毓琇、郑葆成、陈中熙、陶凤山。中国土木工程师学会代表是夏光宇、李书田、茅以升、萨福均、赵祖康；中国化学工程学会代表张洪沅、杜长明、顾毓珍、徐宗涑、谢明山；中国纺织学会代表来仙舻、张文潘、陆绍云、戴文伯、聂光墀。中国水利工程学会代表有沈百先、汪胡桢、徐世大、宋澐、孙辅世。中国造船

---

① 《国父实业计划研究会》（1940 年 12 月 9 日至 1945 年 12 月 3 日），台湾"国史馆"馆藏"国民政府"档案，典藏号：200000000A，入藏号：001－054140－001。

② 《教育部关于国父实业计划研究会经费事项与该会及行政院等来往文书》，1942 年 2 月至 1944 年 9 月，中国第二历史档案馆馆藏档案，全宗号：五，案卷号：1551。

③ 《教育部关于国父实业计划研究会经费事项与该会及行政院等来往文书》，1942 年 2 月至 1944 年 9 月，中国第二历史档案馆馆藏档案，全宗号：五，案卷号：1551。

工程学会代表有马德骥、宋建勋、叶在馥、王超、王荣瓛。中国建筑师学会代表有陆谦受、杨廷宝、梁思成、鲍鼎、黄家骅。①

除各校分会外,在上海、南京、镇江还设有支会。② 比如南京支会的会员为粮食部管制司司长濮孟九、中统局南京办事处主任徐谨行、国民政府参议冯百平、粮食部田赋署署长李崇年、交通部主任秘书汪一鹤、交通部邮电司司长陶凤山、邮政总局副局长谷春帆、粮食部设计委员严锡久、陆军总部参议邵毓麟、南京特别市政府秘书长陈祖平、南京中央日报社长马星野、南京市地政局长鲍德征、南京中国农民银行副理张振尧、教育部督学彭百川、财政部税务督署署长姜书阁、盐政局产销处处长何维凝、临时大学补习班训导生吴兆棠、司法行政部会计长石凌汉、国立编译馆人文组主任郑鹤声、陆军部通讯兵指挥官刘永焜、社会部参事黄梦飞、中统局处长王秀春。③

其二,制定研究计划。国父实业计划研究会制定的实业计划中包含6个计划,就其性质而言,前三个计划就西北、西南,以及扬子江流域三部分地域范围作关键的根本工业的计议,第四计划为补充的铁道交通计划,第五计划为工业本部衣食住行印刷工业的计划,第六计划为矿冶计划。再综合分析则有:一、外海内地各种港埠之设计;二、铁路系统之设计;三、水道整理及灌溉水力;四、粮食工业之设计;五、衣服工业之设计;六、居室工业之设计;七、行动工业之设计;八、印刷工业之设计;九、各种基本工业之设计;十、电气工程(此项系在目录中)等。④

这一基础研究的总体设想是:"其初步工作,经审慎会商,以拟定各项建设部门之基本数字为出发点。即就全国人口土地之范围,近代文化及国防之目标,研究最低防度必不可少之工程设施及材料数目。于是参加工作同人,慎思熟忘,反复辩难,决定对各种建设事业拟发展至何种程度,作一通盘之假定。然后根据其发展之程序,统计各种主要原料之需要数量,再据此作全部计划之

---

① 《国父实业计划研究会》(1940 年 12 月 9 日至 1945 年 12 月 3 日),台湾"国史馆"馆藏"国民政府"档案,典藏号:200000000A,入藏号:001-054140-001。

② 《国父实业计划研究分会京沪区会员沈遵晦日记、通讯录》(1943 年 2 月至 1947 年 12 月),中国第二历史档案馆馆藏档案,全宗号:790,案卷号:42。

③ 《国父实业计划研究分会京沪区会员沈遵晦日记、通讯录》(1943 年 2 月至 1947 年 12 月),中国第二历史档案馆馆藏档案,全宗号:790,案卷号:42。

④ 《国父实业计划研究会》(1940 年 12 月 9 日至 1945 年 12 月 3 日),台湾"国史馆"馆藏"国民政府"档案,典藏号:200000000A,入藏号:001-054140-001。

设计。故除原实业计划中已有规定之铁路公路商船居室四项，已有基本数字，续加精密研究外，其他项目，则根据原则分别论断。经一年有半，而各主要项目之基本数字，大体拟定。同时对所需器材及人才人工，亦陆续计算。此后遂根据已有基本数字，作各计划之施行概要，配合研究。所获结果，先后择要提出中国工程师学会第十第十一两届年会报告。并请各学会分组讨论，修正补充，俾臻完备。"①

据此，该会提出了非常详细各类计划概要，包括铁路建设计划概要（10 年内建筑两万公里计划概要）、机车及车辆建设计划概要、公路建设计划概要、自动车建设基本数字、水利建设计划概要、商船建设计划概要、筑港计划概要、衣服工业建设计划概要、食品工业建设计划概要、居室建设基本数字、电信建设计划概要、电力建设基本数字、水力开发计划概要、制药工业建设基本数字、日用器皿工业基本数字、印刷工业建设基本数字、机械工业建设基本数字、矿冶估计材料等。应该说，国民政府是沿着《实业计划》全面发展工业的路子进一步细化。②

其三，召开研讨会议。1944 年 1 月 22 日，国父实业计划研究会医药卫生小组，由委员俞松筠召集。在该会举行第一次会议，出席医药教育卫生工程专家十余人。对于战后国家建设中，医疗制药卫生工程等，详加讨论，并对以上各项问题之人材供给交换意见。对《中国之命运》中规定医药卫生工作如何完成，尤特别注意。结果分三小组先作分别之研究及设计，约一月后再行集议。③

1945 年 7 月 14 日，国父实业计划研究分会举行年会。杨锦昱报告开会意义及工作情形后，宣读蒋主席训示，继由陈公洽、陈立夫等致辞，并宣读研究论文、谈论议案，最后改选干事。④

1946 年 12 月 12 日，国父实业计划研究分会第三次年会如期举行，会长陈立夫及会员 120 余人出席，并有指导顾问及来宾陈果夫、朱家骅、叶秀峰、黄杰等参加，行礼如仪后，由王亚明、顾建中、马星野、郭汝瑰、彭百川等担任主席团，首由王亚明报告开会意义，郭一予报告筹备经过及会务情形，继由陈

① 陈立夫：《国父实业计划研究报告（1943 年）》，国父实业计划研究会 1943 年，第 1 页。
② 国父实业计划研究会编：《国父实业计划研究报告》，国父实业计划研究会 1943 年。
③ 《国父实业计划研究会医药卫生小组举行第一次会议》，《中央日报（重庆）》1944 年 1 月 23 日第 2 版。
④ 《国父实业计划研究会渝分会举行年会》，《前线日报（1938.10—1945.9）》1945 年 7 月 15 日第 4 版。

立夫宣读蒋介石指示，称："经济建设必须以国父实业计划为准则……该会成立目的，在于集中才力，设计具体方案，以供实行之采择，任务可谓重大。诸同志务须认识目前环境实际需要，一面精益求精，不断研究，一面设法实际推动，以期即知即行、互相印证，则此不朽之盛业，不难早观厥成也，其各勉之。"① 陈立夫、陈果夫、叶秀峰、黄杰等均先后致辞，对于该会各会员、多所勖勉，下午继续开会，宣读论文，讨论提案，并选举干事会干事，由周鼎珩、郭一予、冯百平、顾建中、罗刚、于锡来、涂公遂、张金舰、陈曼若、闵湘帆、冯瑛等 31 人当选。

其四，实地考察，写作调研报告。该会曾组织考察团赴西北从事建设调查。1942 年核准组织蒙新考察团后，即分邀各有关机关团体商讨考察计划，遴选工作人员。1943 年 2 月初，全体团员 20 人，由渝、蓉、豫、陕等地集中于兰州，3 月出发西行。"考察路线——由兰州出发，经民勤、酒泉、玉门、居延、敦煌、哈密镇、西奇台、迪化、绥来、乌苏、绥定、伊犁、塔城、承化、焉耆、库车、阿克苏、乌什、库列尔、尉犁、婼羌、阿瓦提浮舟、塔里木河、沙雅"。②

此次赴西北考察经国防最高委员会核定补助 30 万元。1942 年 11 月 26 日国民政府主计长致教育部："查国父实业计划研究会蒙古新疆考查团追加 1942 年度临时补助费，业奉国防最高委员会第 96 次常会核定 30 万元，是项追加数应列入 1942 年度补助岁出经常门，临时部分除通知财政部外，相应查照，转饬依法编送分配预算为荷。"③

除经费支持外，该会会长陈立夫同时是教育部长，其利用自身的公谊私交，委托西北各省省长接待西北考察团。1942 年 10 月 21 日，该会会长陈立夫致电宁夏省政府主席马少云："总理实业计划研究会为搜集边疆资源材料，供设计计划实施之参考起见，签奉委座批准，由各学术团体推派专家十余人，组织第一考察团，前往西北各省调查研究，现出发在即，拟先来贵省观光，特此

---

① 《国父实业计划研究会昨举行第三次年会》，《民国日报》1946 年 12 月 13 日第 2 版。

② 《国父实业计划研究会》（1940 年 12 月 9 日至 1945 年 12 月 3 日），台湾"国史馆"馆藏"国民政府"档案，典藏号：200000000A，入藏号：001－054140－001。

③ 《教育部关于国父实业计划研究会经费事项与该会及行政院等来往文书》，1942 年 2 月至 1944 年 9 月，中国第二历史档案馆馆藏档案，全宗号：五，案卷号：1551。

电达到达之时，所有关于调查一切工作，敬请招待为感。"①

1943 年 3 月 17 日，新疆省长盛世才亲自致电该会会长陈立夫，关心此事。"考察团团员定于何日由兰出发，约于何日到达新疆边境，仍请我兄提前电示，以便转饬保护准备招待。"②

7 月 30 日西北考察团到达迪化，受到盛世才的热情招待。8 月 4 日盛世才回复陈立夫："张副团长彬忱率团员等一行 22 人，于陷日平安抵迪，除妥为招待协助外，特电奉知。"9 日，陈立夫回复："张副团长一行人员，诸承招待协助，深为感纫，特复致谢。"③

1943 年，国父实业计划研究会特召集各大学对于边疆研究或有兴趣之同志组织西北第一考察团，由叶秀峰率领，金陵大学政治组讲师高钟润亦加入为团员，并兼任秘书。④

除赴新疆考察，该会还拟赴国外考察。1943 年 6 月 10 日该会致函国民政府教育部政务次长兼战时教育委员会主任委员顾毓琇称："去年兰州年会之后，本会曾将工作报告送呈委座，并条陈亟待进行之各项要务，其中一条为建议组织考察团分赴英美与彼国科学技术机关团体及专家等作密切之联系及有系统之调查，以供战后吾人之随时利用，本年 4 月 21 日，本会叶总干事于工业会议晋见委座时，后面陈其中关于派遣专家分赴英美考察一项，业奉批回'如拟'等因。查此项工作关系至巨，为事先妥善筹划起见，拟于会内先组筹备委员会，以便详讨方策，已由会长指定委员叶秀峰、杨继曾、徐恩曾、深百先、孙越崎、顾毓琇、茅以升 7 人为筹备委员，以叶委员秀峰为召集人，兹订于本月 15 日（星期二）上午 8 时，在国府路 282 号，本会开第一次筹备会务。"⑤

另外，交通组也曾于 1943 年 2 月组织赴西北考察，陇海铁路管理局局长陆福廷呈交通部部长、次长："案查前奉钧部 1943 年 2 月真人甄渝电，饬派本路

① 《教育部关于国父实业计划研究会经费事项与该会及行政院等来往文书》，1942 年 2 月至 1944 年 9 月，中国第二历史档案馆馆藏档案，全宗号：五，案卷号：1551。

② 《教育部关于国父实业计划研究会经费事项与该会及行政院等来往文书》，1942 年 2 月至 1944 年 9 月，中国第二历史档案馆馆藏档案，全宗号：五，案卷号：1551。

③ 《教育部关于国父实业计划研究会经费事项与该会及行政院等来往文书》，1942 年 2 月至 1944 年 9 月，中国第二历史档案馆馆藏档案，全宗号：五，案卷号：1551。

④ 《边疆学术研究消息》，《边疆研究通讯》1943 年第 2 卷第 1 期，第 8 页。

⑤ 《教育部关于国父实业计划研究会经费事项与该会及行政院等来往文书》，1942 年 2 月至 1944 年 9 月，中国第二历史档案馆馆藏档案，全宗号：五，案卷号：1551。

复路工程设计委员会副主任委员李俨前往兰州集合，参加国父实业计划研究会第一考察团交通组工作等因；遵经转饬遵办去后，兹据该委员会转据该员呈称遵于上年二月 20 日离西安赴兰州，会同该团出发，嗣因实施地需要，复加派副工程司宋梦渔前往帮同工作，随团考察新甘宁青一带交通情形，于去年 2 月15 日工作完毕，返抵西安并编制整理报告。"① 根据《审查第一考察团交通组报告之管见》："第一考察团，虽以考察西北为目的。但其注意者多在新疆一省，其次则为甘肃省之河西走廊一部分。其新疆之南部及青海全省均未遑经历。故本报告对于西北交通，亦多注意于经过地点。而略于新疆南部及青海。其间对交通统系之涉及青海一带者。原计划之三处通海口路线中，只有连络成渝，贯通长江海口之一节。"② 抗战时期新疆的特殊性，考察团对新疆尤为重视。

其五，广播演讲及编撰书籍。围绕《实业计划》，国民政府编纂了大量有关实业的书籍，不断阐发和引申《实业计划》思想。比如 1943 年国父实业计划研究会编的《国父实业计划广播演讲集》，演讲的内容包括：陈立夫演讲《国父实业计划之要义》，该会委员兼中国矿冶工程学会会长翁文灏演讲《实业建设的必要》，该会委员兼中国电机工程学会会长徐恩演讲《物质建设应有之认识与准备》，该会委员兼中国化学工程学会会长张洪沅演讲《国父实业计划与化工建设》，该会委员兼中国矿冶工程学会理事孙越崎演讲《国父实业计划与矿冶建设》，该会委员兼中国土木工程学会副会长茅以升演讲《抗战建国中之桥梁工程》，该会委员兼中国水利工程学会会长沈百先演讲《实业计划之水利建设》，该会委员兼中国纺织学会理事陆绍云演讲《中国纺织业之将来》，该会委员兼中国建筑师学会理事长陆谦受演讲《实业计划中住的问题》，该会委员兼中国矿冶工程学会理事演讲《建设前途几个重要问题》。③ 可以说，国父实业研究会聚集起国民政府各行各业的行政官僚、专家学者，围绕孙中山《实业计划》方案进行研究，以推动国民政府的实业发展。

中央训练团党政高级训练班编的《实业计划综合研究各论》（中央训练团党政高级训练班，1943 年）一书收录了顾毓琇讲《实业计划上之工业建设与国

① 《交通部 1944 年参加国父实业计划研究会第一考察团交通组工作报告》（1944 年 6 月至9 月），中国第二历史档案馆：全宗号：20（2），案卷号：99。

② 《交通部 1944 年参加国父实业计划研究会第一考察团交通组工作报告》（1944 年 6 月至9 月），中国第二历史档案馆，全宗号：20（2），案卷号：90。

③ 国民实业计划研究会编：《国父实业计划广播演讲集（第 1 集）》，国民实业计划研究会，1943 年。

防教育》，钱天鹤讲《实业计划上之农业建设》，沈百先讲《实业计划上之水利建设》，赵祖康讲《实业计划上之公路建设》，杨继曾讲《实业计划上之国防工业建设》，朱一成讲《实业计划上之电讯建设》，邵福昕讲《实业计划上之港埠建设》等演讲稿。①

国父实业计划研究会成员撰著的直接与实业计划相关的书籍如下：蒋静一著《总理实业计划之研究》（国民图书出版社1943年版），陈立夫演讲《总理实业计划要义》（中央训练团党政训练班编印1942年版），沈百先编讲《实业计划之水利建设》（导淮委员会编印1947版），陈豹隐、黄元彬讲《实业计划综合研究总论》（中央训练团党政高级训练班编印1943年版），顾毓琇等讲《实业计划综合研究各论（1）》（1943年），杨承训讲《实业计划之综合研究各论（二）》（1944年），陈立夫讲《总理实业计划要义》（中央训练团党政训练班出版1942年版），陈立夫著《实业计划之综合研究总论（1政治方面的考察）》（中央训练团党政高级训练班编印1944年），顾毓秀等讲《业计划之综合研究各论（1）》（中央训练团党政高级训练班编印1943年版），朱玉仑、朱泰信讲《实业计划之综合研究各论（2实业计划之矿冶建设）》（中央训练团党政高级训练班编印1943年版），杨继曾讲《实业计划之综合研究各论（81实业计划之工业建设）》（中央训练团党政高级训练班编印1944年版），他们在努力阐述孙中山实习思想。另外还有一些题名没有实业计划，但是涉及实业建设的书籍。

此外，由国父实业计划研究会编印的书籍还有程孝刚著《三民主义之计划经济》（国父实业计划研究会编印1943年版），丁实存、陈世杰编的《中文新疆书目》（国父实业计划研究会编印1943年版），胡焕庸、童承康编的《西文新疆书目》（国父实业计划研究会编印1943年版）。

在开展各项工作的过程中，研究会与政府保持了良好的互动关系，得到政府多方面的指导和支持。

1942年11月，陈立夫致函陈布雷称，国民党全会中，蒋介石"曾数次提及国父实业计划之重要，并订为全党同志今后致力之共同目标，兹将本会一年半来研究所得之初步结果，制成报告及图表送请台端，请即转呈总裁核阅为

---

① 顾毓琇等讲；中央训练团党政高级训练班编：《实业计划综合研究各论》，中央训练团党政高级训练班1943年。

祷",① 说明研究会的工作得到了蒋介石的重视和肯定。

此后,蒋介石还就研究会如何扩大成果、加强与各方合作,作过多次指示。1943年2月,蒋介石致电中央设计局秘书长王世杰,称:"惟本会今后工作已进入一艰巨阶段,如何使各部门计划配合调整,俾各个单独计划相辅相成,融而为一整个之国家建设大计划,适应世界经济大势,符合我国建国政策,尚祈核示,俾有遵循等语。查该会工作可由该局随时与之联系,并协助其研究。至该会已拟定之十项计划,已令径送若干份,即希洽收,分交各专家研究批评为要。"② 同月,又致电陈立夫称:"1942年11月25日呈件均悉,该会领导国内专家精研遗教,厘订方案,颇能具体切实,堪为今后建设实施之参考,良用嘉慰,此项研究报告书如已有油印本,希即检出一百份,但如有不清楚之字句,应校对修改。分送中央设计局及各方专家研究批评,至该会今后工作之进行,当令设计局随时联系并予以协助,可径行按洽并盼继续努力研究设计,使未完成部分亦获有结果,俾资参考。"③ 这些指示,应该说对研究会工作的顺利进行很有帮助。

拨给经费是政府支持的重要方面,但各年情形不一。1943年,研究会的经费主要来自于政府拨款。此年研究会的工作报告指出:"本会今年经费,系于国家总预算中列有补助费12万元,不足过巨。经先后商请教育、交通、经济各部补助研究经费27万元,行政院项目补助印刷研究报告经费16万元,以目前物价高涨之时,集合同志,勉励工作实万分支绌。故于参考图书之购办,材料之搜集等,均未能完美进行,致研究工作之进度,不克加速殊为遗憾也。又考察团系独立经费,计先后得中央拨款80万元,中央设计局助20万元外,尚有各机关之协助,须候工作结束,方克统计。"④

1944年,陈立夫向国民政府呈送该年度研究会工作计划大纲及研究经费预算表,请拨款158万元,其中包图书费、印刷费、补助学术团体及各地研究分

① 《国父实业计划研究会》(1940年12月9日至1945年12月3日),台湾"国史馆"馆藏"国民政府"档案,典藏号:200000000A,入藏号:001-054140-001。

② 《国父实业计划研究会》(1940年12月9日至1945年12月3日),台湾"国史馆"馆藏"国民政府"档案,典藏号:200000000A,入藏号:001-054140-001。

③ 《国父实业计划研究会》(1940年12月9日至1945年12月3日),台湾"国史馆"馆藏"国民政府"档案,典藏号:200000000A,入藏号:001-054140-001。

④ 《国父实业计划研究会》(1940年12月9日至1945年12月3日),台湾"国史馆"馆藏"国民政府"档案,典藏号:200000000A,入藏号:001-054140-001。

会经费、整理资料及编绘图表费等。① 然而，当陈布雷向蒋介石转呈之后，得到的批示却是"不再拨发"。② 蒋介石随后亲自致函陈立夫称："1944 年度工作计划大纲及经费预算等件均悉，所请研究经费本年因不追加预算，未便再拨。"③ 可见，政府财政也出现了困难，对研究会的经费支持难以为继。

抗战胜利后，研究会从形式上来说仍然存在，但各项工作因种种原因，逐渐陷于停顿状态。

三、国父实业计划研究会授课实践

国父实业计划研究会不仅注重理论的研究，还将研究成果拿到国民党中央训练团常政高级训练班进行宣讲，也就使得国民党"中央训练团党政高级训练班国父实业计划研究分会"成为该会的分会。国父实业计划研究会的研究内容拿到中央训练团党政训练班高级班来讲，这个高级班吸收消化接收国父实业计划研究会的成果。

事实上，该分会曾致函经济部长翁文灏，说明缘由，并索要经费："爰集结同学于原有研究会之下组织本分会，至此项研究既与工矿建设息息相关，自未敢稍涉懈驰，重以本分会成立伊始，以会址之局促与图书之缺乏，在在足以影响工作之推进，因念钧长领导工矿建设事业对于本分会之宗旨，定荷赞同，用为将伯之呼，敢恳赐予拨助 30 万元，藉供购集图书资料之用，俾工作得以开展，兹推举本会会员杨锦昱、顾建中、薛光前、邵毓麟、冯百平等代表本会面陈一切。"1944 年 9 月 27 日，该分会"以组织分会，推行研究国父实业计划，因成立伊始，图书等资料缺乏"希望经济部长翁拨助 30 万元，"以供购集，俾工作得以展开"。经济部部长翁文灏回复称："本部经费，亦异常竭蹶，兹勉力拨助 10 万元"。④ 随即先拨 5 万，续拨 5 万元。

1938 年 5 月，国民党中央训练委员会在武汉成立，掌理党、政、军各级干

---

① 《国父实业计划研究会》（1940 年 12 月 9 日至 1945 年 12 月 3 日），台湾"国史馆"馆藏"国民政府"档案，典藏号：200000000A，入藏号：001－054140－001。

② 《国父实业计划研究会》（1940 年 12 月 9 日至 1945 年 12 月 3 日），台湾"国史馆"馆藏"国民政府"档案，典藏号：200000000A，入藏号：001－054140－001。

③ 《国父实业计划研究会》（1940 年 12 月 9 日至 1945 年 12 月 3 日），台湾"国史馆"馆藏"国民政府"档案，典藏号：200000000A，入藏号：001－054140－001。

④ 《经济部拨发国父实业计划研究会扩展工作补助费的文书》（1943 年 2 月至 1947 年 3 月），中国第二历史档案馆馆藏档案，全宗号：4，案卷号：22331。

部人员训练事宜，下设中央训练团，召集国民党党政干部进行培训。1943年，中央训练团党政训练班添设高级班，其成员由党政训练班中选拔。对于高级班的培训，蒋介石下过这样的手谕："国父实业计划研究会所研究之结果，其材料必须由陈立夫部长定期对高级班学员切实讲解，并在高级班中组织研究分会，亦由陈部长主持，使每一学员皆加入一组，共同研究。"[1] 该班同时兼有研究会分会的职责。[2] 其实是国父实业计划研究会的成员多担任国民党"中央训练团党政高级训练班国父实业计划研究分会"的讲师。所以说该分会某种意义上成为总会的实践机构。

国父实业计划研究会的内容，不仅涉及实业计划相关的研究报告，其实还涉及国民党意识形态方面的宣传。学员沈沛霖曾回忆道：训练课程围绕孙中山《实业计划》进行之，授课课程"除蒋介石《精神训话》（蒋在半年期间，曾多次来班，作有《培养践履笃实的精神》等演讲）外，印象较深者有冯友兰、钱穆《中国固有哲学》、陈立夫《实业计划之综合研究》、钱瑞升《现代各国政治演说》、翁文灏《科学在近代国家组织中之地位》、陈果夫《机关组织》、杨杰、俞大维、王东原《军事基本原理》等"。[3] 可见，总会请冯友兰、钱穆等文化界名人坐镇，演讲人员大多是国民党党政高层，领袖精神的灌输也是高级班的重要内容。而且每每论及实业计划，都以孙中山的名义为号召，这本身也是一种思想资源，表明国民政府的思想脉络与孙中山的三民主义一脉相承，从而培养三民主义的信徒。

1942年10月，《中央训练团党政训练班高级班教育计划》规定：一、训练目标：增进理论研究，注重笃实践履，加强主管能力，养成自动自决，负责任怨，综理密微，克服困难之精神，期能有守有为审机应变，不屈不挠，坚忍图存。二、训练要旨：1. 依总理遗嘱总裁言论，本党重要文献，及先哲论著，研究革命理论与人生哲学，以确定革命之人生观。2. 根据建国方略，建国大纲，本党政纲政策与决议所昭示，就训政时期及战援形势，对一般政治，经济社会诸问题，作深切之研究与规则，并讲究党之组织领导与运用，以及党政工作之

---

① 《国父实业计划研究会》（1940年12月9日至1945年12月3日），台湾"国史馆"馆藏"国民政府"档案，典藏号：200000000A，入藏号：001－054140－001。

② 笔者查阅台湾和大陆的档案和报刊资料文献，没有看到研究会还有其他分会。

③ 沈沛霖（清尘）口述；沈建中整理；中国人民政治协商江苏省委员会文史资料委员会编：《耆年忆往 沈沛霖回忆录》，江苏文史资料编辑部1998年，第188－190页。

聊繁，以培养主管政府之能力。3. 就一般及专业方面，对行政法规，机关业务管理，与人事职别考核，如领导、执行、指挥、监督、考核、检讨及调查，统计，设计，文案等项，作深切之研究，以培养主管事务之能力。4. 就各机关档案资料及学员过去工作经验，以集体检讨与研究之精神，作各种专题之探讨，以培养自动研究之习性。5. 就日常生活随时随地予以启导，以养成定静安虑自律自治之习惯。① 从这个训练目标和要旨来看，中央训练团党政训练班高级班主要还是训练党政人员，以孙中山领袖名义和三民主义的政治理念为号召，加强国民党意识形态的宣传。

1943 年党政高级训练班设立时，陈立夫演讲指出："中央训练委员会奉蒋总裁手令：党政训练班添设高级班，并奉派陈果夫、王东原、王世杰、朱家骅、吴铁城、张治中、陈立夫、陈仪、张厉生、张道藩、陈布雷、罗家伦、梁寒操、甘乃光、段锡朋同志为该班筹备委员会委员，张厉生委员为该班主任，陈仪委员代理该班主任，第一期调训人员就党政班第一期至第十期毕业学员遴选，共计 192 员训练期间 6 个月，检送高级班教育计划及调训人员名册，陈报中央第 218 次常会备案，并经于 1943 年 1 月 2 日开始报到。"② 陈立夫指出，设立党政高级训练班的目的有二：一是培养"革命的建设"干部，二是研究"革命的建设"（建国）计划。而革命的建设计划包括孙中山的实业计划和国防计划。陈立夫指出：革命的干部所应具备的条件包括：确立革命的人生观，生活示范，加强主管能力等。③ 很明显，党政高级训练班的目的在于形塑国民党党政干部的党政意识。

据沈沛霖口述回忆，"在党政高级班将毕业时，曾讨论过组织同学会的问题，以联络毕业同学感情，互通声息。唯当时政府明令禁止各学校（尤其是军校和政校）组织同学会一类的团体。鉴于此况，有同学提出，我们高级班之举办宗旨，乃为研究孙中山之《实业计划》如何实施，不妨就以国父实业计划研究分会名义对外（时重庆有陈立夫先生组织之国父实业计划研究会团体存在），一则为同学研究及撰写论文相联系，一则可作为变相之同学会而存在。经众同

---

① 《中央训练团党政训练班高级班教育计划（1942 年 10 月）》，《训练通讯》1942 年第 26—27 期，第 15—17 页。

② 《（四）中央训练团党政训练班添设高级班》，《中央党务公报》1932 年第 11 期，第 300—301 页。

③ 陈主任讲：《设立党政高级训练班的意义》，中央训练团党政高级训练班 1943 年版。

意后，乃公推同学杨锦昱、庄智焕、程厚之等为代表赴侍三处请示，经侍三处报蒋首肯后核准成立。"① 沈沛霖认为中央训练团党政高级班就是国父实业计划研究分会。

沈沛霖的这一判断可以从一则档案史料中得到印证。1943 年 5 月 28 日，中央训练团党政高级班国父实业计划研究分会函呈中央训练团团长蒋介石："奉谕筹组国父实业计划研究分会成立经过情形，并检同简章名单等祈鉴核"。原文如下："谨案本班前奉团长手谕节开：'国父实业计划研究会所研究之结果，其材料必须由陈立夫部长定期对高级班学员切实讲解，并在高级班中组织研究分会，亦由陈部长主持，使每一学员皆加入一组，共同研究'等因，嗣奉国父实业计划研究会陈会长立夫派定学员方少云等九人筹备组织分会事宜，遵由各筹备员着手组织就绪，于本年 5 月 26 日假本团四维堂召开成立大会，报由会长莅会主持，定名为中央训练团党政高级训练班国父实业计划研究分会，当经通过分会简章 18 条，并照章选举干事，开票结果为左曙萍等 15 人当选为干事，冯百平等 5 人当选为候补干事。"② 蒋介石手谕，在高级班中组织研究分会，亦由陈立夫主持，使每一学员皆加入一组，共同研究。

据沈沛霖回忆："高级班第一期共调训党务方面学员 153 人，江苏省有 27 人，以省籍而言，人数最多。一些朋友又相聚在一起，如刘公武（湖南人，西南游干班政治部主任）、程式（江西人，防空学校政治部主任）、仇硕夫（湖南人，三青团监察会副处长）、吴寿彭（江苏人，浙江省政府处长）、许复（江苏人，立信会计学校主任）、俞浩（江苏人，江苏省党部委员）等。于 1943 年 1 月 10 日假中训团大礼堂举行开学典礼，蒋介石亲自主持典礼，他称该班创设的目的在于造就高级的党政干部。③ 国民党中央训练团党政高级班成员由国民政府党政训练班中选拔。由此可见，国父实业计划研究分会的成员是国民政府

---

① 沈沛霖（清尘）口述；沈建中整理：《耆年忆往沈沛霖回忆录》，中国人民政治协商江苏省委员会文史资料委员会编：《江苏文史资料》，江苏文史资料编辑部 1998 年，第 191 页。

② 《国父实业计划研究会》（1940 年 12 月 9 日至 1945 年 12 月 3 日），台湾"国史馆"馆藏"国民政府"档案，典藏号：200000000A，入藏号：001－054140－001。

③ 1943 年 1 月 10 日与国民党中央训练团党政高级班同时举行开学典礼的还有国防研究院第一期学员 30 人。国研院名义上不隶属于中训团，其调训对象为陆大毕业之三军青年军官，受训期一年，以研究孙中山《国防十年计划》为训练要旨以期造就高级的军官干部"。参见沈沛霖（清尘）口述；沈建中整理；中国人民政治协商江苏省委员会文史资料委员会编：《耆年忆往沈沛霖回忆录》，江苏文史资料编辑部 1998 年，第 187－188 页。

党政高级班成员，是国民政府党政高级干部人才。由国民政府党政高级干部人才组织国父实业计划研究分会，研究孙中山《实业计划》思想，当然是为国民政府建言献策。

四、建树与现实影响

国父实业计划研究会在国民政府的支持和全体会员的努力下，做了大量实实在在的工作。这些工作以研究《实业计划》为中心，最显著的成绩是在传承和发展孙中山经济建国理想及方略上做出了多方面的建树。

首先，深入揭示了孙中山《实业计划》的精义。

这主要体现在研究会成员对《实业计划》的系统探究和全面阐释中。如彭学沛到中央训练团党政高级训练班讲演《国父实业计划要义》，总结《实业计划》具有九个特点即注重海港、注重内地水道系统、注重治河、注重西北与西部高原之重要、认为机器即资本、注重工矿建设、认为中国工人生活最贵、预言日本军阀之侵略、指出发达工业之路径，[①] 分析《实业计划》的六大计划"前面四个计划都是说明国家在经济建设下的各种基本工业的发达方法，以及我国为发达工业所不可少的铁路与海港"，第五计划是"述明人民日常生活中必需而且可使生活安适的工业本部。所谓工业的本部依总理根据民生主义的道理，分为食、衣、住、行、育五个部门"，涉及粮食工业、衣服工业、居屋工业、行动工业、印刷工业等，第六计划所开发的是矿业，"中国境内不但满布铁、煤、石油、铜等矿产，并且蕴藏着制造重兵器所不可缺少的矿产如钨铅等"，[②] 言简意赅地概括了《实业计划》独特内涵。

又比如，在由中国国民党中央执行委员会宣传委员会编印的《实业计划提要》中，将《实业计划》的原则归纳为五项：必选最有利之途以吸外资，必应国民之最需要，必期抵抗之至少，必择地位之适宜，必重视商港之开辟；将《实业计划》进行的方法与步骤归纳为四项：一是第一种第二种工业革命同时并举，二是中国实业之开发应分个人企业与国家经营两路进行，三是发展之权应操在我，四是具体步骤应分为投资之各政府共同行动、必须设法使中国人民

---

① 彭学沛：《国父实业计划要义》，中央训练团党政高级训练政编印 1944 年，第 6 页。
② 彭学沛：《国父实业计划要义》，中央训练团党政高级训练政编印 1944 年，第 7—16 页。

热心匡助、中外召开正式会议以议订契约等三步。① 这对于战时国人理解《实业计划》，起了提纲挈领的作用。

其次，全面拓展了《实业计划》原有的设想。

这一拓展，在《实业计划提要》中显示得相当清楚。该提要所勾勒的"实业计划"，不仅以孙中山的《实业计划》为蓝本，而且在此基础上进一步扩充，形成了更为完备的国民政府的实业规划。在此规划中，关于交通之开辟涉及建筑铁路十万英里、建筑碎石道路一百万英里、治河、修浚现有运河、新开运河等内容，关于商港之开辟涉及沿海港之开筑、建设内河商埠等内容，此外还涉及工业本部之发展、矿业之开发、水力之发展、蒙古新疆满洲西藏青海的开发等内容。② 这些内容，既是对《实业计划》的继承，又是在新的历史时期对其设想的发展。

从研究层面看，该会在孙中山《实业计划》内容基础上，接纳孙中山关于实业计划的丰富内容，研究广泛涉及工业、农业等内容。该会研究报告曾指出"实业计划范围广大，工业仅为其中一部分，本会过去研究，仅集中于此。顾经济建设各部门须齐头并进，且亦彼此关联，不知其全，则亦不能明其分。故最近已增加：农业、经济地理、都市建设三小组，此外人才、资本、管理、机构、分配、贸易等问题，亦当继续分别研究。"③

1943 年，中央训练团党政高级训练班编印《实业计划综合研究总论》，记录了陈豹隐和黄元彬的演讲稿，内容包括实业计划之经济学的考察，实业计划上之钱币革命，实业计划之经济学远见，实业计划之经营方式，实业计划实施时所需之土地、资本及劳力，实业计划实施时应有之经济机构，实业计划全部实现后中国社会经济现状必观之预想。换言之，他们力图从经济学的角度论证《实业计划》的科学性、准确性。④ 1943 年，朱玉仑、朱泰信演讲《实业计划上之矿冶建设》，内容包括矿冶建设与国防民生、中国矿冶资源、抗战以前矿

---

① 中国国民党中央执行委员会宣传委员会编：《实业计划提要》，中国国民党中央执行委员会宣传委员会出版时间不详，第 8 页。

② 中国国民党中央执行委员会宣传委员会编：《实业计划提要》，中国国民党中央执行委员会宣传委员会，出版时间不详。

③ 陈立夫：《国父实业计划研究报告（1943 年）》，国父实业计划研究会编印 1943 年版，第 2 页。

④ 陈豹隐、黄元彬讲，中央训练团党政高级训练班编：《实业计划综合研究总论》，中央训练团党政高级训练班编印 1943 年。

冶建设发展之过程、抗战期间后方矿冶建设之勃兴、战时及战后矿冶建设方针之商讨等内容。[1] 杨承训演讲《实业计划之交通建设——铁路建设计划》，包括实业计划之铁路计划，铁路计划研究之经过，"中国之命运"与"实业计划"铁路建设与各方面之关系等内容。[2]

再次，具体细化了实现经济建设目标的门径和方法。

国父实业计划研究会成员根据自己的专长，对某一特定行业进行研究，提出了不少可以付诸实施的具体主张。如程孝刚的《三民主义之计划经济》（国父实业计划研究会编印，1943年）指出：应建立多个经济中心及附属之交通网及电力网，大举垦荒及改良农业，筹集国家资本，封销国内资本及投资统制，提倡节约及消灭浪费，劳力支配及失业保险，发展技术教育，优待合作社及协调企业，劳资协调之办法，效率及效率之尺度，社会福利事业，经济行政机构。

又比如，杨继曾在中央训练团党政高级训练班的演讲指出，"实业计划之研究与补充，成为细密之计划，在目下已达到之进境"。国父实业计划研究会"从事于实施计划之编拟。在计划之初，以各种材料都不具备；而工业各部门错综的关系，亦不容易将经纬分明的确定。所以任各专门学会自行假定范围目标时限，实业计划之数字，亦大半为专门计划所利用。这样的个别计划，一部分已于1943年8月付印；但这只是过程而不是定论。因为这是个别而不互相配合的，不能居为一个能实施的计划"。[3] 计划在不断研究，不断调整之中。他还建议工业分为：消费性工业、建设性事业、建设性工业三类。"我建议配合的程序，主张第一个建设计划要作十年，而分两期各五年。一、先根据农业发展计划与人民生活之需要，而订立消费性工业的四期十年计划。二、初根据国内货物流畅的需要和国外贸易的需要，确定建设性的事业五年计划范围。"[4]

抗战时期，在蒋介石的支持下，中国工程师学会组建"国父实业计划研究

① 朱玉仑、朱泰信讲，中央训练团党政高级训练班编：《实业计划之综合研究各论（二）实业计划上之矿冶建设》，中央训练团党政高级训练班编印1943年。

② 杨承训讲，中央训练团党政高级训练班编：《实业计划之综合研究各论（二）》，中央训练团党政高级训练班编印1944年。

③ 杨继曾讲，中央训练团党政高级训练班编：《实业计划之综合研究各论（81实业计划之工业建设）》，中央训练团党政高级训练班编印1944年，第2—3页。

④ 杨继曾讲，中央训练团党政高级训练班编：《实业计划之综合研究各论（81实业计划之工业建设）》，中央训练团党政高级训练班编印1944年，第7页。

会",将《实业计划》作为经济建设的准则,集中才力,一面考察、研究,设计具体实施方案,供经济建设采择,一面推动实际行动,以提高中国现代化经济建设效率和水平。不过,该会主要从事调查与研究,特别是在经济规划方面做出了一定的贡献,但在实践中,由于抗战特殊的环境,国民政府没来得及实施,再好的规划也不过是纸上谈兵。

杨继曾指出:蒋介石的《中国之命运》第五章第二节定了实业计划实施十年内要达成到的标准,有些数字的来源是取材于1943年国父实业计划研究会编印的《国父实业计划研究报告》。① 1943年4月,国民政府经济部教育部召集工业建设计划会议,编成《工业建设计划报告》。这个《工业建设计划报告》与蒋介石的《中国之命运》第五章第二节定了实业计划实施十年内要达成到的标准有一些比较吻合。② 可以推测,《工业建设计划报告》的数据也参考了蒋介石《中国之命运》的数据。可见国父实业计划研究会对《工业建设计划报告》的制定也产生了影响。而且,国民党六届十一中全会议决公布的《战后工业建设纲要》是依据工业建设计划会议的意见加以修正,共计16条。可见国父实业计划研究会制定的《国父实业计划研究报告》影响深远。

最后,国父实业计划研究会以《国父实业》的名义,宣传孙中山的领袖魅力及三民主义的政治理念,用于形塑造党政军高级干部人才的政治认同,从而形塑国民党的意识形态。特别是国父实业计划研究会的研究成果,拿到国民党"中央训练团党政高级训练班国父实业计划研究分会"进行宣讲。该分会的授课人员基本是总会的研究成员。应该说,该分会是总会的最重要的分支机构,同时也是实践机构。

再从国父实业计划研究会的政府拨款情况及人员构成来看,国父实业计划研究会不同于一般的社会团体,它具有较高的官方背景,也在形塑国民党的官方意识形态,某种程度可以说是蒋介石的智囊团。

该研究会以孙中山《实业计划》为号召,以国父的名义相号召,秉承蒋介石的意旨及"一个党、一个主义"的理论,加强国民党意识形态的形塑。该研

---

① 杨继曾讲,中央训练团党政高级训练班编:《实业计划之综合研究各论(81实业计划之工业建设)》,中央训练团党政高级训练班编印1944年,第3页。

② 比如电力《中国之命运》十年后达到之产量6,200,000,《工业建设计划》第十年达到产量7,134,000。煤,前者150,000;后者146,800,000。参见《工业建设计划与中国之命运预定产量比较表》,杨继曾讲,中央训练团党政高级训练班编:《实业计划之综合研究各论(81实业计划之工业建设)》,中央训练团党政高级训练班编印1944年,第14页。

究会不仅具有经济研究和经济规划的目的，也有加强对国民党意识形态形塑以统一国民党全党意志的目的，比如1943年成立的"中中训练团"党政训练班，成为该会的分会。党政高级训练班训练要旨之一即为："依总理遗嘱总裁言论，本党重要文献及先哲论著，研究革命理论与人生哲学，以确定革命之人生观；根据建国方略，建国大纲，本党政纲政策与决议所昭示，就训政时期及战援形势，对一般政治、经济、社会诸问题，作深切之研究与规划，并讲究党之组织领导与运用，以及党政工作之联系，以培养主管政府之能力。"① 所以，国父实业计划研究会具有明显地形塑意识形态的功能。

综上所述，抗战时期，国父实业计划研究会借由孙中山《实业计划》的名义研究实业发展实业计划，孙中山的《实业计划》作为《建国方略》中的"物质建设方略"，是其经济建设思想与实践的总结。抗战时期，在蒋介石的支持下，国父实业计划研究会，组织全国铁路、机车、公路、水利、筑港、商船、电信、电力、机械工业、矿冶、食品工业、衣服工业、住房、制药等轻重工业等相关领域专家进行专门考察、研究、设计具体实施方案，并整合各领域的研究成果形成一个体系的实业发展计划，应该说是一个科学性、整体性、全面性的研究方案。国父实业计划研究会所做的调查研究工作，涉及国计民生各个方面，后期还增加了对农业的研究，扩充了实业计划的细目，为国家经济建设提供切实参考。该会的研究成果促进了国民政府的经济建设的规划路径。

只不过，在战争的环境下，国民政府依据该会研究报告作的经济发展规划，多大程度能够付诸实施，却是值得怀疑的。虽然国民政府并没有如愿以偿，但其对现代化的探索，可能对今天仍然具有一定的参考和借鉴意义。

（作者单位：上海理工大学马克思主义学院）

---

① 《中央训练团党政训练班高级班教育计划（1942年10月）》，《训练通讯》1942年第26—27期，第15—17页。

介绍新出版的《孙文全集·书信》部分

丁旭光

一

由黄彦主编的《孙文全集》（广东人民出版社 2021 年出版）书信卷（上、下）共收录了孙文信件 1451 封，另有 63 封列为附载，较之中华书局版《孙中山全集》新收 192 件，占超 12％，比秦孝仪主编《国父全集》新收 101 件，占约 7％，其中 31 件为首次收录（数件为首次刊出）。①

新收录的这些函件，不少内容重要，反映了孙文的革命活动中少为人知的动向或孙文思想内容的发展轨迹，其价值可想而知。新收录的这些函件中，如《复犬养毅告已命杨衢云改正报道函》（1899 年 8 月 15 日）提到了犬养毅要求改正报道一事，提供了有关孙文在日本初期活动的历史资料线索，究竟是什么报道使得犬养毅如此重视而又紧张，又来函又来人当面要求改正？发表在日本《贸易新报》上的是什么内容？恐怕还可以循此研究。

由黄甲元后人转赠广东省社会科学院（张磊先生）的数件孙文写给黄甲元的函件也颇具价值。如《复黄甲元请设法安置起义同志并核对捐款数额函》（1908 年 7 月 6 日）提到了在华侨中劝募军饷等事且有具体数额，对研究辛亥

---

① 引文分见《孙文全集》（广东人民出版社 2021 年）、《孙中山全集》（广东省社会科学院历史研究所、中山大学历史系孙中山研究室、中国社会科学院近代史研究所中华民国史研究室合编，中华书局 1981 至 1986 年）、秦孝仪主编《国父全集》（台北 1989 年）、王耿雄等编《孙中山集外集》（上海人民出版社 1990 年）等，恕不一一标注。

革命时期孙中山在东南亚华侨中开展募饷等工作大有帮助。《致伦敦某君商谈贷款函》（1909 年 11、12 月间）和《复伦敦某君谈当前中国局势及贷款担保人名单函》（1910 年 1 月）两封则披露了在美国活动筹款发动起义的一段重要史实，提供了进一步研究的重要线索。又如 1922 年、1923 年致列宁、越飞、马林等人函件，是了解孙文联俄、联共的珍贵材料，史料价值较高。

致范石生函 5 件，则源于四川省文史馆得自范石生后人捐献文物史料（刊载于《历史档案》1993 年第 2 期），这是近些年来孙文手迹资料较突出的一次发现，反映了后期孙文在广东革命斗争中为建立、维护广东革命政权而殚心竭虑艰苦奋斗的心迹，可以看出对滇军既利用又斗争的一些做法，反映后期革命斗争处境之艰难。

黄彦主编从上海图书馆收集到的中华革命党时期保留下来的中华革命党本部总务部《文稿》原稿本，以及中国国民党本部总务部《海外公文底稿》，其中有代为起草的孙文函件或以总务部名义转达孙文意见的函件，从中收录了数封，或采用 10 多封作为附载，这些函件反映了这一时期党人在经费困顿条件下活动的艰辛和不懈奋斗精神。

新收录的孙文几封家书，如致卢慕贞夫人、孙科和两个女儿的信，体现了内心丰富的感情世界，让人了解到他对家庭、对家人的关心照顾和爱护，弥足珍贵。

二

精湛的校勘，是每部好集子共同的追求，必要的注释也是一重要方面的内容。本集对书信内容提及的部分特有名词也做了一些简要注释，并纠正了若干错误。

一、除了由本全集主编提出的统一体例中规定的若干受信人用字、或号为标题人名，即吴稚晖（名敬恒）、赵公璧（名士觐）、张静江（名人杰）、章太炎（炳麟）、蒋介石（名中正）、汪精卫（名兆铭），除此若干人外，统一以名为标题而不是字、号，避免了名、字、号混合使用引起混乱，如中华版《孙中山全集》第一卷用的是吴稚晖（字），第二卷则是吴敬恒（名）；第一卷是王子匡（字），第二卷则为王鸿猷（名）。凡此种种，普通读者不易判断。因此除个别以字号行于世者，如焦易堂（名希孟），绝大多数能考虑到的，均以名为标题。这些人大略有：

名（字）	名（字）
王鸿猷（子匡）	赵世钰（其相）
沈懋昭（缦云）	陈堃（伯简）
童杭时（萱甫）	刘治洲（定五）
伍澄宇（平一）	杨蓁（映波）
刘恩锡（冠三）	邓泰中（和卿）
叶荃（香石）	陈渠珍（玉鍪）
马骧（幼伯）	续桐溪（世峰）
路孝忱（丹甫）	林俊廷（圃田）
吕复（剑秋）	

二、对一些人名和地名加注，帮助读者更好理解函中有关内容，或改正以往版本出现的一些失误。这些加注的地名，如：布哇（夏威夷之日本人叫法）、檀香山四岛、英属七洲府、东归新（即东莞、归善、新安，均广东地名）等；人名，如区凤墀、孙昌、赵士觐（公璧）、黄伯耀、四姑（陈粹芬）、李石曾、林喜智、崔通约（崔通约之事）、曹锡圭、梁士诒、伍澄宇（平一）、"谢君"（谢炳坤）、刘恩锡（冠三）、凌钺、童杭时、焦希孟（易堂）、陈堃、赵世钰、吕复、朱培德、鲁涤平、杨蓁、邓泰中、杨益谦、杨希闵、贺龙、范绍曾、续桐溪、陈青云、刘守中、马麒、王芝祥（铁珊）、张瑞麟等人，以及若干外国人名。藉此注释帮助读者理解、判断函件的背景及价值。

三、考订出若干受信人姓名。由于年代久远，或发信时仅写名（字、号），未写姓，因而造成今天无法判断，也是常事。本集所考若干受信人的姓有：

瑞祥——梁瑞祥（曾为日里棉兰同盟会员）

世宗、燮南、贞诵——张世宗、廖燮南、黄贞诵（为三宝垄中华革命党支部职员）

廷槐——高廷槐（美国屈臣委利华侨，曾为少年学社社员）

冠三——刘恩锡（字冠三，曾为山东济南同盟会副会长）

剑侯——沈定一（字剑侯、玄庐）。

但尚余有近十处人名姓氏未能考订出。

　　四、考订信件的写作时间，使其准确或大概地接近于历史真实，是校勘的重要工作。《孙文全集》较《孙中山全集》改订写作时间或填补空缺，将月份、季节订得更具体的，共 69 处。而《国父全集》在时间的考订方面，某些地方接受了《孙中山全集》的成果，但一些明显不当而由《孙中山全集》考证出的，却未予接受，因此失去了比较的意义。

　　改订时间，一是源于根据原函影印件直接补上，二是采用了一些研究成果，包括王耿雄著《孙中山史事详录（1911—1913）》，以及发表于报刊上的文章，个别还得益于专家学者的指点。

　　但原函影印件也不可尽信。如孙文致叶恭绰的一封信，即明确无误地署着"中华民国十年八月四日"的时间，据其内容当系叶恭绰在广州大本营任财政部长时期，孙文对叶恭绰所作的指示，但 1921 年叶尚在北京政府任职，不可能是此时所写，而当为孙漏填"二"即"中华民国十二年"（1923 年）所致。故考此信应为 1923 年 8 月 4 日所作。

　　五、改进标点和适当分段，也是校勘工作的重要一环。标点不当，意思搞乱，容易造成误解。《孙文全集》书信卷改进明显标点偏差有 120 多处，使这种现象得到了改进。试举例如下：

　　《孙中山全集》收录的《致邓泽如函》（1908 年 12 月 19 日）："弟在逼得收兄寄款后，当有书报告一切。"但，实际上是孙文已收到寄款，据此，当改为："弟在逼得收兄寄款，后当有书报告一切。"又如《孙中山全集》收录的《复曾允明等》函："前接元月信称接到财政部函云：'寄去债券数包，而实际并未接到'等情。"意思令人费解，改为"前接元月信称'接到财政部函云寄去债券数包，而实际并未收到'等情"——是曾允明等人未接到财政部所寄债券，而不是财政部未接到债券。又如《致胡汉民杨庶堪函》（1923 年 7 月 4 日）中："青阳款一到，有法时必助之。惠、潮下后必有法，可为我先慰之也。"实际上，是石青阳向孙文提出拨给经费的要求，而不是汇款支持孙文，非"青阳款一到"也！此时孙文的大元帅府财政困难，根本无从接济，只好让胡、杨去信安慰。故而断句为："青阳款，一到有法时必助之。惠、潮下后必有法。可为我先慰之也。"①

　　六、拟标题，是《孙文全集》对体例所作的一个重大改革举措。标题以内

---

　　① 《孙文全集·书信》（下），广东人民出版社 2021 年，第 467 页。

容提要式简要标出，要求扼要简练，不能冗长。要做到精当，不是一件容易的事。

本集标题首先是注意区分"致"和"复"，搞清信件形式；二是控制字数，尽量做到简明扼要，标题最多的字数是 30 来字，有若干件因受信人为多人或机构名称较长而不得已为之，而大多数在十几二十字以内；三是完全以内容提要式标出，并注意区分函中内容是讲一事或多事，多事则以"等"标出。

标题要准确反映函中内容，以助于读者判断，做到这一点实不容易。以《国父全集》一批学术涵养较深的编辑者，出错较少，但亦有少数标题拟得令人费解。

三

底本直接引用原件或原件影印件，可以校正以往版本的一些错漏。《孙文全集》书信部分较之以往版本，在底本采用上有三方面明显改进。

一、更换为原函影印件的达 75 件。包括采用刘大年主编的《孙中山书信手迹选》、上海图书馆编的《孙中山先生遗札》、广东省社会科学院孙中山研究所藏的原件复印件等为底本，较好地确定了信件的写作时间，如《孙中山全集》收录的《致南方熊楠函》，原标 1901 年 6 月中下旬，根据原函影印件，原函中孙文即署"六月二十日"。又如 1923 年《致杨庶堪函》，仅标"五月"，据原函影印件，为"中华民国十二年六月九日"，即 1923 年 6 月 9 日。

二、根据原函影印件也可以增加若干内容。如较之《孙中山全集》收录的《致宫崎寅藏萱野长知函》（1910 年 7 月中旬），《孙文全集》增加了"电号：Enghoch Singapore"。《致宫崎寅藏函》（1911 年 4 月 1 日）增加"c/o Tai Han Yat Bo"（大汉日报转交）。此外如 1922 年 11 月 2 日《致蒋中正函》等，也增加若干内容。

三、以原函影印件参校也可校正一些内容上的错误。如《孙中山全集》所收的 1918 年 12 月 2 日《复吴忠信函》，抬头只有"〈礼〉卿"，据原函影印件为"礼卿我兄鉴"。

依照原底本特别是原函影印件来校对原函尤为重要。《孙文全集》书信部分，单只改正错字，就有 60 余处，分布在 60 多封信，占了约 4%，其中有一些还是处于函中重要位置，意思容易产生误解的。如《孙中山全集》收录的

《致黄兴函》（1914 年 5 月 29 日）"若兄当日能听弟言"，错为"若兄当日饱听弟言"，致意思有所扭曲；1914 年 6 月 3 日《致黄兴函》中有一句"可不谈公事"①，错为"万不谈公事"。又如《致王宠惠函》（1922 年 12 月 6 日）中"金人乘机发难"——"金人"即坏人之意，首次发现此函的吴相湘至此后的《国父全集》《孙中山集外集补编》皆作"令人"，意思有误。

《孙文全集》书信部分尽量规范底本注，详细附注底本，包括出版时间、编者等，标出属原函影印件或者属抄件、藏处等，便于读者一目了然或循此线索进一步查找、比对。因而，细心的读者可以注意到，底本注改动、补充之处不在少数。

四

新版书信部分淘汰了个别重复的函件或与体例不符的杂件。

中华书局版《孙中山全集》中有 1918 年 11 月 19 日《致芮恩施函》，与 1919 年 11 月 19 日致芮恩施的电文内容相同，显然是一种重复，但电文译自芮恩施集原稿，故函舍弃不用。又如 1924 年 1 月 5 日《复国会议员同志书》（据《民国日报》报载）与 1923 年 12 月 17 日所发的内容一致，又同为《民国日报》登载，显系重复，故放弃前者。新版书函合并同样内容的分致函有 4 处：1923 年 9 月 21 日的慰问日本震灾函；1924 年 8 月 9 日分致蒋中正、廖仲恺、胡汉民函；1924 年 9 月 6 日分致胡汉民、廖仲恺、蒋中正函；1924 年 9 月 18 日分致粕谷义三、涩泽荣一函。

《孙文全集》书信部分也不录有作伪嫌疑的致廖仲恺函三封（1924 年 9 月 2 日、10 月 1 日、10 月 22 日，发表于《孙中山先生画册》，为台北 1989 年版秦孝仪编《国父全集》所收录）。

王耿雄等所编撰的《孙中山集外集》和《孙中山集外集补编》收集了不少上世纪 80、90 年代新发现的孙文信件，同时也提供了大量的有用线索，但也有收录过滥或者杂芜之嫌，有一些显然与新版体例不符，未予收录的有 27 篇（其中《孙中山集外集》17 篇、《孙中山集外集补编》为 10 篇），另有 3 篇为内容重复而不收。

---

① 《孙文全集·书信》（上），广东人民出版社 2021 年，第 345 页。

五

孙文所写或以孙逸仙名义发出的外文信件是书函部分收录的一个重要方面。《孙文全集》共收外文信件达 125 篇（其中 3 篇列为附载），其中英译 110 篇，俄译 9 篇，日文 5 篇，葡萄牙文 1 篇。相信尚有部分孙文外文信件散佚未收录到。

外文信件的翻译在本集中是重要工作。以往版本译文来源复杂、翻译格式标准各异，古旧、今新混合一起，风格各异，译名前后不一，翻译质量参差不齐。因而用较为统一的标准来规范翻译的格式，提高译文质量，成了《孙文全集》编纂工作的一项重要工作。新版书信部分作了一些改进。如"民船（house boat）"，《孙中山全集》译为"游艇"，实属勉强，且易给人以错觉，似乎严肃的北伐变成了一种游玩。实际上时人即以"民船"称之，溯流而上需用浅水电轮拖曳，几只、十数只串在一起。

又如 1914 年 10 月 9 日的《复李源水告筹款直接汇交函》（英译中）中所缺人名究竟指谁？1958 年 1 期的《近代史资料》发表的张延举文章《孙中山先生致李源水英文函内所缺之人名考》就已经考证出为"朱执信"，同时改正了国民党党史史料委员会早年错译的地方。文章考证很有说服力。遗憾的是，《孙中山全集》本卷编者却忽略这一考订成果，以致沿习《国父全集》旧译。1989 年出版的秦孝仪主编《国父全集》亦从旧译。本集书信采用张延举先生考证成果，在注脚中标明。

六

与体例相近的《国父全集》相比较，《孙文全集》书信部分在内容的增加、校勘的精细、标题的恰切等方面，有一些明显的改进。

台北版《国父全集》出版后于中华书局版《孙中山全集》，它的编纂吸收了不少《孙中山全集》的研究成果，这是令人欣慰的。但不解的是，有些已在《孙中山全集》中得到考订改正的地方，《国父全集》却仍沿袭 1973 年版的错误不予改动。

略举数例：

一、时间已考订过的，台北版《国父全集》未加改正。

名称	《孙中山全集》	《国父全集》
致孙昌函	1910 年 4 月 8 日	1910 年 4 月 5 日
复蔡元培函	1912 年 1 月 12 日	1912 年 2 月 12 日
邓泽如函	1913 年 12 月 25 日	1913 年 12 月 20 日
复伍平一函	1915 年 5 月 25 日	1915 年 5 月 15 日
致政务会议函	1920 年 1 月上旬	1919 年
复宁武函	1922 年 9 月 22 日	1923 年 9 月 22 日
复蒋中正函	1924 年 10 月 19 日	1924 年 10 月 23 日

二、《孙中山全集》已纠正的，《国父全集》仍沿袭其误。略举数例：

1. 《国父全集》：致星洲同志询《中兴报》开办情形函

《孙中山全集》：已考订合并。

2. 《国父全集》：抵星洲后致旧金山希炉同志请按月接济经费函

《孙中山全集》：已考为檀香山正埠

3. 《国父全集》：1912 年 2 月 16 日致唐绍仪函错一分为二

4. 《国父全集》：为秋山还款事致清藤函（1914 年 11 月 26 日）

《孙中山全集》：已考为"复某君函"。

类似这种情况，《国父全集》约近 20 处。此外，《国父全集》（1989 年出版）还有几个值得商讨改进的问题。

1. 拟题不精，或冗长，或过简。

略举数例：《复邓泽如询满清入关脓血史函》（1908 年 9 月 22 日），实则孙文答询邓泽如提问，告知西书中无满清入关脓血史，仅就标题，读者可能会误以为是孙文询问邓泽如。

《致荷马李请设法查明列强重要军事文件内容函》（1910 年 2 月 14 日），实则孙文本人手中已有某国军事文件，此处只请荷邓马李代为询问某国有没兴趣得到，而不是请荷马里去查明文件内容；又如《致陈卓平等慰问出狱函》（1920 年），函中内容实则是慰问李天武等人出狱，单从标题理解，容易误解成是"陈卓平等人"出狱。

《复麦造舟赵泮生嘱向加政府抗争移民新例函》（1923 年 5 月 29 日）。误。

内容是孙文告知麦、赵两人，广州政府已允其所请向加拿大政府抗争。

《复廖百芳指示处置获挪威船军火意见书》（1924 年 8 月 22 日）。误。背景为廖百芳上书提出建议，孙文复函表示接纳，并非指示廖去做这件事。

类似标题，尚有若干处。

拟题冗长。《国父全集》拟题有的长达 42 字，超过 40 字的有数处。其实，标题只要有 20 字左右即可标明内容。有的标题又过简，难以从标题上推断内容。

2. 《国父全集》也存在着一些明显失误，如误函为电，《嘱伍平一澄清谣言电》（1915 年 8 月 3 日），实则属函；而又有以电为函者（6 件），明显应归属公牍（批牍）的有 2 件。

3. 还存在着一些错漏，如错将陆弼臣（陆祐）当"郑弼臣"；《致漳州许崇智蒋中正嘱固守观变勿遽怀退志函》（1918 年 12 月 13 日），开头却是"礼卿我兄鉴"，当系印刷失误所致。《致李盛铎嘉其倒吴谋略函》，"铎"应为铎。

《国父全集》的这些错漏，在新编的《孙文全集》书信部分基本上得到了改正。

（作者单位：广州行政学院）

吴拯寰与孙中山史料编纂

杨　妮

中华民国成立后，关于孙中山著作的文集陆续出版，但直到 1925 年，才有一本相对完整的孙中山全集问世，即吴拯寰编《孙中山全集》。吴拯寰，江苏嘉定县人。1914 年毕业于江苏省立第四中学，1915 年毕业于江苏省立第二师范学校。是年起至 1925 年任上海县立务本女子中学教师，兼任上海私立神州女学教师和上海专科师范学校教授。1925 年转入出版界，此后担任上海三民图书公司经理兼总编辑长达 30 年，其间兼任上海通联书店出版计划委员会主任委员和上海童联书店董事长。① 吴拯寰作为三民图书公司负责人，其出版物贯彻了"三民主义"精神，为研究孙中山做出重要贡献。

吴拯寰编《孙中山全集》为后世留存较多珍贵文字和图片史料，包括著作、演讲、谈话、函电、公牍与题词等。与现代全集本相比，虽存在许多纰漏，但其是整理孙中山全集首本，奠定了全集本的基本雏形，为此后各版孙中山全集的编撰提供范式。本文重在论述吴编《孙中山全集》的学术价值，及其历史地位。借由对相关史料的分析，探究吴拯寰编孙中山全集的动因。

一、历来孙中山全集版本

编纂孙中山文集相关事宜，始自 1912 年 10 月。上海新中国图书局出版吴砚云编《孙大总统书牍》，是首部孙中山著作结集，但仅收辑孙中山担任临时

---

① 中国人民政治协商会议会议上海市嘉定区委员会文史资料委员会：《嘉定文史资料》第 9 辑，中国人民政治协商会议上海市嘉定区委员会文史资料委员会 1994 年版，第 79 页。

大总统期间所发表的著作。1925年4月，广州孙文主义研究社推出廖仲恺作序、甘乃光编《孙中山先生文集》，共收文24篇，是首部试图反映孙中山一生重要著作的选集。① 1926年，上海民智书局印行黄昌谷编《孙中山先生演说集》，记录孙中山演讲多篇，因黄昌谷随侍孙中山多年，尤其是孙中山最后数年，其演讲均由其做笔记。"其中诸稿，大率经先生阅定，而曾发表于各地报纸者，可信为大体不误"。② 1925年，上海三民图书公司出版吴拯寰编《中山全书》。此著是孙中山全集本的首次尝试，此后有诸多以《中山全书》为书名的文集版本出版。③ 1927年由吴拯寰编、上海三民公司出版的《孙中山全集》则在此基础上编就，内容更加全面、系统。1929年，吴拯寰又主编出版《孙中山全集续集》。

继吴拯寰编《孙中山全集》（以下简称"吴本"）之后，不同版本的孙中山全集也陆续问世，其中收录著作数量较多并增添新篇的主要有：1930年胡汉民编、上海民智书局出版的《总理全集》（1—5册）（以下简称"胡本"）；1934年大东书局出版的《总理全书》（1—4册）；1944年黄季陆编、成都近芬书屋出版的《总理全集》（上中下册）（以下简称"黄本"）；1947年邓文仪编、南京国防部新闻局出版的《中山先生全集》（上下册）。1949年以前，"胡本"影响最大，"黄本"内容最为丰富。

1949年，国民党台湾省党部编、台北文物供应社出版《国父全集》（以下简称"台本"）。国民党中央党史委员会于1950—1952年间陆续出版《总理全书》共12册；1957年，国民党党史会将《总理全书》改版，定名《国父全集》，并于1989年由台北近代中国出版社出版，该著是迄今为止台湾所有版本中篇幅最大、内容最完整的孙中山全集版本。1981—1986年，中华书局出版的《孙中山全集》④（11卷本）（以下简称"中华本"）是"我国大陆首次编辑出版的全集

---

① 黄彦：《介绍新出版的〈孙中山全集〉第一卷》，中华书局编辑部：《纪念辛亥革命七十周年学术讨论会论文集（下）》，中华书局1981年，第2216页。

② 广东省地方史志编纂委员会：《广东省志·孙中山志》，广东人民出版社2004年，第179页。

③ 广东省地方史志编纂委员会：《广东省志·孙中山志》，第180页。如1926年12月上海中山书局出版平装5册的《中山全书》，又于1927年5月出版平装4册的《中山全书》。其中在1927年编辑出版的还有上海大中华书店、求古斋书局、新文化书社、党化书店、全记书局，南京大华书店等版。

④ 广东省社会科学院历史研究室、中国社会科学院近代史研究所中华民国史研究室与中山大学历史系孙中山研究室合编：《孙中山全集》全11册，中华书局1981—1986年。

性孙中山著作"①。经过学界几十年的努力，孙中山全集的版本愈发丰富。

2016 年，人民出版社出版尚明轩所编《孙中山全集》（以下简称"尚本"）。尚本共计 16 卷，在前人研究成果基础上，对此前版本比较参证，加工整理。尚本不仅吸收近些年来中外各界人士最新研究成果，还增加外文著述和题词遗墨两大类，收集整理稿件 11500 余篇，计 10106 千字，全书按专题分类。其在指导思想、体例结构、编排方法、分卷原则、资料辑录和科学性等诸多方面，均有所创新。同年 11 月，黄彦主编《孙文全集》在翠亨孙中山故居纪念馆举行首发式，直到 2022 年 5 月才面世，从资料收集到整理出版历时约 20 年，共 20 册，近 1400 万字，编纂体例愈发完善，编校质量精致，在资料发掘方面进展较大。该著在文献底本的选择和内容的校勘、标题的拟定、著述时间的订正等方面着力尤多，同时也大幅度增收了孙中山的中外文献，是迄今为止国内外出版的收集文献最齐全、体量最大、考订最严密的孙中山全集。自吴本至尚本，孙中山全集编纂不断得到完善。新版的孙中山全集都是在前人基础上继承、补充、校对与创新。有关孙中山全集的编撰体例越来越完备和科学，所收录内容愈发丰富，材料来源也更加多样化。

二、吴拯寰编《孙中山全集》及续集

1927 年，上海三民图书公司刊行吴拯寰编《孙中山全集》。上海三民图书公司设址北四川路狄思威路（今溧阳路）口求志里新门牌 30 号，这个地址对研究上海近代地方史，尤其出版史较有价值。全书共 4 集，第一集含总目，于右任、吴稚晖题字，蔡子民题词，黄昌谷、林百克序，遗嘱全文，孙中山生平图片及书牍墨迹多幅，年谱，著作及演讲记录要目。内文收三民主义、五权宪法、地方自治实行法、钱币革命。第二集收建国方略、国民政府建国大纲、国民党政纲。第三集收历年演讲录共 55 篇，分社会主义、三民主义、国民党第一次全国代表大会等 10 辑。第四集收伦敦被难记、中国革命史、历年政治宣言 14 篇、历年书牍函电 50 篇，序文 14 篇，以及祝词、祭文、挽诗数篇。附集收传记，分正编、续编，分为 10 个时期共 54 章。② 著作最后介绍上海三民公司最近出版的与孙中山有关著作，如《五权宪法》《中山先生演讲集》等。附有相

---

① 黄彦：《介绍新出版的〈孙中山全集〉第一卷》，第 2216 页。

② 广东省地方史志编纂委员会：《广东省志·孙中山志》，第 180、181 页。

应简介，"详述五权宪法，人人不可不知"，"孙公毕生演讲尽萃于此，全书五百三十余面"。①

1929 年 1 月，上海三民图书公司再次出版吴拯寰编《孙中山全集续集》，初版时仅 4 集，于 7 月再版时则为 5 集，增收奉安大典相关资料。第一册中含总目，于右任题签、蒋介石题词、汪精卫题词、林百克新序，以及一些插图。初集主收演讲录，共分为 4 辑收演讲录 18 篇，书牍函电 11 篇，杂著 23 篇，分论著、宣言、序文、碑词、祭文等，国民党党纲章程草案等 3 篇。第二集收革命方略、军政府宣言、编制、文告等 13 篇，中国存亡问题 10 篇，1912 年国民党宣言及政纲 3 篇，1924 年中国国民党重要宣言 3 篇，哀思录，孙中山北上记事、病状经过、国内外追悼会记等。第三，四集为哀思录，收国内外的挽联、唁函、挽词等。第五集主收总理奉安纪，安葬总理的意义、北平奉移大典等。同时也刊登出版图书广告，有"三民公司最新出版""三民主义研究专书"等。这些信息为"后人研究民国史、社会史、出版史，提供重要史料线索"。② 后 3 集内容主要为海内外各界人士对孙中山的追悼、挽联、唁函、唁电、挽词、诔词等，以及总理奉安大典的资料。实际上，这些内容并非孙中山所著。

吴拯寰编《孙中山全集》及续集尽可能收录了孙中山著作，随着时间推移，许多未收录的孙中山遗著屡有发现。

三、后人对吴编《孙中山全集》继承与发展

1930 年，上海民智书局出版胡汉民编《总理全集》，胡本将所收资料分类编排，并注明著述年月，"其中材料大半为外间所未见，弥足珍贵"，③ 时人赞其为"总理遗教之总汇，是以党建国之楷模"。④ 胡本在当时地位较高，"近数年来，出版之总理全集，当以胡展堂翔实所编者，较为完善……惟间有考证错误者，则其微疵也。"⑤

较吴本而言，胡本体例更加多样，分类更加详细。第一集收主义、方略、

① 吴拯寰：《孙中山全集》，上海三民图书公司 1927 年。
② 葛培林：《老版本里的孙中山》，上海远东出版社 2015 年，第 148 页。
③ 《〈总理全集〉出版广告》，《中央日报》1930 年 3 月 5 日、6 日；《〈孙总理全集〉出版预告》，《中央日报》1928 年 8 月 21 日、8 月 23 日、9 月 1 日。
④ 《〈总理全集〉出版广告》，《中央日报》1930 年 3 月 5 日、6 日。
⑤ 高良佐：《总理轶著考略》，《建国月刊（上海）》1934 年第 10 卷第 5 期。

杂著三部分，含吴本的三民主义、建国方略、国民党政纲、五权宪法等，并增加兴中会章程、同盟会革命方略等内容。杂著收吴本的伦敦被难记、中国革命史、中国存亡问题等，其中序文有，三十三年落花梦序、战后太平洋问题序等；祭文有，祭黄花岗七十二烈士文等；挽诗有，挽刘道一烈士文等。还增加了其他论文、序文、祭文、题词等，如国民月刊出世辞、同盟演义序、祭陈英士文、大光年刊题词、重订致公堂新章等，杂著较吴本更加全面。第二集分宣言、演讲、谈话三部分。宣言有兴中会宣言、同盟会宣言等，共27篇。演讲有中国民主革命之重要等，共86篇。谈话有"宋案"发生以后之政见等，共14篇。收录吴本，宣言有兴中会宣言、同盟会宣言、北上宣言等；演讲有社会主义之派别及方法、民生主义之说明、救中国之急务等。第三集为文电和函札。文电共58篇，含吴本有，讨伐陈炯明之通电、东征时致胡汉民电、自天津行辕致各报馆电等。函札共103篇，含吴本有，上李鸿章书、伦敦被难时之书简、托源水盟兄筹款会等。第四集为遗墨，有手迹、书札、手令、英文手稿、函电，收吴本内容不多，有致蒋介石手札等。

1944年，近芬书屋出版黄季陆编《总理全集》，由戴季陶、于右任、孙科等协助编辑。黄本在当时"内容丰富，较初版增加约二十万字，多为从未发表之珍贵材料……全书约二百万言，一千余篇，为国内最完整之版本"。[1] 其独特之处在于其收录孙中山"批示"件，"此为以前及以后诸版《全集》所没有"。[2] 黄本分上、中、下册，按照主义、方略、宣言、演讲、谈话、文电、函札、论著、杂文等分类。黄本共收三民主义、建国方略12篇，宣言30篇，演讲134篇，谈话19篇，文电、函札、论著14篇，杂文63篇。黄本以吴本诸多内容为底本，并在方略中增收同盟会革命方略、中华革命党、国防十年计划书等；宣言增收国民党组党宣言、徐世昌退职后对外宣言、入京宣言等；演讲增收五族联合之效力、五族共和之真义、共和与自由之真谛等，内容更加丰富；谈话增不少内容，吴本收谈话内容较少，黄本增收南北统一后之政治与外交方针、"宋案"发生以后之政见、关于陈炯明叛变之谈话等；文电增收致黎元洪电、致伍廷芳电、致林焕廷电等，是吴本的数倍，其材料丰富性可见一斑；函札也增收不少内容，有致平山周书、致陈楚楠函、致居正函等；论著增收中国问题

---

① 《〈总理全集〉再版预告》，《大公报》（天津）1944年3月19日、20日、21日，第1版。
② 蒋永敬：《〈国父全集〉诸本的比较及新编本的介绍》，黄季陆：《研究中山先生的史料与史学》，中华民国史料研究中心1985年，第126页。

之真解决、中国存亡问题、禁绝鸦片之主张等。杂文增收不少序文、祝词、祭文等，如中国革命同盟会委任状、同盟演义序、介绍日本名医高野太吉翁启等。

胡本与黄本都以吴本部分内容作为底本，并在此基础上增收不少遗著。但胡本缺漏较多，"主义部分，原系依民智十六年本付印，大抵系经办者校对不精，发生错误"。① 胡本虽在当时"颇有分量和影响，但连《孙文·越飞联合宣言》这样重要的文件都没有收录"。② 而黄本则"在数量上超过胡本一倍"，③并"在众多的版本中相对较优，该版被称为国民党在大陆时期孙中山全集最完备的版本"。④

1986 年，中华书局出版《孙中山全集》（11 卷本）。1989 年，近代中国出版社出版《国父全集》（12 册），二者编纂较为完备。中华本共计 500 万字，台本则由中华本参补而成，约有 600 万字。尚明轩评"这两部书，特别是中华书局版《孙中山全集》出版三十余年来，对研究孙中山及中国近现代史等方面起很大作用"。⑤ 这两部著作可谓"集大成之书，其收罗宏富、整理缜密，超迈前人、嘉惠学林，为世所公认"。⑥

中华本共收录"孙中山自 1890 年至 1911 年的著作 398 篇，约 38 万字，具体展现了他从一名爱国学生成长为革命领袖，以至被选为中华民国临时大总统的二十多年间思想发展和斗争实践过程"。⑦ 中华本按孙著写作时间顺序编排，其"根据孙中山生平和著作的实际情况，按时间先后编次，更集中反映集主生平思想发展的脉络及其实践活动的轨迹"，而"以往出版的孙中山著作集，多按作品文体编排；或按收文内容，分为若干问题，归类编辑"。⑧ 中华本是《孙中山全集》编年排序的首次尝试，更便于读者查阅同一时期和内容的著述。其

---

① 郑彦棻：《民生定义的真谛》，黄季陆：《研究中山先生的史料与史学》，第 42 页。
② 尚明轩：《民国时期的孙中山研究》，《学术月刊》2003 年第 4 期。
③ 高良佐：《孙中山先生传》，甘肃人民出版社 2006 年版，自序第 5 页。
④ 蒋永敬：《〈国父全集〉诸本的比较及新编本的介绍》，黄季陆：《研究中山先生的史料与史学》，第 126 页。
⑤ 尚明轩：《新版〈孙中山全集〉的创新》，《博览群书》2016 年第 1 期。
⑥ 刘路生：《〈孙中山全集〉〈国父全集〉1912 年佚文异文考略——以〈申报〉〈大公报〉为据》，《中山大学学报论丛》2000 年第 3 期。
⑦ 黄彦：《介绍新出版的〈孙中山全集〉第一卷》，第 2218 页。
⑧ 陈铮：《〈孙中山全集〉出版始末忆述》，《中国出版史研究》2016 年第 3 期。

底本采用"孙中山手书或签文原件、原件影印或照片、手校或手订出版物等"。① 中华本也借鉴吴本部分内容，其中第 2 卷有 1895 年香港兴中会宣言、1924 年为广州商团事件对外宣言，第 3 卷有 1912 年社会主义之派别及方法，第 4 卷有 1910 年致美洲致公堂同志请筹款以应起义函，第 5 卷有 1924 年复上海各粤侨团体述广州商团叛变经过电；第 9 卷有 1919 年姚伯麟著《战后太平洋问题》序。中华本部分底本并非直接来源于吴本，但吴本也有收录，为编纂孙中山史料提供文献线索。

中华本发行后，引起海内外报刊媒体、国内外史学研究者的关注。外媒道，出版《孙中山全集》是北京为谋求与台湾国民党进行统一谈判而进行的努力的一项内容。1986 年 10 月 20 日，《人民日报》刊登了《领导革命事业的历史记录和丰碑——新版〈孙中山全集〉评介》一文，《瞭望周刊》海外版也刊登文章介绍《孙中山全集》。② 日本学者称"这本书可以说是现在最好的一本孙文著作集"，"今后要从事孙文研究，都须以《孙中山全集》为标准本。"③ 金冲及看到书架整齐地排列着由中华书局出齐的 11 卷本《孙中山全集》，心里真有说不出的高兴。因为它不仅是新中国成立后出版的第一部《孙中山全集》，而且在搜罗的详备、校订的精审、编排的合理等方面，确实都大大超过以往所出的本子。④ 中华本是当时最丰富的孙中山全集，也是此后近 30 年学界了解和研究孙中山的必备著作。

较中华本而言，台本编纂更完善，补充诸多缺漏。"每次的增订版都比前一次补充了新的史料内容。如 1973 年出版的 16 开本的《国父全集》6 册，收入的文献史料数量有 5619 篇，近 530 万字；它比 1965 年版的《国父全集》文件数，'增加二分之一'。迨中华书局版《孙中山全集》于 1986 年出齐后，党史委员会经搜罗整理又发现有 466 篇新史料，为以往《国父全集》和中华书局版《孙中山全集》所未录，1989 年又出版了秦孝仪主编的《国父全集》12 册。"⑤ 秦孝仪称其"当为目前最完备之版本"，堪称"为今《国父全集》之定本"。⑥ 台本底本以"孙中山手订之版本，手书、签署的文件等为主，"并参考吴本部

---

① 广东省地方史志编纂委员会：《广东省志·孙中山志》，第 182 页。

② 陈铮：《〈孙中山全集〉出版始末忆述》，《中国出版史研究》2016 年第 3 期。

③ 陈铮：《〈孙中山全集〉出版始末忆述》，《中国出版史研究》2016 年第 3 期。

④ 金冲及：《介绍新编〈孙中山全集〉》，《中国图书评论》1987 年第 2 期。

⑤ 周兴樑：《近百年研究孙中山的主体史料鸟瞰》，《世纪桥》2005 年第 7 期。

⑥ 秦孝仪：《国父全集》（第 1 册）序言，近代中国出版社 1989 年，第 3—4 页。

分内容，台本按文件性质分为，"三民主义、革命方略、建国方略、建国大纲、宣言及文告、论著、谈话、演讲、函电、公牍、人事命令、规章、译著、杂文、遗嘱15大类。除建国方略依照孙中山所定的心理建设、物质建设、社会建设的顺序排列外，各大类均按照时间顺序编排"。① 包含吴本内容的有，第二册1912年在上海中国社会党的演说；第五册1919年护法宣言、1919年《战后太平洋问题》序、1920年致海外国民党同志函。

经过几代人努力，孙中山著作编纂成果颇丰，新资料和辑佚考辨的成果日盛，中华本和台本也有未尽之处。"初步统计，约有250万字左右的新资料，为现有的《孙中山全集》或《国父全集》的佚文；而对其存在的种种不足和差错，见于报刊的批评、纠误文章，已有50余篇之多。其次，在编辑体例和文献编排分类方面，不够理想。中华书局版不分著作性质，完全按年代顺序编排"，而台本"基本按著作性质分类编排，却在有些分类上存在不妥之处。如，该书设有'杂文'一个大类，竟把《〈建设〉杂志发刊词》《祭黄花岗七十二烈士文》《欢迎俄舰祝词》《与宋庆龄结婚誓约书》等多达191篇著文列为杂文类。这样的分类办法名不副实，既不确切，也不科学，理应重新分类，回归它们的属类处。此外，在文件取舍上有政治偏见，竟不收录《中国国民党第一次全国代表大会宣言》《致苏联遗书》等多篇孙中山的重要著作。第三，台北版的取材不一，字误颇多，在外文部分译校存在差异，两书在注释方面均有详略不当的缺点"。②

2016年，人民出版社刊印尚明轩编《孙中山全集》。"全书收集整理稿件共11500余篇，共1000万字，比中华书局版《孙中山全集》多3000余篇，增加501余万字；比台北新版《国父全集》增多2000余篇，增加410余万字。收录22篇从未发表的新文献，涉及中日、中苏关系及国家建设等问题"。③ 并将外文著述和题词、遗墨单独列卷。尚本底本采用"原始文件、影印件和初刊本，充分吸收各种图书报刊的文献成果"。④ 其含吴本内容有，第1卷收《战后太平洋问题》序；第2卷收香港兴中会宣言、护法宣言、为广州商团事件对外宣言；第5卷收致海外国民党同志函；第6卷收复上海各粤侨团体述广州商团叛

① 广东省地方史志编纂委员会：《广东省志·孙中山志》，第182页。
② 尚明轩：《新版〈孙中山全集〉的创新》，《博览群书》2016年第1期。
③ 郭世佑：《近年孙中山研究学术态势》，《人民政协报》，2016年，第1页。
④ 尚明轩：《孙中山全集》（第一卷），人民出版社2015年版，第2页。

变经过电；第 7 卷收在上海中国社会党的演说等。

吴本为编纂孙中山全集本提供了范式，同时保留了较多孙中山的史料。胡版与黄版《总理全集》、中华版《孙中山全集》、台湾版《国父全集》和尚版《孙中山全集》，都对吴版《孙中山全集》的体例与内容有所继承与发展。

四、吴拯寰的其他学术贡献

吴拯寰是民国时期嘉定知名革新派人物，为嘉定县首对举办新式婚礼者，为嘉定开创良好新风，得到当年县内进步人士一致赞扬。他热心地方教育事业，抗日战争后以私蓄创办高义小学。吴拯寰于 1950 年代表上海出版界出席第一届全国出版会议，1956 年成为上海文史馆馆员，撰写《旧上海商业的帮口》《旧上海的报关业与客帮》等文章，刊载于《上海地方史资料（三）》。吴拯寰曾主编《孙中山评论集》《孙逸仙传记》（译文）《廖仲恺全集》等；用英汉对照翻译、附注等方式介绍外国文艺；出版数学、医学、音乐、体育等方面著作 20 多种；出版少儿读物和通俗读物，《岳飞》《戚继光》等 20 位历代名人的历史故事连环画、中国古典文学《红楼梦》连环画、《太平天国》农民革命故事丛书，以及根据弹词、鼓词等题材改编的连环画等。他对中国古典文学也很有研究，对于新体诗和旧体诗都有深厚的功底。[①]

在吴拯寰其他著作中，较有代表性的为《孙中山评论集》《孙逸仙传记》（译文）《廖仲恺全集》。《孙中山评论集》第一编于 1926 年出版，封面印有"博爱"二字，以此铭记孙中山。全著分四个部分：外报评论、中报评论、外人评论、国人评论。外报评论有菲律宾、美国、日本等地的报纸；中报评论分季刊、月刊、半月刊等报刊；外人评论有英国、美国、德国等地的名人；国人评论含国民党党员、农工商界、学术界等各类名人。目次之后附有《孙中山评论集》第二编的介绍，"第二编评论集，内容和第一编不同。系中外人士评论中山先生之主义，著作，伦敦被难，护法运动，广州蒙难等。每事列为一辑，详载名人言论。凡欲知世界民众真与论者必须人手一编也"。[②]

同年由林百克著，徐植仁作译的《孙逸仙传记》出版。封面由于右任题

---

① 中国人民政治协商会议会议上海市嘉定区委员会文史资料委员会：《嘉定文史资料》第 9 辑，第 79—80 页。

② 吴拯寰：《孙中山评论集》，上海三民公司 1927 年。

签，左侧印国民党党徽。按照时间线索，记叙孙中山 1866—1918 年 9 个时期的不同经历。分别为早年的中国生活；檀香山的旅居生活；"浪费的年头"之后在香港的旅居；中山的职业；初步的革命时期；迫切的革命方法；"二次革命"失败南京失夺——临时总统任期；袁氏之死——临时总统任期后之亡命；袁氏死后及中山 1918 至 1921 年在上海的生活和结论。附《中山先生自传》《中山先生年谱》《中山先生著作及讲演纪录要目》。此著是最早出版的孙中山传记，根据孙中山的口述笔记整理而成。林百克是孙中山法律顾问，他追随孙中山长达 15 年，1912—1925 年为孙法律顾问，1913 年撰《我们的中国机会》，呼吁欧美援助中国革命。1917 年任《中国的民族主义者》月刊编辑，为孙办理宣传工作，并代理革命党人的法律事务。宋庆龄曾协助林百克撰写《孙逸仙传记》，"为完成此书，林百克住进孙中山的寓所，由孙中山口述，林百克笔录，共同收集资料。并且她还为此书提供一张孙中山 18 岁的照片和她的英文亲笔信"。[①]由于林百克与孙中山的密切关系，此著叙述详细而生动。

1931 年《廖仲恺全集》出版，吴拯寰收录廖仲恺相关著作。刊印农校时廖仲恺遗像，以表示对廖仲恺的悼念。由谭延闿题签，何香凝题词，附有廖仲恺文稿墨迹。吴拯寰为哀悼廖仲恺，收录相关哀辞和其遇害感想，并且收录上海《民国日报》和汪精卫所发表的关于廖仲恺的传记。《全集》分上编、下编和附编。上编收廖仲恺演讲，下编以廖仲恺诗文为主。该著也是廖仲恺全集本的首次出版，此前虽有《廖仲恺集》，但仅收录演说、论著 25 篇，不够完备。《廖仲恺全集》也为编纂廖仲恺著作提供了蓝本。

五、结语

吴拯寰是民国嘉定的革新派人物，其行为作风进步。他担任国民党旗下上海三民图书公司负责人 30 年，并于 1956 年加入中国国民党革命委员会。可见，吴拯寰与国民党联系密切。三民图书公司出版物都有国民党党徽，并印有"三民"两字，便知该公司与国民党和孙中山"三民主义"有密切关系。三民图书公司出版物大多与孙中山和国民党要人有关，如《廖仲恺全集》《孙逸仙传记》等。国民党出版过诸多孙中山著作，比较有代表性的有吴拯寰编《孙中山全

① 刘素平：《宋庆龄全传》，团结出版社 2017 年，第 124 页。

集》（三民图书公司）、胡汉民编《总理全集》（上海民智书局）等。[①]"1921年秋，国民党在上海设立民智书局，林焕廷主持"。[②] 民智书局是国民党旗下最典型书局，1915年，孙中山先生为了进行反对袁世凯的宣传，在上海创办《民国日报》。1918年5月，护法运动失败，中山先生回到上海，准备出版《孙文学说》一书，遭到商务印书馆拒绝，后由强华印书馆代印并发行。次年8月，中山先生创办了《建设》杂志，由朱执信、廖仲恺、胡汉民等主编。中山先生及朱执信等人认为应该把宣传舆论工具掌握在自己手里，民智书局就是在这种情况下创建起来的。[③] 民智书局和三民图书公司，作为国民党旗下出版社，都以宣传孙中山思想与事迹为主。这也是吴拯寰编纂诸多与孙中山相关著作的重要原因。

吴拯寰编《孙中山全集》是首本整理孙中山著作的全集本，为此后各版孙中山全集的编撰提供范式，影响深远。吴拯寰作为国民党旗下三民图书公司总负责人，是革新派人物，与国民党关系密切，主编了较多与孙中山有关著作。其出版物贯彻了孙中山"三民主义"精神，对研究孙中山与中国近现代史具有重要价值，也为研究民国时期国民党旗下出版社的历史提供一隅。

（作者单位：中山大学历史学系）

---

① 周兴樑：《近百年研究孙中山的主体史料鸟瞰》，《世纪桥》2005年第7期。
② 《上海出版志》，上海社会科学院出版社2000年，第57页。
③ 上海市出版工作者协会：《出版史料》（第二辑），学林出版社1983年，第113页。

英美报刊关于"六一六"兵变史料摘译[*]

刘楚莹

孙中山的计划

驻远东记者大卫·弗雷泽

我们在北京的记者有一个有趣的观察，即孙中山的倒台是意料之中的。尽管孙中山是南方党派名义上的领袖，并且由广州议会选举为主席，但他绝不是南方党派内部最强有力的人物。去年成功率领粤军回粤的陈炯明才称得上是具备相当实力的人。

陈与孙在北伐问题上的分歧由来已久。陈炯明想与吴佩孚议和，但孙中山却与张作霖结盟，并在最近罢免了陈炯明。可以说，孙中山放弃了他最有价值的支持者，却选择了北方斗争中的失败者。这一决策很可能会令孙中山陷入狼狈境地。没有孙中山挡道，陈炯明就可以和吴佩孚联合起来，快速解决南北统一的问题。

香港从广州方面得到的消息称，孙中山将于下周发表声明反对吴佩孚。

路透社的一则消息提到，北京方面提议让张作霖下台，任命新的高官到满洲。重要的是，我们驻东京的记者同时发来电报，日本方面希望张作霖留任。

——《泰晤士报》（*The Times*）1922 年 5 月 10 日

广东军队：孙与陈的争吵

香港，4 月 27 日（电邮）

在过去的几天里，广东政局变化莫测。第一个变化是，"总统"孙中山宣

---

* 本文为张金超研究员主持的广东省社会科学院课题"美国国会图书馆藏近代报刊刊载孙中山资料整理与研究"阶段性成果。

布将北伐军从广西桂林迁至广东韶关。这表明他已经放弃让军队从湖南穿过的打算。孙中山在桂林驻扎的五个多月里，一直在与邻省军事领导人谈判。

接着就是陈炯明将军辞去了广东省长、粤军总司令以及内务总长的职位，但仍任陆军总长一职。有消息传出，陈炯明领兵离粤赴惠州。

半官方的解释是，陈炯明在出任远征军第一司令前，已回家奔丧。但还有一种解释认为是孙、陈之间的矛盾加剧。许多消息灵通人士认为，孙中山在广州以外调动他的所谓远征军，其目的只是为了取得对付陈炯明的军事力量。在过去的四、五个月里，孙在桂林集结了一支由广西各地土兵组成的"杂牌军"部队。为了维持该部队，孙中山在没有任何白银储备的情况下，发行了近2000万美元的纸币，并考虑进一步发行。

孙中山见民众拒绝接受这些纸币，甚感为难。他似乎高估了北伐的支持率，实际上地方各省对北伐谈不上有多大的支持。

——《泰晤士报》（*The Times*）1922 年 6 月 7 日

广州战斗：孙中山失败

香港，6 月 16 日

今天早上，广州爆发了战争。自从陈炯明离开广州后，一直是叶举在指挥陈炯明的军队。叶举占领了广州附近的主要要塞，并命令他的部队收缴孙中山护卫军的枪械。

军火库附近的战斗持续了整个上午。据报道，孙中山在一艘中国军舰上避难，陈炯明的部队即将进入广州。

随后的报道称，陈炯明的部队轻而易举地击败了孙中山的部队，伤亡微乎其微。叶将军已经贴出布告安抚民众，并宣布南北已统一，请孙中山下野。此外，陈炯明将军已经抵达广州。

广州轰炸

6 月 18 日

广州的形势非常严峻。孙中山一派昨日在广九铁路的终点站对面部署了六艘军舰，在中午的半个小时内，由东向西发射了六发三磅的炮弹，目标是白云山，即陈炯明军队的驻地。广州城内，枪声不断。

下午 4 点，针对广州的新一轮轰炸开始，枪手显然不顾平民的生命。战火开启后，陈炯明的军队以寻找武器弹药为由沿街劫掠。一时间，人们四处逃散，路上行人绝迹。晚上断电后，士兵们开始抢劫商铺。九龙至广州的火车中断，但内河船只仍在运行。人们正从广州蜂拥而出。

孙中山的海军除了几艘外省炮艇外，还有 6 艘相当现代化的轮船。这是他六周前在北伐中夺取的，并将福建船员替换为广东船员。

其中两艘船名为"海圻"和"海琛"，排水量为 3000 吨。该舰队一直停泊在黄埔，有些船只太大了，无法顺流而上抵达广州。孙中山就在其中一艘船上。陈炯明虽然没有军舰，但显然是占据了主力要塞。

陈炯明曾是粤军总司令，因拒绝与吴佩孚军队开战而被孙中山罢免。陈炯明被革职后，回到了广州以东约 90 英里的惠州。最近有报道称，孙中山去惠州的目的是劝说陈炯明回粤，并扬言如果遭到拒绝就要自我了断。

——《泰晤士报》（*The Times*）1922 年 6 月 18 日

孙中山被困

6 月 21 日，纽约。据北京方面的消息称，军政府领导人孙中山已经被击败，现被困在西江的"海圻"号上。——路透社。

——《泰晤士报》（*The Times*）1922 年 6 月 22 日

执迷不悟的孙中山

香港，6 月 25 日

孙中山仍跟海军部队滞留在黄埔，但已迁到另一艘船上。他表示对海军的忠诚有信心，不会屈服于武力。孙中山显然指望北伐归来的军队能够压制陈炯明。

——《泰晤士报》（*The Times*）1922 年 6 月 26 日

孙中山败了

香港，7 月 10 日。陈炯明的部队昨日攻占了孙中山坚守的黄埔要塞。据消息称，孙中山已乘船赴沪。——路透社。

——《泰晤士报》（*The Times*）1922 年 7 月 12 日

孙中山的努力付诸流水

广州，7月11日。孙中山和他的舰队现停泊在广州郊区的沙面。在此之前，他曾试图在黄埔港登岸。

此时孙中山的影响力似乎仅限于指挥四五艘小型炮艇，这些炮艇可能不足以开展正规的军事行动。抵达沙面后，孙中山被英美告知，如果他的军舰向广州开火，英美将采取强硬行动。作为警告，英国"飞蛾"号、"狼蛛"号以及一艘美国的炮艇已在待命。孙中山当即承诺，除非遭到枪击，否则不会开战。现在孙中山仍被困在沙面，在那里，他应该不会受到攻击。——路透社。

——《泰晤士报》（*The Times*）1922 年 7 月 13 日

分裂的中国

中国局势不容乐观，并且在短时间内难以得到明显改善。眼下的中国，是过去 11 年来政治日渐衰败的产物，不能指望推翻一个军国主义者即可恢复整个国家的稳定。中国的疆域广阔，大多省份铁路中断，彼此隔绝。因此，在出现一个能够治理教化各省的中央集权政府之前，各省都在按照自己的方式运行。9 个地区都在发生动乱这件事情并不令人惊讶，这恰好证明了中国所处的无序状态，也表明了新政权所面临的形势是严峻的。不必为张作霖的所作所为感到忧虑，他的军事力量已被瓦解，无论他如何更换军官或在能力范围内重组军队，都无法使其具备吴佩孚军队通过坚持不懈地训练所形成的道德观。

据说，吴佩孚没有乘胜追击攻下奉天，张作霖仍占领着满洲。但是，张作霖无视中央政府，仰仗铁路收入维持东北独立的局面仅仅只是暂时的。张作霖的态度并不能阻碍南北的统一和北京政府的稳固，除非张作霖与南方其他反对建立中央政权的人相勾结。比起张作霖的顽固，更加令人不安的是，有报道称，代理总统未能取得正式复任的足够支持，国会内的派系斗争不断激化。不过，张作霖的失败已经大大增强建立统一政府的可能性。为了最终达到这一目标，必须消除政治分歧，联合所有人一起努力。不幸的是，派系军阀仍在各自为政，互相争夺地盘。混战仍在持续的原因目前未有定论。或是由于吴佩孚没有足够的政治野心；或是由于中国的政治家缺乏制宪能力，无法制定出符合大多数人利益的爱国政策。但可以肯定的是，具备军事实力与爱国情怀的吴佩孚没有留在首都以其坚定的精神鼓舞众人，绝对是令人感到遗憾的事情。

三个相互关联的问题有待解决——统一、独立和财政。目前关于孙中山的最新消息有些模糊，但孙中山的倒台无疑有益于统一。据各方消息，陈炯明的军队已经完全控制了广州，而陈炯明本人是坚决主张统一的。一旦他在广东站稳脚跟，南方温和派都有望与北方达成和解。在完成统一和稳固中央之前，独立是不可能的。目前，吴佩孚因缺乏资金而寸步难行。据报道，吴佩孚军队很可能因缺乏武器装备而陷入瘫痪。北京财政窘迫，如果要避免陷入困境，无疑需要援助。了解中国国情的人都认为借款是中国的祸根。但我们认为，在必要时刻，各国要对中国进行干预，在能力范围内提前垫付关余，决不能袖手旁观。这样的明智举措能有效地避免中国陷入绝境。

——《泰晤士报》（*The Times*）1922 年 7 月 13 日

孙中山的完败

上海，8 月 9 日。广东政府前总统孙中山在华南地区的权势日趋衰微。他的两个得力干将许崇智将军和陈嘉佑将军，分别在南阳和乐昌被陈炯明将军的军队击败。陈炯明已成为华南地区目前最有权势的人。——路透社。

——《泰晤士报》（*The Times*）1922 年 8 月 10 日

孙中山的避难所

上海，8 月 14 日

由于可能发生政治动乱，孙中山乘坐俄国"皇后号"邮轮赴沪，他未被允许在普通的港口抵岸，只能在吴淞登陆，然后乘坐汽车前往他在法租界的住所。

大批支持者手举旗帜，等待孙中山的到来。在得知孙中山已在别处登陆后，他们便悄悄散去。

孙中山看起来很好，但他已经老了。他拒绝发表演说，但他的一举一动仍然备受关注，人们普遍认为，租界为他提供的庇护所决不能像从前那样被滥用，成为滋生叛乱的温床。

——《泰晤士报》（*The Times*）1922 年 8 月 16 日

孙中山拒绝辞职

北京，6 月 6 日美联社报道。根据广州方面的消息，南方政府主席孙中山拒绝辞职，这将阻碍吴佩孚统一中国的计划。孙中山认为，广东当局是中国唯一合法的政府。

南方共和党首领成功说服众多旧共和党议会成员留在广州。吴佩孚作为南北统一计划的负责人，将面临着旧共和党议会的第二次分裂，除非他能立即在北京设立新总统。

许多旧国会成员跟随孙中山留守广州，此外约有 300 多名旧国会议员周二在天津集会，宣布支持黎元洪为大总统。吴佩孚紧急赶往天津，敦促黎元洪立即前往北京就任总统。

据了解，吴佩孚担心孙中山会联合留在南方的旧国会议员，声明他是中国唯一合法选举诞生的总统。

另一方面，1917 年被军阀赶下台的黎元洪并不愿意重新担任总统，除非能得到南北各方势力的集体支持。

——《大瀑布报》（*Great Falls Tribune*）1922 年 6 月 7 日

战火初起时两千人逃离广州

北京，6 月 19 日（美联社报道）。根据外国驻广州领事的急件，周日，孙中山的炮艇不分青红皂白地开火。为保安全，外国人选择逃离广州。战火开始时，包括外国人在内的两千人乘船逃往香港。随后，陈炯明与孙中山的炮艇多次交火。

广州仍被陈炯明控制

广州仍在陈炯明控制之中，但据报道称，孙中山试图带着援军收复广州。

领事传回的急件说："周日，孙中山的四艘炮艇和一艘鱼雷快艇驶入珠江。当他们到达外滩时，在位于东方饭店与中国邮局之间的位置，陈炯明的士兵向他们开火了。于是孙中山的炮艇用机枪回击。交战一直持续到炮艇驶到沙面的外国军舰基地。子弹从英国轮船'金山号'上掠过，但英国轮船成功躲开。孙中山舰队将火力对准陈炯明军队驻扎的白云山。"

两千人逃离

战火停止后，红十字会的工作人员去了外滩，接管伤员的护理工作。轰炸变得危险时，曾有包括外国人在内的两千人逃向香港。

"双方已达成停战协议，孙的部队同意不再轰炸广州，条件是陈炯明停止射击炮艇。"

外滩，是一条沿着滨水区延伸的约两英里长的碎石路。外滩对岸都是一些重要的城市建筑。沙面是一个隶属英法的岛屿，位于广州的西端，是在广州的外国人定居地。

——《大瀑布报》（*Great Falls Tribune*）1922 年 6 月 20 日

中国人对统一的渴望达到历年之最

北京，6 月 27 日（美联社报道）。中国实现统一的政治障碍似乎比多年来的任何时候都要少。除了被赶下台的广州政府总统孙中山外，没有任何人物能与北京政府争夺权力。虽然南方党派认为孙中山能通过武力实现其主张，但北方政客或者主张统一者的看法则恰恰相反，他们将希望寄托在打败张作霖的军事天才吴佩孚身上。

吴佩孚的杰出战略

吴佩孚被认为是一位战功显赫的军事战略家。从相关数据来看，如果与孙中山开战，吴佩孚拥有兵力上的优势。孙吴两人的对战可能在接下来两周内爆发。孙中山的江西军曾大张旗鼓地试图控制长江流域，从而对北京构成威胁，现在正急速南下，对抗将孙中山赶出广州的陈炯明军队。然而，据说孙中山的部队需要近两周的时间才能对总部设在惠州的陈炯明部队发动攻击。虽然孙中山的部队人数多于陈炯明，但吴佩孚军队必然会挫败孙中山的部分兵力。孙中山军队的南撤显然为吴佩孚军队的进攻留下了后路，但前提是吴军的通讯条件足以让他调集一支有效的部队。据报道，孙军已于周一抵达辽东半岛的保定府，人数相当可观，目前正在北部作战。

陈炯明的有力支持

虽然陈炯明拥护复职的黎元洪总统，甚至参与驱逐孙中山的政变，但他提出了完全支持北京政府的先决条件。

简而言之，这些条件包括建立一个类似美国的联邦政府系统，并在全国范围内推行废督裁兵。吴佩孚和其他主张统一的人士热情地接受了陈炯明的条件，统一进程不会因此有所延误。

——《大瀑布报》（*Great Falls Tribune*）1922 年 6 月 28 日

陈炯明曾希望孙中山担任中国统一后的大总统，孙中山对此表示否认

广州，6月30日（美联社报道）。被赶下台的孙中山因被赶出广州而筹划的军事行动即将开启，但率先开战的似乎是陈炯明，而非孙中山。

据报道，陈炯明已派出一个团的兵力向在广州西南方向活动的大约5000名孙中山军队士兵发起进攻。但在周四的一份报告中谈到，陈炯明到现在为止未采取任何行动，他希望孙中山能够率先发动。

海军对孙中山的忠诚

最新消息表明，海军仍然忠于孙中山，但陈炯明并不担心海军的进攻，因为他对其驻扎在河边的炮兵有信心。

据报道，陈炯明已经向孙中山及其追随者提供安全离开广州的机会。陈炯明曾多次表示他对华南地区的重视，认为无论中国建立怎样的政府，华南地区都必须在其中扮演重要角色。他提议重新建立一个新的政府，并让孙中山担任总统。

提议被拒绝

孙中山拒绝了这一提议，他似乎更愿意通过武力来重掌政权，这也许更有利于在新政府中建立权威。

广州还算平静，但有传言说，一些游击士兵归顺于不知名的团体，进行无法无天的烧杀抢夺。

——《大瀑布报》（*Great Falls Tribune*）1922年7月1日

黎元洪保证多数广东议员即将北上，南方人对恢复和平抱有希望

北京，7月6日（美联社报道）。中国出现一批希望吴佩孚当选总统的支持者，但杰出将领吴佩孚表示不会出任总统。该批支持者认为中国需要一个强有力的人来掌舵，而吴佩孚是最佳人选。

黎元洪总统周四宣布，他已得大多数旧国会在粤议员的保证，将放弃对孙中山的支持，北上归附北京政府。

南方希望和平

广州，7月6日。在粤军第三师长官魏邦平的调停下，广州出现了和平的希望，孙中山和陈炯明有可能达成和解。通过双方调停人的第一次交流，孙中山要求陈炯明承认 6 月 16 日的动乱是他造成的，但陈炯明拒绝承认。

孙中山要求复任

孙中山坚持要求恢复他的总统职位，以便南方政府在与北京的谈判中能有与北方持平的地位。他还要求陈炯明承认在广州动乱上所做的一切都是错误的，并惩罚那些发动攻击的人。孙中山表示，如果陈炯明愿意做这些事情，就会赦免他。

陈炯明表示拒绝，因为发动攻击的叶举是他的下属，所以陈炯明要对叶举负责。此外，陈炯明认为恢复孙中山的总统职位是"困难的"，因为这意味要解散叶举的军队。

他还建议与北京的议和会议在上海而不是广州举行。

——《大瀑布报》（*Great Falls Tribune*）1922 年 7 月 7 日

中国的动向

似乎我们的老熟人孙中山，仍然是拥有相当势力的领导者。尽管他失去了以往的谨慎，开始与北方联络。最近，中国的革命正在蠢蠢欲动。非常奇怪的是，我们听到了一些关于那里的劳工党的消息。据《春田共和报》（*The Springfield Republican*）报道：

"我们听到的关于中国内战的消息远远多于同时期发生的工人运动，但后者对于中国与其他国家的影响不亚于前者。很难说两者在多大程度上存在联系。但工人运动在中国南方取得最大进展是意料之中的，因为在那里美国的势力最强。从一点来看，将孙中山赶出广州的政变对工会来说是一个逆转，而随后的兵变和屠杀可能是战争变化造成的。陈炯明将军被暗杀，也许反映了冲突的加剧。

迄今为止，这次政治战争一直是双方军事领导人之间的较量，他们在如何统一中国的问题上发生分歧。当 1911 年的中国革命落入保守派手中时，孙中山先生于 1913 年开始了自己的新革命，并于 1916 年建立政府，首都设在广州。由于北京政府的内部分歧，广州政府在两个星期前才被推翻。

在这片拥有数百万人口的领土上，出现了对中国来说是根本性的创新。孙中山先生由于缺乏资金，大量发行纸币。孙中山在纸币上粗糙地印上"一元"

的字样便发行流通。他信誓旦旦地说，这些纸币价值的担保是他们利用资金所进行的行动。当《北华捷报》（*The North China Herald*）对这样的说法表示质疑时，当地商人也对这些纸币的价值产生怀疑。工会更是直接采取了激进的行动，通知商人、银行和货币兑换商，流通的一元纸币必须换成一元的小银币。为了推行这一策略，他们向广州各处派出巡逻队，逮捕拒绝执行的人。一些商人关闭了商店，但大多数人屈服了，工会举行了盛大的胜利游行。

这样的事情发生在中国，与其说是激进主义，不如说是缺乏经验和不成熟导致的，没有任何迹象表明中国在向布尔什维克主义靠拢。但毫无疑问的是，在广州和中国南部其他受美国控制较大的地区，工会的思想已经大受欢迎。打着横幅游行是一种令人着迷的新事物，罢工是自由的，且常常能够成功解决工资无法温饱的问题。这是一个有趣而且重要的发展。现在要看的是，占领广州的保守派能否压制在中国涌现的工人运动。"

——《大瀑布报》（*Great Falls Tribune*）1922 年 7 月 11 日

孙中山军队进攻广州，多次交火后失败告终

广州，7 月 25 日（美联社报道）。据报道，孙中山的部队试图攻入广州，为孙中山夺回广州，但在过去两天里，他们在韶关附近的多次小规模战斗中被击败。

另据报道，孙中山军队在韶关的云岩镇附近被击败，双方伤亡惨重。孙中山军队据说正向韶关东北方向的赤岭镇撤退。

有消息称，孙中山的士兵已经攻占英德，英德位于韶关和广州之间。这一点未被证明。陈炯明方面则继续向北派遣援军。

一个令人费解的现象是，孙中山在港口的炮舰获得了无限的食物和燃料供应，尽管他的敌人陈炯明将军正控制着广州。

——《大瀑布报》（*Great Falls Tribune*）1922 年 7 月 26 日

停息两日，孙陈大战仍未结束

广州，7 月 28 日（美联社报道）。孙中山与陈炯明休战两日后，在广州以北约 130 英里的韶关附近又恢复了。

据统计，陈军有 13000 人，孙军有 7000 人。

孙中山军队计划周六进行大作战，因此在韶关空投了传单，警告人们远离

战场。

一个月前，孙中山宣布他的北伐军将很快返回广州，以重新确立他在广州政府中的统治地位。然而，这次北伐没有取得任何南下的进展。

显然，目前的不利条件可能会持续数月。

——《大瀑布报》(*Great Falls Tribune*) 1922 年 7 月 29 日

孙中山单方面声明战争已经结束，黎元洪总统据说愿意辞职
以支持南方领导人，议员被敦促立即恢复议会席位

北京，8 月 23 日（美联社报道）。国会周三宣布，总统黎元洪愿意辞职，支持被罢免的华南政府首脑孙中山，前提是国会批准这一行动。

宣称战争已经结束

上海，8 月 23 日，南方派系领导人孙中山周四宣布"南北和平，战争结束"。

孙中山的声明是根据最近举行的派系会议结果作出的，但他隐瞒了谈判的细节。

他向旧国会议员代表团发表讲话，敦促他们立即前往北京，就任在其恢复后的立法机构中的席位。

据说，代表团由孙中山最忠实的追随者组成，包含南方和北方所有省份的议员代表。代表团在前往北京之前一直在等待孙中山的亲自指示。

对此，孙中山表示，他的职责不是给出行动方针，也不是讨论或建议中国新内阁的人事或其他政府成员的任命。他断然拒绝提出此类建议。

根据孙中山的讲话，议员们计划立即前往北京。

跌宕起伏的一生

孙中山跌宕起伏的一生充分体现了中国政治生活的非凡悖论。

他实际上是一个流亡国外的人。孙中山 1912 年参加了颠覆满清皇室的革命，随后回国并当选为新共和国的总统。孙中山卸任后，他的继任者袁世凯打算实行独裁统治，也可能是恢复君主政体。最终的结果是袁世凯被迫下台，并决定由黎元洪接任。军国主义者解散立宪议会后，黎元洪逃离北京，孙中山召集立宪派在广州开会。有"传言"说议会再次召开，选举孙中山为总统。

今年年初，北京的军国主义分子被吴佩孚赶下台，黎元洪再次入主总统府。几乎与此同时，广州出现了反对孙中山的势力。陈炯明将孙中山赶下台，孙中山逃往黄埔，随后乘他的炮舰"永丰"号抵达广州港口，在外国驱逐舰的笼罩下苟延残喘。孙中山在生命再次受到威胁时，登上一艘英国炮舰逃往香港，然后乘坐俄国"皇后号"轮船前往上海。

他抵达上海时显然无家可归，当然也没有任何办公地点，广州和北京的官方人士都说他的日子到头了，他的比赛赢了，他的领航之路也到头了。

被推荐的领导人

然而，在短短时间内，孙中山再次跃居前列，除了为总统黎元洪制定政策外，还指导中国各派代表的谈判，向北方军事领导人吴佩孚说明条件，并将"满洲无冕之王"张作霖重新拉回政治舞台，使其成为吴佩孚的潜在盟友。

就在周四，黎元洪总统表示，如果国会批准，他愿意为支持孙中山而辞职。

现在，孙中山宣布南北和平。显然，他赢得了斗争。

8月18日，孙中山的两名代表宣布将前往北京与总统谈判。孙中山说，如果情况需要，他将亲自前往北京。

8月21日，孙中山收到了吴佩孚的电报，在电报中，这位强大的军事领导人对孙中山最近的宣言表示赞同，并承诺支持孙中山。吴佩孚的这一举动一下子将孙中山推到了舆论的风口浪尖：他是整个振兴中国运动的关键人物。

——《大瀑布报》（*Great Falls Tribune*）1922 年 8 月 24 日

中国人萌生和平新希望

美联社报道

北京，6 月 9 日。今天华中地区发生了两件好事：一是吴佩孚在北方战争中取得胜利，这使吴佩孚能够腾出足够的兵力来对付孙中山的军队；二是天津的非官方消息称，黎元洪愿意修改其出任总统的条件。与之相反，广州方面，孙中山仍在坚称其为中国唯一合法政府的领导人。北方总统迟迟未能就任，这显然威胁到南北统一的计划。

从广州传来的证据表明，孙中山先生每天都在巩固他在中国唯一的宪政政府中的领导地位。昨天，张作霖向吴佩孚将军提出停战要求，并得到了吴佩孚将军的同意。一份报告称，张作霖已将其留在中国本土的部队撤回满洲。天津的一则消息称，吴佩孚只给了张作霖三天时间，让他在奉天集结所有部队，这些部队现在都在奉天南部。

黎元洪的苛刻要求

从同一个城市传来的消息称，1917年被军国主义分子废黜的大总统黎元洪应邀接替辞职的徐世昌重新就任大总统一职。黎元洪表示，只要各省都督（即军事省长）放弃对本省文官政府的一切干涉，就会修改其原定就任大总统的先决条件。

孙中山在广州的国会议员会议的致词中表示，徐世昌的倒台恰恰证明广州政府的正当性。孙中山认为，黎元洪在1917年因为国会拒绝通过其参战提案便解散国会，很有可能会再次解散国会，因而南方不能承认黎元洪的复任。

加入支持孙中山的行列

广州的多数议员都认同孙中山的主张，并将华北地区描述为恢复清王朝的温床。

在北京，要求立即任命政府领导人的压力很大。代总理高凌蔚急于摆脱因徐世昌辞职而突然压在他身上的领导职责，认为没有行政首脑就无法领导政府。

在昨天从天津传来黎元洪愿意修改接受总统职位条件的消息之前，曹锟和其他华中地区领导人讨论了另选他人担任总统的可能性。

据了解，曹锟被提议担任总统一职，以防黎元洪继续犹豫不决，而另选他人担任总统。

——《晚星报》（*Evening Star*）1922年6月9日

广州被占领，孙中山乘船离开

美联社

北京。6月17日。据昨日下午4时从广州发来的一份急件显示，尽管陈炯明将军的部队已经占领了南方政府的首都广州，但孙中山总统的卫士仍在总统府作战。而孙中山坐着炮艇逃到黄埔港。

中国统一的两大障碍，即孙中山先生和张作霖将军。很明显现在已经都被消灭了。中国统一的前景似乎比 1918 年广东政府建立以来的任何时候都要光明。

胜利者的和平计划

据了解，陈炯明将军赞成临时大总统黎元洪和吴佩孚将军关于在广州组建中国立宪国会的计划。陈炯明是南方最有权势的军事家之一，上月底，他与 13 个省的省长一起支持吴佩孚将军召集议会的呼吁。就在几天前，孙中山先生向陈炯明提出，如果他选择反对北京政府，就可以得到南方所有军队的指挥权，但这一提议遭到陈炯明的拒绝。

由于陈炯明在广州发动政变，孙中山的主力部队处于岌岌可危的境地。这些军队在江西省的南昌面对着吴佩孚军队的 1200 人，而陈将军的军队则占领了他们在广州的基地。

张作霖的调解

满洲领导人张作霖将军最近在直隶—满洲前线被吴佩孚军队击败，因此他正处于和解的阶段中。据报道，该前线的对立双方指挥官在秦皇岛登上了一艘英国飞艇，以安排停战。

满洲三省自治会议的召开显然使满洲局势进一步复杂化，有消息称，自治会议已任命张作霖为总司令。据说大会的目的是让满洲各省实行单独管理，但仍将其视为中国的一部分。

——《晚星报》（*Evening Star*）1922 年 6 月 17 日

广州的沦陷为中国和平开辟道路

美联社

北京，6 月 17 日。原广东省长陈炯明将军的军队在星期五攻占了广州。他今天宣布，南方政权已经结束，从今以后，广州将与北方联合，承认旧国会。

广州发来的急电称，广州政府已经倒台，孙中山的军队被粉碎，孙中山本人正在逃亡。

广州方面的消息目前有些混乱，对于所谓的广州政府，在最后几个小时战斗的细节尚未可知。

据报道总统府发生战斗

一份来自广州的美国电报称，在孙中山登上一艘炮艇避难前往黄埔后，他的部下在叶举部队的攻击下继续坚守总统府。

另一份报告称，陈炯明的部队在叶举的指挥下突然包围了广州，夺取了炮台，攻入广州向总统府进军。

南方领导人的倒台据说是中国北方军事首领吴佩孚将军、大总统黎元洪和陈炯明之间达成协议的结果，陈炯明曾是孙中山的支持者，但后来支持中国统一。

加速计划

官方人士断言，孙中山的失败意味着国家统一进程的加快。与此同时，他们警告说，如果孙中山能够集结足够兵力发动收复广州的运动，反革命可能会随之兴起。

除非孙中山能够重拾政权，否则陈炯明的政变将导致许多南方旧国会议员北上，使得北京国会达到法定议员人数，并重新合法运作。

孙中山先生 1866 年出生于广东，他的追随者称之为中华民国之父与辛亥革命之魂。辛亥革命标志着封建君主专制的瓦解和中华民国的诞生。

他分别在香港和檀香山学习和居住过。1896 年，孙中山在伦敦被俘，据称是在清朝驻伦敦公使馆的纵容下促成的。这件事使得他受到舆论关注，一跃成为中国革命领袖的代表。当英国政府意识到这一点后，孙中山重获自由。

在流亡岁月里，孙中山周游列国，把各国华侨聚集成立了一个反专制的组织。1911 年辛亥革命爆发，随后小皇帝在 1912 年退位，在南京成立的中华民国选举孙中山为总统。不久后，孙中山退位支持袁世凯，但当袁世凯企图复辟帝制时，孙中山极力反对。

袁世凯政变后，当时的总理段祺瑞解散了国会。随着 1917 年护法运动的发展，昨日倒台的南方政权得以建立。

孙中山带着他的海军逃到了广州，建立了广州政府，并继续充当重要角色，直到陈炯明发动政变攻下广州。

——《晚星报》（*Evening Star*）1922 年 6 月 18 日

孙中山军队炮击美国人在广州的房产

北京，6月20日。周日，孙中山的炮艇轰炸广州时，广州的三栋美国建筑遭到炮弹袭击。孙中山一直试图夺回自己的据点，但徒劳无功。美国驻华公使舒尔曼已经要求海军少将斯特劳斯驰援广州，美国炮艇将前往广州。

美国驻广州领事馆传来消息，在广州的美国人面临着威胁，但并未说明造成美国多少财产损失。领事馆已向孙中山发出抗议，要求其停止在外滩的狂轰乱炸。

和平的前景

自1918年以来，没有哪一天比这一天更能为中国带来和平与繁荣的前景。北京政权的主要反对派孙中山被剥夺了大部分权力，军阀派系的武力被大幅度削弱。此外，一两天前还在宣布半独立的满洲已表示愿意支持统一运动。

黎元洪曾因袁世凯逝世而以副总统的身份接任大总统，现在又应吴佩孚和华中地区派系领导者的请求再次就任大总统。正是华中地区这些派系领导者在1917年将黎元洪赶下台。

要求中国统一

当吴佩孚一派要求黎元洪回到北京复任总统时，黎元洪提出南北必须统一的要求。也就是说，孙中山要在广州宣布下野，解散广州政府。孙中山顽固不化，但黎元洪也出任了总统。

现又有消息称，黎元洪曾与陈炯明商议推翻广州政权，夺回广州。这两件事情现已成功，人们也知道了黎元洪参与其中。

孙中山依旧在舰上

孙中山仍在黄埔的炮舰上。

吴佩孚在北方击败了张作霖，随后双方停战。张作霖军队向其总部奉天撤退，这使得吴佩孚可以随意地向南方调遣军队。吴佩孚也正在进行此项行动，他的军队已从北方抵达广州支流地区。

——《晚星报》（*Evening Star*）1922年6月20日

前任驻美代表伍廷芳去世
中国元老在沦陷城去世
忠于南方政权的最后一任领袖

美联社

6月23日，上海。——据路透社报道，在发生政变的南方政府中，前华盛顿公使、最近担任孙中山外交大臣的伍廷芳今天上午在广州逝世。

伍廷芳是中国政坛和法学界的杰出领袖。据报道，他一直忠诚于孙中山，并被认为与孙中山一起逃离了广州。路透社的报道没有披露更多细节。

非同一般的人物

在担任中国驻美公使的两个任期内，伍廷芳被认为是华盛顿外交界备受关注的人物。他在巩固中美关系方面所做的工作可能比除李鸿章外的任何一位东方特使都多。

伍先生言语犀利，谈吐坦率而不落俗套。即使是以牺牲政途为代价，他那敏锐的警句也常常见诸报端，有时甚至会令政府难堪。伍廷芳是一个狂热的棒球爱好者和自行车骑手，他还是一个素食主义者，被预言会活到一百岁。

对美国的同情

1900年义和团运动期间，他对美国的同情导致他被召回。美国国务院曾暗示砍下他的头颅会冒犯到美国，这才阻止了对伍廷芳的处决。在义和团运动的动荡时期，伍博士曾向美国驻华公使康格先生透露了讯息。包括康格先生在内的美国使团聚集在北京公使馆大院里，伍廷芳的命运引起了美国国务院的热烈关切。

慈禧太后及其官员对伍廷芳的行为深感不满，立即将其召回，并加以斥责。伍廷芳被降为低级官员直至退休。但在退休之后，伍廷芳又被重新任命。这显然是伍廷芳的个人胜利。

积极参与改革

伍廷芳积极改革中国，赞成"门户开放"政策。伍廷芳向皇帝请求剪掉长辫的举动象征其激进的精神。一些有识之士聚集在伍廷芳家里，公开要求剪掉长辫。除此之外，伍廷芳着手编纂中国的法律，进行了一系列法律改革，其中之一是陪审制度。

伍廷芳踊跃投身始于1911年的革命运动，并建议皇帝退位。

——《晚星报》（*Evening Star*）1922年6月23日

本周大事记

中国。显然（天意难测），孙中山终于"得偿所愿"。陈炯明曾经是孙中山的追随者，但他近日辞去了广东省长的职务，并带走部分士兵（可能是效率较高的部队）。陈炯明曾多次游说孙中山辞去南方政府总统的职务，解散广东政权，加入到以吴佩孚为首的统一运动中，均无果而终。陈炯明不得不以武力威逼孙中山退位。6月16日，陈炯明攻占广州，孙中山军队抵抗无力，孙中山本人则逃至舰艇上避难。陈炯明宣布广东政权灭亡，南方各省将在改革后的北京政府领导下，实现全国统一、南北和平。

广州失守，胜负已分（至少目前是这样），但孙中山仍然命令海军的六艘炮舰继续炮击广州。这是一个非常懦弱的行为，对他的政治生涯毫无益处。由于炮手拒绝继续开战，炮击最终停止了。

但现在又出现了新形势。据报道，吴佩孚派往江西对付孙中山军队的士兵（人数在10000至15000之间）在吉安叛变，正以中国逃兵惯用的烧杀抢掠方式返回北方。另据报道，孙中山正在从江西撤军，打算利用这些部队将陈炯明赶出广州，收复失地。而吴佩孚已派出一支精锐部队对付叛逃的士兵。伍廷芳对中国统一运动的态度已不再重要，他已在广州病逝。伍廷芳是一位极具魅力的人物，也许是自叶赫那拉氏以来中国最引人注目的人物。

尽管张作霖背信弃义，吴佩孚还是同意再次停战。中国人对背信弃义的看法就像是塞缪尔·巴特勒笔下的埃瑞洪人对金钱的看法。但可以肯定的是，考虑到吴佩孚所处的局势，他最好不要试图将张作霖从地图上抹去。后者充其量只是一个被剃光头的大力士，要重新长出头发还需要很长一段时间。

显然，中国统一的曙光已经来临，但还未真正实现。

——《晚星报》（*Evening Star*）1922年6月25日

孙中山军队试图夺回广州

美联社

北京，6月26日。来自厦门的消息称，被赶下台的孙中山正率军赶回广州，试图夺回失地。但其他报道称，孙中山军队分散在江西各地，军心涣散，并在当地大肆抢劫。今天北京的官方舆论认为，孙中山任何试图重夺政权的行动都终将失败。

星期六抵达厦门的急件称，孙中山的军队被分成两批，其中一批向陈炯明部队的总部逼近。陈炯明代表北京政府攻下了南方政府的首都，并宣布他愿意支持吴佩孚，以统一中国。

北京方面得到的最新消息称，孙中山被扣押在广州的一艘炮艇上，而陈炯明将军则完全控制了周边地区。

北京政府的要员们表示有信心恢复全国议会。他们预言，一切不和谐的因素都会在北方吴佩孚和南方陈炯明的军事合作下消除。

——《晚星报》（*Evening Star*）1922 年 6 月 26 日

孙中山计划夺回广州

美联社

广州，6 月 29 日。孙中山对进一步支持中国统一的相关报道不以为然，他显然以一种追求革命理想的坚忍精神继续担任广州政府的总统。

孙中山的司令部设在黄埔军校附近的海军学院，孙中山扬言，当他的军队从江西返粤时，他就能夺回广州，重建政权。据闻，这只部队有 5 万人，较多于陈炯明军队的人数。

广州的五千驻军

广州的实际驻军估计为 5 千人，由叶举指挥。他在陈炯明的领导下执行了驱逐孙中山离开广州的行动。孙中山在黄埔的军队约有两千人。

不过，孙中山的部队并没有全部南下，其中一部分士兵，在江西南部的赣州坚守阵地，似乎是为了掩护对付陈炯明的孙中山部队。而陈炯明的军队驻扎在惠州。

政治方面的最新动态是成立中华民国的建议。陈炯明希望在中国推行美国政府的联邦模式，这也是他赞同统一的条件。昨天，北京政府的主要领导人吴佩孚正式同意了这一要求。

吴佩孚十分赞赏陈炯明的建议后，并且表示，云南、湖南、惠州、四川、广州等地都会全力支持。相较于其他国家的政治体制，人们更愿意接受美国模式。

陈炯明被刺杀

马尼拉电报从上海得到消息，称广东领导人陈炯明被暗杀。

菲律宾马尼拉，6 月 29 日。在政治立场上倾向孙中山一派的中国报纸，今天在上海报道了陈炯明被暗杀的消息。路透社未能证明此报道的真实性。

旧金山，加州，6 月 29 日。在美国出版的《中国青年报》（Young China）今天报道称，据来自香港的消息，陈炯明在会见自己的军队将领时被枪杀，伤势严重。

——《晚星报》（Evening Star）1922 年 6 月 29 日

孙中山发表声明，称被陈炯明出卖，永远不会向"叛徒"妥协

美联社报道

广州，7 月 1 日。被孙中山称为"叛徒"的陈炯明及其军队宣布无条件投降，是孙中山对陈炯明提出的唯一和谈要求。孙中山在黄埔附近的"永丰号"炮舰上向美联社记者发表了这一挑衅性的声明：

"陈炯明及其追随者都是背叛我的叛徒。"孙中山断言："直到他们无条件投降之前，我会战斗到最后一刻。"

关于北京政府，孙中山的态度是："那些在 1917 年违法解散国会的人必须受到惩罚，而且北京政府必须保证国会不会再被解散，我才会同意与北方联合。"

当美联社记者离开孙中山的炮舰总部时，他看见南方海军的六艘军舰正在起锚。广州表面上一片宁静，陈炯明的部队在维持秩序。

——《晚星报》（Evening Star）1922 年 7 月 2 日

中国又一省发生叛乱，浙江督军支持孙中山实行南方自治

美联社报道

北京，7 月 13 日。浙江督军公然违抗北京政府，邀请福建与广东两省共同成立以孙中山为首的自治政府。他遣散了北京政府派任的电报接线员，宣布将独立控制浙江的电线线路，收入用于该省财政支出。

从华南地区蔓延到上海的南方自治运动，旨在团结劳工和激进分子，反对控制广州的陈炯明将军。中国中南部的情况加重了北京政府的担忧。四川省发生了内战，对战双方都有一支庞大的军队作为后盾。据报道，安徽省的无饷士兵发动兵变。由于孙中山坚持北伐行动，江西省的情况可以说是一片混乱。

总统黎元洪表示仍愿与孙中山进行谈判。

孙中山的地盘：广州附近的澳门据点再次落入"总统"之手

广州，7月13日。在孙中山军舰的轰击下，孙中山部队于周二晚间占领了广州西江下游两英里处的澳门要塞。盘踞广州的陈炯明军队没有采取任何行动，也没有试图反击孙中山的迹象。

孙、陈两军在广州以西稍偏北、距离约120英里的广西梧州附近会师。

孙中山每时每刻都在等待援军的到来，他表示，援军一到就会立即收复广州。此外，孙宣称，该市的商会已请求他复任总统。

周三晚间，在沙面对岸，位于珠江中游的河南岛上发生了零星交火。叶举部队和孙中山部队发生了小规模冲突，双方都没有遭受重大损失。

孙中山仍驻扎在沙面，他认为他在那里是安全的，不会受到叶举部队的攻击。叶举拒绝接见记者，他没有采取任何行动攻击孙中山的驻地。

工人罢工仍在继续，商业几乎处于停滞状态。

孙中山表示，在他复任总统前，拒绝就广州动乱问题展开谈判。

——《晚星报》（Evening Star）1922年7月13日

陈炯明不愿向孙中山道歉，中国能否实现和平取决于广东总统是否下台
美联社报道

广州（邮寄至香港），7月14日。调解人士仍在努力，希望孙中山与陈炯明之间的分歧得到解决。

孙中山仍然坚持原有立场，即恢复他的总统职务，陈炯明为兵变道歉，然后才同意与陈炯明议和。

陈炯明在距此80英里的惠州，留下他的副手叶举负责发动政变。陈炯明的立场也没有发生改变，即他本人不会道歉，因为承担直接责任的应是叶举；中国必须统一，而不能存在两个政府。

孙、陈两军在广州以北约120英里的韶关附近发生了激烈战斗，关于战果的报道莫衷一是。孙中山断言，他的北伐部队将在江西的对战中调转方向，返回广州与其汇合。

——《晚星报》（Evening Star）1922年7月14日

孙中山军舰布满带电铁丝网，广东前总统
挑衅围追者，准备发出致命反击

美联社报道

广州，7月17日。"永丰号"巡洋舰停靠在城市外的港口，船上载有被废黜的华南总统孙中山。巡洋舰上布满带电的铁丝网，时刻准备向陈炯明军队所控制的海岸线发动突袭。

这些"活"的铁丝网是孙中山在接到电报后立即准备的，电报内容称陈炯明部队的叶举计划今晚突袭"永丰号"，以抓捕这位被罢免的华南总统。

北方电报称，孙、陈两军在韶关附近的战斗仍在小规模进行，陈炯明军队正占上风。

北京，7月17日。大多数中国报纸认为，由于内斗，中国危机四伏。

他们要求黎元洪总统召开国会，采取严厉措施打击私自挑起事端、无视北京政府的军阀们。

——《晚星报》（*Evening Star*）1922 年 7 月 18 日

孙中山军队几乎弹尽粮绝，韶关的三天战役中伤亡两千人
陈炯明称敌人已被击溃，指挥官称前广东总统的军队正被追击

美联社报道

广州，7月21日。据与陈炯明军队联系密切的潮州人士透露，孙中山盘踞在广东北部的军队弹药短缺。

来自同一地区的报告还称，在过去三天的报道中，韶关一带的伤亡人数已达两千人，其中孙中山军队的伤亡情况最为惨重。

陈炯明不断在向韶关前线派遣增援部队。

孙中山战败的说法来自陈炯明军队在广东北部的指挥官叶举。叶举表示，他在韶关一带与被废除总统的北伐军队交战，并将其击退 20 英里，缴获 3 门火炮和大量武器弹药。

他表示，数百名孙中山军队的士兵被击毙，陈炯明军队仍在追击孙中山军队的残余兵力。

——《晚星报》（*Evening Star*）1922 年 7 月 22 日

孙中山逃离广州据点，迁往上海可能是放弃北伐战争

美联社报道

香港，8月10日。孙中山今天上午从广州港口乘坐英国炮舰抵达香港。下午，他登上前往上海的俄国"皇后号"汽船。

香港方面认为，孙中山抵达香港显然表明他已经放弃，或者说暂时放弃了收复广州的行动。

曾困守小型巡洋舰

尽管陈炯明军队所发动的政变已推翻孙中山政权，但自7月11日以来，孙中山一直在"永丰号"巡洋舰上。在陈炯明占领广州的情况下，"永丰号"实际上被封锁在港口，物资却以某种神秘方式送到港口。

陈炯明军队总部本周发表声明，采取强硬措施封锁"永丰号"，或直接抓捕孙中山。

本周一，香港发给《伦敦每日电讯报》（*London Daily Telegraph*）的一封邮件称，孙中山患病，需要两名外国脑科专家进行会诊。

始终乐观

自被推翻以来，孙中山一直乐于接受采访，似乎对重新掌权显得十分乐观。他显然把大部分希望放在北伐的成功上。

然而，有消息称，孙中山军队连遭挫败。据统计，陈炯明军队几乎将孙军赶出了以广州为首府的广东地区。

孙中山一直反对由北京政府总统黎元洪来统一全国。

——《晚星报》（*Evening Star*）1922 年 8 月 10 日

孙中山可能出任中国统一后的大总统，在逃的
广东领导人有望返回上海，支持者否认军队已被陈炯明击溃

美联社报道

上海，8月12日。被赶下台的南方总统孙中山两天前从广州启程，目前正在前往上海的途中。据孙中山的代表说，北京政府可能会让孙中山担任中华民国总统。

孙中山预计明天从香港乘坐俄国"皇后号"轮船抵达上海。

10 天前，孙中山的私人代表陈友仁从广州抵达这里，他宣称自己一直在与

北京的主要派别代表商谈。虽不愿透露他们的身份，也拒绝就孙中山的意图发表任何言论，但他承认孙中山可能出任中华民国总统。

可能即将启程北京

他补充说，孙中山可能很快前往北京，这也是黎元洪总统这段时间以来一直希望孙中山采取的行动。

陈先生指出，吴佩孚的军事行动为在北京重组旧国会扫清了障碍，他可以将总统之位让给孙中山，从而一举实现国家统一。陈先生承认吴佩孚一直在与孙中山进行沟通，但拒绝透露是否与吴佩孚的代表进行过任何谈判。

孙中山支持者在探查有关孙中山军队在潮州附近战败的报道是否属实。他们宣称决战尚未打响。

宣布军队被击溃

另一方面，孙中山在上海的反对者一口咬定孙中山已被击垮，是从广州仓皇出逃，并否认将他的名字与总统之位联系在一起。

广州，8月12日。陈炯明军队总部今天发布告示称，孙中山军队已被赶出广东，孙中山的北伐军要么正在投降，要么正在撤回湘黔边界的路上。

省议会的部分议员请求在上海的唐绍仪接受广东省长一职。唐绍仪此前已得到北京政府总理的职位。

据悉，孙中山希望搭乘一艘美国军舰离开广州，但有人非正式地通知他，除非他有生命危险，否则不被允许这样做。

据非正式消息称，在广州的日本驱逐舰指挥官提出将孙中山护送至香港，但他拒绝了，并登上了英国军舰"摩汉号"。

只能容纳五人

孙中山原计划带领八名支持者途径香港抵达上海，但"摩汉号"只能容纳五人，其他四人被留在孙中山的巡洋舰"永丰号"上。后来"永丰号"上的船员被扣押为人质，并得知孙中山在未结清他们的工资前就已离开。

"永丰号"上的船员扬言，如果不正常支付工资，就轰炸广州沙面的外国人聚集地。但据说在附近巡逻的中立军队中队长温树德将军安抚了他们。

美国人罗伯特·S·诺曼是孙中山的法律顾问，他也曾被"永丰号"的船员扣押过一段时间。

人们认为，孙中山军队在北方的失败使其认为再逗留广州将会有生命危险，这是促使孙中山逃出广州的诱因。

在孙中山结束斗争后，广州的商业立即复苏。

——《晚星报》（*Evening Star*）1922 年 8 月 12 日

孙中山的船只遭遇台风，被罢免的南方总统前往上海，

征服者呼吁统一，陈炯明希望宪法以美国为蓝本，为发展提供机会

美联社报道

上海，8 月 12 日。根据今天从俄国"皇后号"上收到的无线信息，这艘驶往上海港的班轮正在与台风做斗争，进展缓慢。俄国"皇后号"原定于今天上午抵达上海。

俄国"皇后号"在香港驶往上海的途中，经过上周被史上最严重的台风之一席卷的华南沿海地区。据报道，在这场台风中，汕头地区有 5 万中国人丧生，汕头港口也遭受了巨大损失。

效仿美国模式

惠州，8 月 12 日。推翻孙中山的南方军事将领陈炯明近日在百花洲岛总部接受采访，并发表声明。他表示要按照美国模式重新起草中国的宪法。

陈炯明称："每个人都渴望中国统一，但真正的统一不能依靠武力或总统授权来实现。唯一的办法是通过省自治。

"严格界定各省的权益和权力，规定中央政府拥有适当的联邦权力，包括军队管辖权和外交权。

"重新召开的国民议会应立即、明确地处理这些问题。

"必须建立法律和秩序，发展工商业和教育。"

陈将军谈道："孙中山以武力发动革命后，便希望以武力实现统一。但这不现实的。我担心吴佩孚也主张武力统一。"

——《晚星报》（*Evening Star*）1922 年 8 月 13 日

（作者单位：中山大学历史学系）